Helmut Schmidt

Peer Steinbrück

Zug um Zug

Ullstein

Besuchen Sie uns im Internet:
www.ullstein-taschenbuch.de

Erweiterte Ausgabe im Ullstein Taschenbuch
1. Auflage Oktober 2012
2. Auflage 2012
Copyright © 2011 by Hoffmann und Campe Verlag, Hamburg
Umschlaggestaltung: ZERO Werbeagentur, München
unter Verwendung einer Vorlage von
katrinsteigenberger.de / Andrea Schneider, Hamburg
Titelfoto: Ingrid von Krause
Satz: Dörlemann Satz, Lemförde
Druck und Bindearbeiten: CPI – Ebner & Spiegel, Ulm
Printed in Germany
ISBN 978-3-548-37434-5

Inhalt

Vorwort zur Taschenbuchausgabe

Als dieses Buch Ende Oktober 2011 erschien, löste es ein erstaunliches Maß an Erregung und belehrendem Spott aus. Das schreckliche Wort »Shitstorm« war damals zwar noch nicht gängiger Sprachgebrauch, aber um so etwas Ähnliches handelte es sich: um eine künstlich herbeigeführte, den eigentlichen Anlass schnell hinter sich lassende Aufregung, die jede Proportion vermissen ließ. Mehrere Tage schien es für die Gazetten des Landes und Empörungswillige keine spannendere Frage zu geben als die, wie ein Schachbrett aufgestellt wird.

Den ersten Hinweis gab es auf der Frankfurter Buchmesse. Der Verlag Hoffmann und Campe, der »Zug um Zug« zwei Wochen später veröffentlichen sollte, hatte seinen Messestand mit einem großen Foto geschmückt, das Helmut Schmidt und mich beim Schachspiel zeigte. Ein gut aufgelegter Messebesucher machte die Mitarbeiter des Verlags darauf aufmerksam, dass das Schachbrett auf dem Foto verkehrt herum stehe. Das rechte untere Feld müsse stets weiß sein, das wisse jeder Schachspieler, auf der Fotografie stehe aber der Turm rechts unten auf Schwarz. Hätte der Verlag geahnt, dass das Feld des rechten weißen Turms h1 einmal derart in den Fokus der deutschen Presseberichterstattung geraten könnte, hätte er das Foto zweifellos ausgetauscht.

So aber blieb es dem »Hamburger Abendblatt« vorbehalten, am Tag vor der Veröffentlichung des Buches mit der Sensation aufzuwarten, die beiden Spieler beherrschten nicht einmal die Grundregeln. »DIE ZEIT«, bei der das falsch gedrehte Brett ebenfalls bemerkt worden war, versah ihren Aufmacher am nächsten Tag mit einem retuschierten Foto, in das man ein um

90 Grad gedrehtes Schachbrett hineinmontiert hatte – was die
Sache wirklich nicht besser machte. Die »Süddeutsche Zeitung« brachte an diesem Tag ein Interview mit der Fotografin,
die jede Verantwortung von sich wies. Die »Damen«, die
Herrn Schmidt »betreuten«, hätten, als dieser »vom Mittagsschlaf zurückgekehrt« sei, lediglich darauf hingewiesen, dass
der Aschenbecher links von ihm zu stehen habe.

Nun gibt es weder »Damen«, die Herrn Schmidt »betreuen«,
noch hat mein verehrter Schach- und Gesprächspartner jemals in seinem Leben Mittagsschlaf gehalten (soweit ich das
beurteilen kann). In Wirklichkeit empfand Helmut Schmidt
den vom Verlag organisierten Fototermin als überaus lästig;
die Sitzung zerschnitt unser Gespräch für mehr als eine
Stunde und brachte viel Unruhe ins Haus.

Als dann das Buch erschien, war vom »Schachskandal im
Hause Schmidt« die Rede. Während die Regionalpresse und
der Boulevard »zwei Falschspieler am Zug« witterten und darüber spekulierten, ob wirklich gespielt wurde – da beide Spieler gleichzeitig zu ziehen scheinen und weder geschlagene
Bauern am Brettrand noch Kippen im Aschenbecher liegen,
hielten einige die Szene sogar für gestellt –, ging die »Frankfurter Allgemeine Zeitung« dem Stand der Partie schon im Titel-
bild auf den Grund und ließ ihren Schachexperten Beobach-
tungen darüber anstellen, wie das Spiel bis dahin verlaufen
sein könnte, welche Rückschlüsse aus der Stellung auf den
Charakter der Spieler zu ziehen seien und wer von beiden einen leichten Vorteil habe.

Zur Erinnerung sei angemerkt, dass am Tag der Veröffentlichung des Buches (27. Oktober 2011), die Staats-und Regierungschefs der Eurozone auf einem dramatischen Krisengipfel
in Brüssel einen Schuldenschnitt für Griechenland sowie die
Ausweitung (»Hebelung«) des Rettungsschirmes EFSF auf
über eine Billion Euro vereinbarten (was sich später als Schall
und Rauch herausstellte) und dass Italien einen Tag später,

trotz des in Brüssel verkündeten Sparprogramms, Rekordzinsen auf neue Staatsanleihen in Höhe von mehr als 6 Prozent zahlen musste. Das Bundesverfassungsgericht traf eine Eilentscheidung zum EFSF, die verstaatlichte HRE-Bank verzeichnete einen Buchungsfehler von 56 Milliarden Euro, und die OECD senkte die Wachstumsaussichten für Europa auf nahezu null. Die deutschen Medien aber hatten mit den vermeintlichen »Falschspielern« ein viel lukrativeres Thema.

Jenseits des anekdotischen Wertes dieser Geschichte um einen verkehrt herum aufgestellten Schachtisch bleibt festzuhalten: Diese Verkehrung von Wesentlichem in der Politik und Nebensächlichkeiten im Politikbetrieb selbst in journalistischen Qualitätsmedien, die Verdrängung von Substanz durch Unterhaltung und die künstliche Erzeugung von Empörung und Aufregung, die in alle Richtungen ausgeschlachtet werden können, ist exemplarisch für ein Phänomen, das ich »Fassadenjournalismus« nennen möchte.

Der Gesichtsausdruck der Politiker, ihre Körperhaltung (»die adrenalingesteuerten Kanzlerkandidaten der SPD«) und ihre »Performance« gewinnen einen zunehmenden Raum in Berichten, die teilweise den Charakter von psychologischen Gutachten annehmen. Was die Politiker inhaltlich vertreten, wofür sie stehen, welchen Wertvorstellungen sie folgen, das verschwindet in diesem Blick auf die Fassade. Als Sigmar Gabriel, Frank-Walter Steinmeier und ich auf einer Bundespressekonferenz am 15. Mai 2012 in Berlin die Position der SPD zum europäischen Fiskalpakt plus Wachstumsimpuls und damit die nicht ganz unwichtige Linie für eine Zweidrittelmehrheit im Deutschen Bundestag auf der Basis eines Papiers vorstellten, das substantiell etwas zu bieten hatte, konzentrierte sich die Berichterstattung hauptsächlich auf die »Troika« und ihren Umgang miteinander.

Der Trend zur Inszenierung von Politik durch die Medien birgt die Gefahr der Banalisierung und Ablenkung von Politik und trübt den Blick für das Wesentliche – einschließlich wirklicher Skandale. Geschuldet ist diese Entwicklung dem Rennen nach Aufmerksamkeit, also der Konkurrenz um Quote, Auflage und Klicks im Internet. Uns sollte interessieren, was dabei auf der Strecke bleibt.

Tröstlich war, dass die Leser »Zug um Zug« nicht wegen seines vermaledeiten Titelbildes, sondern aus Interesse an seinem Inhalt gekauft haben. Dieser Teil der Öffentlichkeit begründet Hoffnung.

Es gab jedoch noch eine zweite Ebene, auf der sich die Presse unseres Buches annahm, und die Art und Weise, wie hier ganze Wälder zu Kleinholz gemacht wurden, war nicht weniger bezeichnend für den Umgang der Medien mit Politik. »Worum es eigentlich geht, steht fast genau in der Mitte«, schrieb ein Journalist, nämlich um die Frage, wer 2013 Kanzlerkandidat der SPD werde. Genau darum ging es aber eigentlich nicht. Ein paar Hinweise zur Entstehungsgeschichte des Buches hätten solchen Spekulationen möglicherweise Einhalt geboten. Sie seien an dieser Stelle nachgeholt – auch wenn ich mir darüber im Klaren bin, dass nachgereichte Erklärungen zumal in der Politik wenig hilfreich sind.

Im Februar 2010 hatte Helmut Schmidt mit dem Vorsitzenden des Vorstands der Bank ING-DiBa, Ben Tellings, eine Reihe von Gesprächen verabredet, in denen es um »Die Zukunft des Kapitalismus« gehen sollte. Ende des Jahres musste das Projekt storniert werden, weil der Banker mit seinem Wechsel in den Aufsichtsrat des niederländischen Geldinstituts zahlreiche neue Verpflichtungen übernahm. Die intensiven Vorarbeiten drohten plötzlich Makulatur zu werden, als die Idee auftauchte, dass »Die Zukunft des Kapitalismus« auch ein Thema zwischen Helmut Schmidt und mir sein könnte. Ich erklärte auf der Stelle meine Begeisterung für ein solches Gespräch. Allerdings wünschte ich mir einen weiter gesteckten Themenkreis, es dürfe nicht nur um Wirtschafts-, Finanz- und Bankfragen gehen, sondern das gesamte Spektrum politisch und gesellschaftlich aktueller Fragen müsse einbezogen werden. Den Titel steuerte meine Frau bei; als ich ihr von den Plänen berichtete, meinte sie spontan: Dann solltet ihr an eure Schachpartien anknüpfen und das Ganze »Zug um Zug« nennen.

Im Dezember 2010, als das Buch zwischen Helmut Schmidt und mir verabredet wurde, gab es die so genannte K-Frage weder in der SPD noch in den Medien. Die schwarz-gelbe Koalition regierte seit 15 Monaten schlecht, aber unverdrossen, und dass irgendwer in der Republik sich für einen SPD-Kanzlerkandidaten 2013 interessieren könnte, kam niemandem in den Sinn. Das änderte sich im Verlauf des ersten Halbjahrs 2011.

Mindestens drei oder vier Journalisten eines montäglich erscheinenden Nachrichtenmagazins wissen sehr genau, dass die K-Frage unter Spiegelung auch meiner Person nicht auf meinen Antrieb hin virulent wurde. Dem steht auch nicht ein späteres Interview von mir im Hessischen Rundfunk entgegen, das in der üblichen Hektik und Neigung zu Verkürzungen nur selten vollständig zur Kenntnis genommen wurde. Richtig ist, dass ich mit öffentlichen Vorträgen, den Lesereisen zu meinem Buch »Unterm Strich«, Artikeln und Interviews auf eine öffentliche Resonanz und Neugier stieß, die auch mich überraschte und neu motivierte.

Da kaum etwas süffiger ist als Personalfragen in der Politik, kam das eine zum anderen: In den Medien setzte ein Multiplikatoreffekt ein, der meinen Namen in einer Spekulationsblase hochtrieb, bis das Pendel vor Weihnachten 2011 wieder zurückschwenkte.

Selbst wenn die »Troika« aus Sigmar Gabriel, Frank-Walter Steinmeier und mir seit Juli 2011 als eine Antwort auf die Spekulationen zur K-Frage von einigen Kritikern als inszeniert wahrgenommen wird, selbst wenn Kommentatoren diese drei für Zauderer, Unentschlossene oder für nicht bissig genug hal-

ten (andere sehen in uns eher mühsam gezügelte Alphatiere),
selbst wenn die SPD in der K-Frage einen getriebenen Eindruck machen sollte – selbst dann bleiben wir drei dabei, dass
ein zu frühzeitiger Vorschlag weitaus mehr Nachteile als Vorteile hat.

Die Entlastung, die sich daraus ergeben könnte, den Erwartungen und dem Drängen der Medien nachzugeben (die
breite Wählerschaft der Republik hat keine schlaflosen Nächte
über die K-Frage der SPD) wäre sehr kurzfristig. Aber für den
dann ausgerufenen Kandidaten würde ein höchst beschwerli-
cher Langstreckenlauf beginnen, in dem ihm dieselben Medien täglich jeden verfügbaren Stock hinhalten würden, über
die er *bella figura* springen müsste. Im Übrigen kann sich jeder
darauf verlassen, dass keiner aus der »Troika« unüberlegt und
naiv eine Kanzlerkandidatur anstrebt, aber jeder im Fall des
Falles auf Höchsttouren zu laufen bereit ist.

Als Helmut Schmidt und ich Ende Juni unsere ersten Gespräche führten, stand die Frage, wie wir mit dem Thema Kanzlerkandidatur umgehen sollten, also zwangsläufig im Raum.
Sollte man das Thema generell aussparen, sollte man es bewusst und offensiv gleich an den Anfang stellen? Wir beschlossen, uns durch die K-Frage in unserer Gesprächsführung nicht
einschränken zu lassen und uns so zu unterhalten wie immer.
Im Verlauf des Gesprächs kam Helmut Schmidt dann direkt
auf die Kandidatenfrage zu sprechen, und als wir hinterher die
Abschriften lasen, hielten wir es beide für richtig, die Sätze so
stehen zu lassen, wie sie gesagt worden waren (jetzt nachzule-
sen auf den Seiten 163-166).

Es ist mir ein Rätsel geblieben, wie man aus diesen drei Seiten
die Behauptung ableiten kann, alles in diesem Buch laufe auf
die Kanzlerkandidatur zu, ja, das ganze Buch sei überhaupt
nur veröffentlicht worden, um Peer Steinbrück endlich auf
den Schild zu heben. Wenn es die SPD als Partei nicht schaffe,
sich auf einen Kandidaten zu einigen, dann müsse eben der

Altkanzler ran und mit seiner ganzen Autorität erklären, wer der richtige sei: Schmidt ruft Steinbrück zum neuen Kanzler aus! Auf diese Botschaft verkürzt, wurde aus 300 Buchseiten eine Art Wahlbroschüre mit Empfehlungsschreiben – was für die Vertreter der Presse den schönen Nebeneffekt hatte, dass sie glaubten, das Buch gar nicht erst lesen zu müssen. Wo doch schon das Schachbrett falsch stand!

Die Berichterstattung rund um das Buch in der Woche zwischen dem 23. Oktober (unserem Besuch in der Sendung von Günther Jauch) und dem 30. Oktober (dem seitenlangen Nachkarten der Sonntagsblätter) ist ein Lehrstück für medialen Overkill. »Die etwas platte öffentliche Dauerpräsenz lässt das Buch selbst in den Hintergrund rücken – was ziemlich schade ist«, schrieb der »Münchner Merkur«. Nur wenige Zeitungen konnten sich der Sensationsgier entziehen, ließen das Schachbrett stehen, wie es stand, interessierten sich nur am Rande für künftige Kanzler und gingen stattdessen auf den Inhalt der Gespräche ein. Da gibt es genug Unterhaltsames, wie ich finde, und auch manches Spannende zu entdecken.

Deshalb begrüße ich das Erscheinen der Taschenbuchausgabe, mit der jetzt auch alle die erreicht werden, die vor dem medialen Hype im letzten Herbst in Deckung gegangen sind. Ihnen, Menschen, die sich gern ihr eigenes Urteil bilden und selber lesen, wünsche ich Freude – und Gewinn.

Peer Steinbrück, Juli 2012

Globale Verschiebungen

Steinbrück: Das politisch beherrschende Thema dieser Monate ist – neben den Turbulenzen in der europäischen Wirtschaftsunion – die Lage und Perspektive der USA. Helmut, Sie waren jüngst in den USA – allerdings vor der Abstufung ihrer Bonität –, und mich interessiert sehr, welche Eindrücke Sie aus Ihren Gesprächen in New York und Washington mitgenommen haben. Wie schätzen Sie nach Ihrem Besuch die wirtschaftliche Situation, aber auch die politische, vor allen Dingen die innenpolitische Lage in den USA ein?

Schmidt: Ich war nicht in Washington, ich war nur in New York, konnte dort aber eine Reihe alter Freunde treffen, Henry Kissinger, George Shultz oder den früheren US-Finanzminister Robert Rubin. Mein Gesamteindruck ist ziemlich eindeutig, nämlich der einer nicht unerheblichen ökonomischen und innenpolitischen Unsicherheit. Hinzu kommt eine allgemeine Kriegsmüdigkeit in der öffentlichen Meinung der USA, die sich im Wesentlichen auf Afghanistan erstreckt. Die ökonomische Unsicherheit hat vor allem zu tun mit der relativ hohen Arbeitslosigkeit und der Aussichtslosigkeit, einen Job zu finden. Sie hat auch zu tun damit, dass viele Familien ihre Häuser verloren haben, die ihnen bis gestern als Eigentum gehörten, die sie aber als Pfand für ein Hypothekendarlehen zurückgeben mussten. Die innenpolitische Unsicherheit hängt zusammen mit der inneren Unsicherheit der Republikanischen Partei, die einerseits im Abgeordnetenhaus die Mehrheit stellt, andererseits aber schwankt zwischen bedingungsloser Opposition und begrenzter Kooperation mit der Regierung.

Steinbrück: Während in Europa das Parteiensystem sich eher entideologisiert hat, scheint sich das Parteiensystem der USA ideologisch eher weiter aufzuladen und zurückzufallen auf den Stand fundamentaler parteipolitischer Auseinandersetzungen, die wir in Europa eigentlich hinter uns haben. Ist der Eindruck richtig, dass das amerikanische demokratische System, das seit je auf eine Machtverteilung zwischen Zentralregierung und Einzelstaaten, Präsident und Kongress, Exekutive und Jurisdiktion angelegt ist und daher auf Kompromissfähigkeit setzt, zunehmend paralysiert ist und es immer schwieriger werden könnte, Entscheidungen in beiden Häusern des Kongresses durchzusetzen?

Schmidt: Peer, dass es paralysiert ist, scheint mir übertrieben. Es könnte sein, dass sich die Konzentration der Befugnisse auf die Person des Präsidenten, wie sie seit über zweihundert Jahren in der amerikanischen Verfassung festgeschrieben ist, in der modernen Welt als ein Risiko herausstellt. Ein amerikanischer Präsident soll zugleich Oberhaupt des Staates und Regierungschef sein, oder anders ausgedrückt, er soll nach innen und nach außen die Nation repräsentieren, zugleich aber als ein unter parteipolitischen Vorzeichen gewählter Regierungschef handeln.

Steinbrück: Diesen Webfehler müssten wir dann allerdings auch der Verfassung der Fünften Französischen Republik zuordnen.

Schmidt: Im Übrigen bin ich unsicher, ob Ihre Einschätzung, was die Polarisierung angeht, auf *beide* großen Parteien in Amerika zutrifft. Sie trifft ganz gewiss zu auf erhebliche Teile der Republikanischen Partei, wahrscheinlich weniger der Demokratischen Partei. Nach einem kurzen Besuch kann man sich allerdings nicht anmaßen, ein ausreichend begründetes

Urteil zu fällen. Dennoch fiel mir auf, dass die Republikaner auf Polarisierung drängen. Zwar halten sie sich bis jetzt zurück, was die Frage nach dem Präsidentschaftskandidaten ihrer Partei angeht; bis zu den Wahlen sind es ja noch fast anderthalb Jahre. Aber es gibt natürlich schon sehr viele öffentliche Diskussionen über die in Betracht kommenden Personen. Einige haben sich schon bereit erklärt zu kandidieren, andere lassen die Frage zwar offen, geben aber gleichzeitig zu erkennen: Vielleicht wären sie bereit. Als ich dort war, feierte die frühere Gouverneurin von Alaska, Frau Palin, auf einer Tour durch die Ostküstenstaaten gerade einen enormen publizistischen Erfolg. Einige meiner Gesprächspartner waren der Ansicht, man müsse durchaus mit der Möglichkeit rechnen, dass Frau Palin als Kandidatin antritt.

Was die Außen- und Sicherheitspolitik angeht, hat der als Redner glänzende Obama große Erwartungen geweckt, die er aber mangels parlamentarischer Mehrheit und weil er sich an der Wirklichkeit der weltpolitischen Lage stößt, nur zu einem ganz kleinen Teil erfüllen kann. Für mich persönlich gehört zu den enttäuschendsten Ergebnissen seiner Politik, dass er Guantánamo nicht wirklich hat auflösen können.

Steinbrück: Er ist mit der Hypothek gigantischer Erwartungen angetreten, die er in der steinigen politischen Ebene bisher aber nicht erfüllen konnte. Ein Rätsel bleibt für mich, warum er die aberwitzigen Steuerprivilegien für die Reichen aus der Zeit von Bush jr. nicht abgeschafft hat, als er dies mit einer Mehrheit im Kongress noch hätte durchsetzen können, um so zur Konsolidierung des US-Haushaltes beizutragen. Was mich wundert in den Gesprächen, die ich mit Amerikanern führe, ist die Tatsache, dass die öffentliche Verschuldung der USA in der Wahrnehmung der meisten Amerikaner lange Zeit keine besondere Rolle spielte – »Deficits don't matter«, meinte Vizepräsident Dick Cheney. Diese Einstellung mag sich in jüngster Zeit geändert haben. Trotzdem: Die gesamtstaatliche Verschuldung läuft langsam auf 15 Billionen US-Dollar hinaus; hinzu kommen die jährlichen Leistungsbilanzdefizite, die auch als Indiz abnehmender Wettbewerbsfähigkeit interpretiert werden dürfen, und die private Verschuldung – also Konsum auf Pump. In der amerikanischen Staatsverschuldung und ihrer Finanzierung sehe ich eines der großen Risiken für die weitere weltwirtschaftliche Entwicklung. Die amerikanische Zentralbank hat in nie gekannter Höhe Staatsanleihen und Unternehmensanleihen aufgekauft und damit eine ungeheure Liquidität geschaffen – was inflationäre Tendenzen in Gang setzen könnte, die schnell über die Grenzen der USA hinausschwappen.

Schmidt: Die private Verschuldung, die Sie erwähnen, hat sich im Wesentlichen ausgewirkt auf dem Sektor der Einfamilienhäuser. Die Leute haben ihre Häuser verloren, weil sie die Hypothek nicht bedienen konnten. Die seit Jahren andauernde Arbeitslosigkeit ist für sie aber noch viel schlimmer. Was sie berührt, ist der Umstand, dass sie soundso lange nun schon keinen Job haben und dass die Aussicht, morgen oder übermorgen einen zu bekommen, nicht sonderlich groß erscheint. Ich glaube mit Blick auf die Vitalität der Amerikaner allerdings nicht, dass die hohe Arbeitslosigkeit in den USA eine dauerhafte Beeinträchtigung bleibt.

Steinbrück: Da bin ich mir nicht sicher angesichts des Verlustes von Kapazitäten und Know-how in der US-Industrie und angesichts des Tempos, in dem Schwellenländer auch bei technologisch anspruchsvollsten Fertigkeiten aufholen. Und was die Mechanismen der Immobilienfinanzierung in den USA angeht, so belasten die Schulden letztes Endes die Bilanzen der amerikanischen Banken. Die Frage ist, ob dadurch nicht früher oder später erneut einige Banken in den USA marode werden oder zumindest in erhebliche Labilitäten geraten könnten, ob also hier nicht eine weitere Erschütterung droht. Das ist das eine. Das Zweite ist, dass die Amerikaner, politisch vermittelt, endlich von dieser Droge der Verschuldung entwöhnt werden müssten. Die Regierung – egal wer sie stellt – müsste die Courage haben, den Amerikanern zu erläutern, erstens: Wir können die Steuern nicht senken, sondern wir müssen sie, im Gegenteil, erhöhen. Und zweitens: Wir müssen Ausgaben senken, insbesondere auch im amerikanischen Militärhaushalt, der nach wie vor eine Größenordnung von 670 bis 700 Milliarden Dollar beansprucht. Mit einem Wort: Ich habe den Eindruck, dass ein Paradigmenwechsel in der amerikanischen Finanzpolitik vorgenommen werden müsste, der allerdings nur sehr schwer zu vermitteln ist und angesichts der fiskal-populistischen Haltung vieler Republikaner neue Zerreißproben begründen würde.

Schmidt: Die Wünschbarkeit eines solchen Paradigmenwechsels kann ich nur unterstreichen. Nicht aber habe ich den Eindruck, dass die gegenwärtige Administration mit vollem Ernst und voller Kraft in diese Richtung arbeitet. Ausdrücklich unterstreichen möchte ich auch Ihre Bemerkung über den amerikanischen Militärhaushalt, zu dem ja die Kriegskosten für Afghanistan noch dazugerechnet werden müssen. Da ist in der Tat jedes Maß verlorengegangen. Oder genauer: Da herrschen noch die alten Maßstäbe aus der Zeit des Kalten Krieges.

Steinbrück: Gerade die Kürzung des Militärhaushaltes wird aber gegenüber den Republikanern kaum durchzusetzen sein; für sie ist das Militär ein Tabu, weil sie darin ein Indiz oder eine Art Referenz für die Stärke Amerikas sehen. Im Übrigen sind sie nicht nur strikt gegen Steuererhöhungen, sondern treten sogar mit dem in meinen Augen völlig illusionsgela-

denen Versprechen von Steuersenkungen auf. Und deshalb
fürchte ich, dass die Auseinandersetzungen bei unterschied-
lichen Mehrheiten im Senat und im Repräsentantenhaus noch
sehr viel heftiger und aggressiver werden könnten und die
politische Atmosphäre insgesamt noch vergifteter. Obama hat
Kompromisse machen müssen, um mit der Anhebung der
Schuldengrenze von derzeit 14,3 Billionen US-Dollar die Zahlungsunfähigkeit der USA mit desaströsen Folgen zu verhindern, und doch wird am Ende ihm die Verantwortung für
die nach wie vor ungelösten Haushaltsprobleme zugeordnet
werden.

Schmidt: Jede Regierung muss Kompromisse machen. Demokratie ohne den Willen zum Kompromiss kann nicht funktionieren. Wenn ich ein Gesetz durch das Parlament bringen
will, dann muss ich eine Mehrheit davon überzeugen, dass die
Vorlage richtig ist. Das Zustandebringen einer parlamentarischen Mehrheit setzt die Fähigkeit und die Bereitschaft zum
Kompromiss voraus. Das ist in jeder Demokratie der Welt das
Gleiche, im Detail sieht es dann von Fall zu Fall anders aus.
Aber ich stimme Ihnen zu, dass die amerikanische Demokratie gegenwärtig gehandikapt ist, und das liegt vor allem an der
Republikanischen Partei, die einerseits beflügelt ist von ihrem
Wahlerfolg bei den letzten Wahlen zum Abgeordnetenhaus,
andererseits tief enttäuscht, weil sie die Regierungsgewalt ver-
loren hat. Die Republikanische Partei in ihrem augenblick-
lichen Zustand macht das Finden von tragfähigen Kompro-
missen sehr schwierig. Darunter leidet die Administration
Obama, die im Übrigen nicht nur innenpolitisch, nicht nur
ökonomisch, sondern eben auch sicherheitspolitisch – siehe
Afghanistan – ein wirklich schlimmes Erbe übernommen hat.
Das darf man nicht vergessen.

Steinbrück: Der Begriff »Kompromiss« ist in Deutschland – vielleicht als Restante des deutschen Idealismus – negativ besetzt, obwohl er von konstitutiver Bedeutung für das Funktionieren einer Demokratie ist, damit wir uns nicht die Köpfe einschlagen –

Schmidt: Peer, darf ich dazwischenfahren? Diese Neigung der Deutschen, den Kompromiss schon vom Prinzip her moralisch für zweifelhaft zu halten, hat nicht nur in der Redewendung vom »faulen Kompromiss« ihren Niederschlag gefunden, sondern auch im Text der Nationalhymne: Einigkeit und Recht und Freiheit. Natürlich muss Einigkeit herrschen in Bezug auf elementare Grundlagen unserer Gesellschaft, die Würde der Person zum Beispiel oder das Prinzip der Gerechtigkeit; wenn es um die Bejahung dieser Prinzipien geht, habe ich überhaupt keine Bedenken gegen das schöne Lied »Einigkeit und Recht und Freiheit«. Aber sofern Einigkeit dahingehend missverstanden wird, dass es eigentlich ein Verstoß sei gegen das Ideal, wenn man Kompromisse schließen muss, dann muss ich widersprechen. Man begegnet dieser Auffassung häufig gerade unter jungen Leuten, und dann frage ich mich, ob die Erziehung dieser jungen Deutschen an Schulen und Universitäten möglicherweise unzureichend war. Entschuldigen Sie, Peer, diese Abschweifung.

Steinbrück: Die Betonung der Einigkeit hat eine lange Tradition im deutschen Idealismus, der für eine ganze Reihe von Versperrungen im gesellschaftlichen und politischen Feld verantwortlich ist, unter anderem für unsere Neigung, Fragen immer grundsätzlich anzugehen und prinzipienorientiert zu debattieren. Bei ganz und gar nebensächlichen Fragen genügt es uns nicht, zu sagen, es geht um Leben und Tod – nein, es geht um mehr als das! Was uns in der deutschen Politik manchmal fehlt, ist eine Portion britischer Common Sense, eine Portion skandinavischer Pragmatismus und manchmal auch eine gewisse mediterrane Leichtfüßigkeit.

Aber ich will zurück zu dem in meinen Augen durchaus beunruhigenden Szenario, dass 2012 vielleicht nicht gerade Sarah Palin die Wahlen gewinnt, aber doch ein radikaler, dem religiösen Fundamentalismus zuneigender, auf die Innenpolitik fixierter Republikaner Präsident der Vereinigen Staaten von Amerika wird. Die Riege der republikanischen Bewerber, die sich mit Unterstützung der Tea-Party-Bewegung warmlaufen, lässt einem den Atem stocken.

Was würde ein solcher Präsident Ihrer Meinung nach bedeuten in den Außenbeziehungen der USA und in dem Zusammenwirken zwischen den USA und Europa? Mich beschäftigt die Frage, ob darüber nicht die in der amerikanischen Geschichte mehrfach zum Vorschein gekommenen isolationistischen Tendenzen wieder stärker werden könnten, zumal wenn die Auslandserfahrungen dieses Präsidenten gegen null tendieren, wie das ja bei Bush jr. der Fall war und wie es wohl auch für den texanischen Gouverneur Perry gilt.

Schmidt: Es hat in zweieinhalb Jahrhunderten amerikanischer Geschichte drei außenpolitische Tendenzen gegeben, die zum Teil nebeneinanderher liefen und zum Teil sich gegenseitig ablösten: erstens Isolationismus (Stichwort Monroe-Doktrin), zweitens Internationalismus (Stichworte Wilson, Völkerbund, Vereinte Nationen und viele andere internationale Einrichtungen wie IMF oder FAO) und drittens Imperialismus, zum Beispiel Teddy Roosevelt –

Steinbrück: Der im Spanisch-Amerikanischen Krieg eine eigene Kavallerieeinheit gründete, mit der er in Kuba einritt –

Schmidt: Ja, und ein paar Jahre später bekam er den Friedensnobelpreis. Also, diese drei Tendenzen hat es immer gegeben, und das wird auch so bleiben. Ich hätte nichts dagegen, wenn die imperialistische Tendenz für einige Generationen etwas in den Hintergrund treten würde. Ich muss Ihnen aber auch sagen, dass ich keine Angst habe vor einem amerikanischen Isolationismus. Gestärkt sehen möchte ich hingegen den amerikanischen Internationalismus, wie er sich zum Beispiel niedergeschlagen hat im Europäischen Wiederaufbauprogramm, genannt Marshallplan, nach dem Zweiten Weltkrieg. Aber man wird als Europäer wenig Einfluss auf diese Entwicklung haben. Man muss gelassen abwarten, wie die Amerikaner ihre eigenen Geschicke gestalten.

Steinbrück: Ich hätte zu Ihrem Amerika-Besuch noch eine private Frage am Rande: Mussten Sie in New York auf der Straße rauchen?

Schmidt: Nein, ich habe im Hotelzimmer geraucht.

Steinbrück: Ich frage das, weil ich gehört habe, dass Sie neulich in der Bahn zwischen Hamburg und Berlin geraucht haben und der Schaffner zu einem Ihrer Sicherheitsbeamten ging und sagte: Würden Sie bitte Herrn Schmidt sagen, dass hier das Rauchen verboten ist. Und daraufhin soll der Sicherheitsbeamte zu dem Schaffner gesagt haben: Sagen Sie ihm das doch selber!

Schmidt: Ist schon etwas länger her, stimmt aber. Es war sogar noch schlimmer. Der Schaffner ist gekommen, wollte mir das Rauchen verbieten und hat mir ein Strafmandat ausgestellt. Ich habe das Strafmandat bezahlt, und danach habe ich Herrn Mehdorn einen Brief geschrieben und ihn gebeten, durch seine Rechtsabteilung doch einmal prüfen zu lassen, ob die Deutsche Bahn berechtigt ist, wie ein Gericht Strafen zu verhängen. Er hat meiner Frau einen Blumenstrauß geschickt, aber die Antwort ist er mir schuldig geblieben.

Steinbrück: Stimmt es denn, dass Sie auch auf dem Capitol Hill in Washington geraucht haben?

Schmidt: Ja, das stimmt.

Steinbrück: Dann sind Sie wahrscheinlich der einzige Deutsche, dem man das hat durchgehen lassen.

Schmidt: Ein bisschen Ansehen hatte ich in Amerika. Aber jüngst in Kanada habe ich im Hotel 150 Dollar extra bezahlt dafür, dass das Hotelzimmer, nachdem es von dem Raucher Schmidt benutzt worden war, grundgereinigt werden musste. Das wurde mir vom Hotel im Vorwege in Rechnung gestellt.

Steinbrück: Dasselbe habe ich heute in meinem Hamburger Hotel auch gelesen. Es hätte 60 Euro gekostet, wenn ich da geraucht hätte.

Schmidt: 60 Euro? Ist billiger als 150 Dollar! Nein, im Ernst, das ist eine Hysterie, die sich von Amerika aus über die halbe Welt verbreitet hat. Das wird aber genauso zu Ende gehen wie die Prohibition. Das dauert zwanzig Jahre, und dann darf man wieder Whisky trinken.

Steinbrück: Wie ist es mit dem Rauchen in China? Da waren Sie im letzten Herbst ja auch –

Schmidt: Das hatte ich vor, aber wegen Loki habe ich die Reise kurzfristig abgesagt. China steht für kommendes Jahr auf dem Programm.

Steinbrück: Warum tun Sie sich das an? Warum reisen Sie noch so viel in Ihrem Alter? Ist es wirklich ein anderes oder neues Bild, das Sie gewinnen, wenn Sie nach China fliegen und dort mit offiziellen Vertretern oder auch Experten sprechen?

Schmidt: Ja, es stimmt schon, dass mich das Reisen mit zunehmendem Alter anstrengt, und aus medizinischen Gründen habe ich meine Reiseaktivitäten in den vergangenen Jahren außerordentlich eingeschränkt. Aber die Neugierde ist nach wie vor ungebrochen: Wenn ich könnte, würde ich viel mehr reisen, als ich es tue. Aber Ihre Frage erstaunt mich ein wenig und veranlasst mich zu der Gegenfrage: Reisen Sie eigentlich genug, Peer?

Steinbrück: Nein, im Augenblick zu wenig. Meine jüngsten Auslandsreisen – und damit auch meine unmittelbaren Kenntnisse der aktuellen Entwicklungen in anderen Ländern – haben sich nach meinem Ausscheiden aus der Regierung auf den europäischen Nahbereich beschränkt. Ich vermisse die Infrastruktur, die solche mehrtägigen Fernreisen organisiert. Aber ich habe mir fest vorgenommen, im nächsten Jahr mindestens nach China und Japan zu reisen und auch wieder in die USA. Mein größtes Defizit liegt bei den lateinamerikanischen Staaten, und auch das möchte ich so bald als möglich korrigieren. Ich glaube nämlich, dass Lateinamerika durch seine wachsende ökonomische Kraft auch an politischem Gewicht zunehmen wird. Lateinamerika wird jedenfalls erkennbar an Bedeutung gewinnen, was sich schon heute in einem gewachsenen politischen Selbstbewusstsein niederschlägt. Ich denke zum Beispiel an Lula da Silva, den früheren Präsidenten Brasiliens, den ich mehrere Male auf internationalen Finanzgipfeln erlebt habe – eine beeindruckende Persönlichkeit. Er wurde sehr stark, ich will nicht sagen hofiert, aber doch sehr stark beachtet, und zwar sowohl von den Amerikanern als auch von den Chinesen. Und man hatte den Eindruck, dass er sich der Tatsache bewusst war, von diesen beiden Mächten als ein gewichtiger politischer Faktor wahrgenommen zu werden.

Schmidt: Er ist aber auch ein toller Kerl! Im Dezember 2009 hat er mir im Rahmen seiner Europareise hier in Hamburg ziemlich spontan einen Besuch gemacht. Ich war einigermaßen überrascht. Aber dann hat er mir eine Geschichte erzählt, die dreißig Jahre zurücklag und die ich total vergessen hatte. 1979 machte ich als erster Regierungschef der Bundesrepublik einen offiziellen Besuch in Brasilien. Kurz zuvor hatte ich die brasilianische Regierung wissen lassen, dass ich leider den Besuch absagen müsse, denn sie hätten den Gewerkschaftsführer Inácio Lula ins Gefängnis gesperrt; den müssten sie rauslassen, da ich ihn sprechen wolle. Die Regierung in Brasilia hat dem umgehend nachgegeben. Lula hatte das nicht vergessen – und 2009, gegen Ende seiner Amtszeit, kam er, um sich bei mir zu bedanken. Solche Geschichten habe ich im Laufe des Lebens immer wieder erlebt.

Steinbrück: Wenn Sie erlauben, Helmut, will ich an dieser Stelle einschieben, dass es heute an einem internationalen Verbund linksdemokratischer Parteien fehlt, der sich gegen Diktaturen, Verfolgungen oder Beschädigungen durch einen kruden Kapitalismus stellt. Ich denke da an den Einfluss und die Präsenz der »Sozialistischen Internationale« in den siebziger und achtziger Jahren. Da haben Leute wie Brandt, Kreisky und Palme das Gesicht der internationalen Sozialdemokratie geprägt. Damals wurde in einer Art grenzüberschreitendem Ideenwettbewerb um das beste Modell für eine neue Gesellschaft gerungen. Und zugleich handfeste Politik gemacht und den Freiheitsbewegungen in Ländern wie Portugal, Spanien und Griechenland zum Sieg verholfen.

Schmidt: Jetzt singen wir gleich die Internationale! Nein, es tut mir leid, ich habe Einrichtungen wie die Sozialistische Internationale immer für überflüssig gehalten. Allerdings hätte ich gar nichts dagegen, wenn sich die Sozialdemokraten

im Europäischen Parlament untereinander etwas besser ab-
stimmten –

Steinbrück: So wie die Konservativen in der EVP. Aber lassen
Sie uns einen Moment bei der Frage bleiben, wie die westlichen Demokratien mit Unterdrückung durch Diktaturen
umgehen sollen. Lateinamerika scheint mir ein gutes Beispiel.
Noch vor zwanzig Jahren reihte sich da Militärdiktatur an Militärdiktatur, das ist heute anders, aber wie sich die einzelnen
Staaten entwickeln werden, ist schwer einzuschätzen. Ich habe
zwar den Eindruck, dass mit wachsendem ökonomischen Erfolg und Wohlstandsgewinn auch für breitere Schichten die
Zeiten von Militärputschen und anschließenden Militärdik-
taturen der Vergangenheit angehören könnten, aber mir fehlt
die historische Kenntnis, und ganz ausgeschlossen erscheinen
mir solche Rückfälle wiederum nicht. Meine Frage lautet: Wie
geht man mit Militärdiktatoren, mit Despoten im Allgemeinen um, und wie verhält man sich, wenn diejenigen, die man
viele Jahre hofiert hat, eines Tages von ihrem eigenen Volk ver-
trieben werden? Können wir heute schon ermessen, was da in
einigen arabischen Ländern entlang der Mittelmeerküste passiert? Sie haben von Husni Mubarak immer viel gehalten –

Schmidt: Ich habe von seinem Chef sehr viel gehalten, von
Anwar as-Sadat. Mubarak war der junge Mann von Sadat und
zugleich Vizepräsident, und als solcher wurde er nach der
Ermordung Sadats dessen Nachfolger. Ich habe ihn damals
als einen vertrauenswürdigen Gesprächspartner empfunden,
aber das ist nun über dreißig Jahre her, und ganz sicher hat
sich Mubarak im Laufe dieser dreißig Jahre entwickelt und
entfaltet. Immerhin habe ich beobachtet, dass er die Tradition
des Friedens zwischen Ägypten und Israel aufrechterhalten
hat, gegen erhebliche Widerstände sowohl innerhalb seines
eigenen Landes als auch im arabischen Raum insgesamt. Was

immer ihm heute vorgeworfen wird – das sollte man nicht vergessen und nicht unterschlagen. Ägypten war das einzige arabische Land, Jordanien ausgenommen, das Frieden mit Israel gewollt und gehalten hat.

Steinbrück: Ich habe Mubarak als Ministerpräsident des Landes Nordrhein-Westfalen kennengelernt; er war als Teilnehmer einer Konferenz auf dem Venusberg bei Bonn untergebracht, das ist sieben oder acht Jahre her. Er hat mich damals durchaus beeindruckt in der Bandbreite seines politischen Überblicks und in seinem Urteil über die Situation im Nahen Osten. Was ich überhaupt nicht durchschaute, war die grenzenlose Bereicherungsmentalität, mit der sein Clan das Land aussaugte; hier war unter seiner Ägide im Laufe der Jahre eine Art Familienimperium aufgebaut worden. Diese Erfahrung stimmt mich sehr skeptisch, wie man künftig Autokraten begegnen soll. Die Art und Weise, wie bis vor kurzem Herr Mubarak und Herr Gaddafi und Herr Ali auf Augenhöhe behandelt wurden, sollte uns mit Blick auf die Zukunft jedenfalls zur Vorsicht veranlassen.

Schmidt: Ich stimme Ihnen zu. Die Nennung Gaddafis lässt mich übrigens erwähnen, dass ich sorgfältig vermieden habe, ihn jemals zu treffen.

Steinbrück: Ja, jedes Foto mit ihm wäre heute eine ziemliche Peinlichkeit, zumal wenn er in Uniform und behängt mit Orden neben einem steht und aussieht, als wäre er einem Film von Monty Python entsprungen. Aber wenn man sieht, wie er zum Beispiel in Paris empfangen wurde – bis hin zu der Konzession, dass er in seinem eigenen Zelt nächtigen konnte –, und dann den Aktionismus dagegenhält, mit dem Frankreich zur militärischen Intervention drängte, dann wird Politik nicht eben glaubwürdiger.

Schmidt: Libyen war immer eine Ausnahme. Mit der Mehrzahl der arabischen Staaten haben wir normale diplomatische und ökonomische Beziehungen unterhalten. Der von Ihnen eben verwendete Ausdruck »hofieren« ist im Falle Deutschlands nicht ganz angemessen. Denn kein deutscher Bundeskanzler hat den Staatschef Syriens hofiert, keiner hat den König von Saudi-Arabien hofiert, das Gleiche gilt für Marokko oder Algerien. Ich muss bekennen, dass ich eine persönliche Freundschaft gepflegt habe mit dem eben erwähnten Anwar as-Sadat, der für mich seiner Tapferkeit und seiner Entschlusskraft wegen ein Vorbild gewesen ist. Seinen Mut, die Hauptstadt des Feindes aus vier Kriegen, an denen er selber als Soldat und Offizier und General beteiligt war, zu besuchen, hat er übrigens mit dem Tod bezahlt.

Steinbrück: Durch die Lektüre der Biographie von Lawrence von Arabien – merkwürdigerweise von einem deutschen Historiker, Peter Thorau – und eine sehenswerte Ausstellung im Kölner Rautenstrauch-Joest-Museum, ebenfalls über Lawrence von Arabien, ist mir erst kürzlich wieder deutlich geworden, in welchem Ausmaß der europäische Kolonialismus maßgeblich mitverantwortlich ist für die Spannungen im Nahen Osten. Das wird nicht erst in den Pariser Vorortkonferenzen 1919 deutlich – an denen dieser Thomas E. Lawrence übrigens im Gefolge von Winston Churchill teilgenommen hat –, sondern schon vorher mit Blick auf das Sykes-Picot-Abkommen oder die Balfour-Deklaration, die maßgeblich dazu beigetragen haben, jene Strukturen zu schaffen, die bis in die heutige Zeit für Zündstoff sorgen.

Schmidt: Zu diesen Strukturen gehören zum Beispiel auch die Grenzen vieler arabischer Staaten, die ohne jede Rücksicht auf Stammeszugehörigkeiten, auf religiöse Überzeugungen oder auf andere geschichtliche Traditionen, auch ohne Rücksicht auf geographische Tatsachen gezogen wurden. Es gibt im ganzen Nahen Osten, einschließlich Nordafrikas, eigentlich nur zwei Staaten, deren äußere Grenzen eine historische Legitimität haben, das sind Ägypten und Äthiopien. Darüber hinaus gibt es höchstens zwei weitere islamisch geprägte Staaten, deren Grenzen historische Legitimität beanspruchen können: den Iran und die Türkei.

Steinbrück: Ich glaube, auch Afghanistan.

Schmidt: Da bin ich im Zweifel, denn die afghanische Außengrenze ist erst durch die Kolonialmacht gegen Ende des 19. Jahrhunderts willkürlich gezogen worden.

Steinbrück: Jedenfalls ist überall im Westen die Freude groß über die Aufstandsbewegungen im arabischen Raum. Nur in einem Land wird diese Freude überhaupt nicht geteilt, das ist Israel. In Israel, im Gegenteil, macht man sich Sorgen. Als Israeli würde ich versuchen, diesen, wie es so schön heißt, »arabischen Frühling« als Chance zu begreifen. Nach meiner Wahrnehmung bedeutet der Aufstand – übrigens unter Beteiligung bemerkenswert vieler Frauen, wie die Fernsehbilder von Demonstrationen zeigen – keineswegs, dass ein westliches Demokratie- und Gesellschaftsmuster übernommen wird. Vielmehr erwächst die Bewegung aus der hochgradigen Frustration und Empörung über autokratische Systeme mit Selbstbedienungscharakter und die eigene Macht- und Chancenlosigkeit, insbesondere der jüngeren Generationen. Und sie geht zurück auf den demographischen Druck und einen höheren Alphabetisierungsgrad. Das sollten wir in Europa richtig einschätzen, um nicht falsche Schlussfolgerungen zu ziehen.

Schmidt: Ich stimme zu. Dabei geht vieles – Sie haben's angedeutet, aber ich möchte es noch einmal eigens erwähnen – zurück auf die jahrhundertelange Unterdrückung der Frauen. In Saudi-Arabien darf eine Frau noch heute nicht am Steuer eines Autos sitzen.

Steinbrück: Der Nahe Osten ist ein einziges Pulverfass, und wenn es nicht zu einer größeren Offenheit der israelischen Politik gegenüber diesen Veränderungen in der arabischen Welt kommt, wird die Gefahr, dass es explodiert, immer größer werden. Ich sage das aus tief empfundener Anteilnahme an der schwierigen Situation Israels.

Schmidt: Ich will dazu nur sagen, dass ich seit einigen Jahrzehnten keine langfristige Strategie des israelischen Staates erkennen kann.

Steinbrück: Ich war enttäuscht über den Auftritt des israelischen Ministerpräsidenten in den USA. Seine groß angekündigte Rede im Kongress, für die er schon im Vorfeld gefeiert worden war, habe ich als eine Distanzierung gegenüber jeglicher Öffnungspolitik empfunden.

Schmidt: Eine Rede, die im Ton und im Inhalt absolut unfreundlich war gegenüber dem Gastgeber, nämlich dem amerikanischen Präsidenten.

Steinbrück: Ja, Netanjahu ließ Obama quasi als dummen Jungen dastehen. Nur die eindeutig pro-israelischen Kräfte empfanden die Rede als eine Bestätigung. Aber ich glaube nicht, dass diese Politik hilfreich ist; jedenfalls dient sie nicht den israelischen Interessen. Was mich bei Besuchen in Israel immer wieder verwundert, ist die Tatsache, dass in Gesprächen durchaus große Aufgeschlossenheit herrscht und ein klares Bewusstsein darüber besteht, dass Israel bei einer weiteren Verharschung der Verhältnisse in Schwierigkeiten kommen könnte. Aber in der Politik und in den Debatten der Knesseth finde ich das nicht widergespiegelt. Ich frage mich, wann endlich eine große liberal aufgestellte politische Kraft in Israel versucht, die abwägenden Stimmen der Vernunft zu sammeln und politisch zur Geltung zu bringen.

Schmidt: Es hat drei weltpolitisch begabte und außerdem kenntnisreiche und urteilsfähige Personen gegeben, die einen Frieden zwischen Israel und seinen arabischen Nachbarn hätten herbeiführen können. Der Erste war gar nicht israelischer Staatsbürger, das war Nahum Goldmann. Der Zweite war Moshe Dayan, der ist leider früh gestorben, und der Dritte war Jitzchak Rabin, der wurde ermordet. Seit dem Tod dieser drei haben die Israelis keine langfristige Strategie, die auf einen Friedensschluss abzielte, entwickeln können.

Steinbrück: Und ich sehe gegenwärtig auch keine Ansatzpunkte. Die Siedlungspolitik wird unverändert fortgesetzt, die Isolierung des Gazastreifens wird mit kriegerischen Mitteln betrieben. Natürlich kann ich verstehen, dass die Israelis sich gegen Übergriffe der Hamas und anderer palästinensischer Kräfte zur Wehr setzen, nur ist das alles so perspektivlos. Und es steht im Widerspruch zu den langfristigen Interessen des Staates Israel. Warum erheben sich in Israel kaum politische Stimmen, die versuchen, einen neuen Kurs zu fahren?

Schmidt: Ich würde uns empfehlen, das Gespräch über Israel nicht auszuweiten. Was immer wir dazu sagen, wir machen uns damit keine Freunde.

Steinbrück: Jeder kritische Satz über Israel ist in der Tat einem enormen Risiko der Missinterpretation ausgesetzt.

■ ■ ■

Steinbrück: Wir haben über die zunehmende Ideologisierung in Teilen des amerikanischen Parteiensystems gesprochen und die wirtschaftliche Lage der USA mit Blick auf ihre enorme Auslandsverschuldung gestreift. Wie wirkt sich diese Entwicklung auf die globalen Machtverhältnisse aus? Ich stehe unter dem Eindruck lesenswerter Analysen, nach denen das europäisch-atlantische Muster abgelöst wird durch ein asiatisch-pazifisches, Europa in eine Position zunehmender Schwäche gerät und der Verlust der Vorrangstellung der USA ein Vakuum entstehen lassen könnte.

Die abnehmende industrielle Wettbewerbsfähigkeit, ein multiples militärisches Engagement und eine Überdehnung der finanziellen Leistungsfähigkeit beeinträchtigen die herausragende Stellung der USA schon heute. Hinzu kommt das Auseinanderklaffen von Vermögen und Einkommen, das zu erheblichen sozialen Spannungen führen könnte. Mich beschäftigt auch die Frage, was es für die innere – wenn man so will, die sozialpsychologische – Verfasstheit eines Landes bedeutet, wenn es über Jahre seine jungen Männer (und manche Frauen!) in unübersichtliche, nie endende Kriege schickt. Es gibt zu diesem Thema zwei erschütternde Filme: *The Deer Hunter (Die durch die Hölle gehen)* von Michael Cimino am Beispiel des Vietnamkrieges und *Im Tal von Elah* von Paul Haggis am Beispiel des Irakkrieges.

Schmidt: Ich möchte einen wichtigen Aspekt hinzufügen: Die seelischen Beschädigungen, die diese jungen Leute davontragen, treffen allesamt Angehörige der Unterschicht. Man darf in diesem Zusammenhang nicht vergessen, dass die künftige Rolle der Vereinigten Staaten von Amerika in der Welt auch bestimmt wird durch die demographischen Verschiebungen *innerhalb* der USA. In vierzig Jahren, in der Mitte des Jahrhunderts, werden die Afro-Americans und die Latinos zusammen die Mehrheit der amerikanischen Wählerinnen und

Wähler stellen. Hierbei handelt es sich im Wesentlichen um soziale Schichten, die danach drängen, Zugang zu erstklassigen Schulen und erstklassigen Universitäten zu bekommen, die danach drängen, dass es endlich eine anständige soziale Sicherung gibt – nicht nur eine Gesundheitsversicherung und eine Arbeitslosenversicherung, die ihren Namen verdienen, sondern auch eine Rentenversicherung, die den Namen verdient. Die innenpolitischen Probleme Amerikas werden an Gewicht gewinnen. Demgegenüber wird das Interesse der amerikanischen Wählerschaft an der Aufrechterhaltung der Weltordnung und der Verbreitung von Menschenrechten und Demokratie über den ganzen Erdball zurücktreten.

Das heißt, auch wenn es den Aufstieg Chinas und Indiens nicht gäbe, ist aus inneramerikanischen Gründen damit zu rechnen, dass der Ehrgeiz, die ganze Welt zu ordnen, in anderthalb Generationen eine deutlich geringere Rolle spielen wird als zu Beginn des 21. Jahrhunderts, zur Zeit von Bush jr.

Steinbrück: Diese Entwicklung ist jetzt schon zu beobachten. Das zeigt auch die Kriegsmüdigkeit in Afghanistan, von der Sie berichteten. Ich halte die USA inzwischen ökonomisch und militärisch für überdehnt und fürchte, dass sie zurückfallen könnten in eine isolationistische Phase.

Schmidt: Ich kann nur wiederholen, dass ich mich vor einem amerikanischen Isolationismus nicht fürchte.

Steinbrück: Helmut, Sie kennen die Geschichte der USA wahrscheinlich sehr viel besser als ich. Ich orientiere mich an der Entwicklung seit 1945, und da will mir die Rolle der USA als Weltordnungsmacht durchaus einleuchten, ja notwendig erscheinen. Wir können nicht wissen, was passiert, wenn diese Rolle nun unter dem Druck der innenpolitischen Probleme aufgegeben wird. Wobei ich diese Probleme keineswegs geringschätzen will, aber mich beschäftigt im Moment doch mehr die enorme Überschuldung der USA, und zwar sowohl die Staatsverschuldung einschließlich der Leistungsbilanzdefizite als auch die enorme private Verschuldung. Noch funktioniert das, weil es auf der Welt genügend Anleger gibt, die auf den Dollar vertrauen und die Schulden der Amerikaner ausgleichen. Aber die Verschuldung, insbesondere die Verschuldung gegenüber China, könnte mittelfristig auch zu politischen Abhängigkeiten führen.

Als die Chinesen auf dem Höhepunkt der US-Immobilienkrise im Herbst 2008 offenbar zum ersten Mal ihr Engagement bei den beiden großen Hypothekenfinanzierern Freddie Mac und Fannie Mae überprüften und sich mit der Möglichkeit beschäftigten, ihre Anteile zu reduzieren, geriet das politische Washington in helle Aufregung. Das Gleiche drückt der jüngste Besuch des US-Vizepräsidenten Biden in China aus.

Schmidt: Die amerikanische Staatsverschuldung gegenüber ausländischen Gläubigern gibt in der Tat Anlass zur Besorgnis. Besonders bedrohlich ist der Umstand, dass die amerikanische Gesellschaft eigentlich seit dem Ende der Administration Clinton, also seit weit mehr als zehn Jahren, sich daran gewöhnt hat, ihr laufendes Sozialprodukt zu etwa fünf Prozent durch ausländische Kapitalzufuhr zu finanzieren. Das scheint mir eine noch ernstere Gefährdung zu sein als die Gesamtverschuldung gegenüber dem Ausland. Die Tatsache, dass die Administration Clinton in der Lage gewesen ist, eine ähnliche Situation innerhalb von zwei mal vier Jahren in Ordnung zu bringen, spricht dafür, anzunehmen, dass die Amerikaner nach wie vor zu einer solchen Kraftanstrengung fähig sind. Aber der Wille ist nicht da.

Steinbrück: Es war die große Leistung der zweiten Amtszeit Clintons mit dem damaligen Finanzminister Robert Rubin, das laufende Budgetdefizit auf null zu bringen – sogar einen Überschuss auszuweisen – und gleichzeitig Impulse zu geben. Eine Doppelstrategie, die mir als Finanzminister zum Vorbild diente. Im Augenblick kann ich jedoch nicht erkennen, dass die Amerikaner den, wie Sie sagen, politischen Willen haben, dies zu wiederholen.

Schmidt: Was die Abhängigkeit der USA von China angeht, bin ich gelassener als Sie. Die Abhängigkeit ist, wenn Sie so wollen, eine gegenseitige, jedenfalls hat China zurzeit nicht das geringste Interesse an einer ökonomischen Schwächung Amerikas. Die chinesische Politik seit der Öffnung des Landes unter Deng Xiaoping zu Beginn der achtziger Jahre war mit wenigen Ausnahmen, die eher die Regel bestätigen, außerordentlich vorsichtig, sowohl gegenüber Amerika als auch gegenüber der Sowjetunion und später gegenüber Russland. Trotzdem kann man nicht ausschließen, dass irgendjemand in Peking auf die Idee kommt, dass die Anhäufung von Dollarguthaben bei der People's Bank of China nicht im Interesse der chinesischen Massen liege, und das führt dann zu der Frage: Was machen wir mit den Dollars? Das muss nicht zu aggressiven Konsequenzen führen, es kann durchaus aber zu expansiven Aktivitäten führen. Solche Aktivitäten erkennen wir schon heute; wenn die Chinesen in Pakistan sich einen großen Hafen bauen, wenn sie sich in Zentralasien, in Schwarzafrika, in Lateinamerika auf privatwirtschaftliche Weise Zugang zu künftigen Rohstoffquellen verschaffen, dann werden dafür natürlich Dollar eingesetzt. Die chinesischen Währungsreserven belaufen sich gegenwärtig auf über 3 Billionen Dollar, davon ist der größte Teil in amerikanischen Staatsanleihen angelegt. Da kann man sich manches vorstellen.

Steinbrück: Ich glaube zwar auch, dass es sich um eine symbiotische Beziehung handelt, schon deshalb, weil die Chinesen ein sehr exportgetriebenes Wachstumsmodell haben und deshalb an dem enormen amerikanischen Markt interessiert sind. Andererseits sehe ich aber die chinesische Aufrüstung, die Bestrebungen Pekings, wieder eine maritime Macht zu werden. Die chinesische Außenpolitik halte ich keineswegs für völlig frei von expansiven Zügen. Ich sehe, wie die Chinesen Rohstoffe, über die sie selber verfügen, politisch einsetzen. So haben sie die seltenen Erden, die sie nach Japan exportieren, zum Anlass genommen, Gebietsstreitigkeiten im ostchinesischen Meer zu ihren Gunsten zu beeinflussen. Ich höre, dass sich schwer zu identifizierende Kräfte an der Spionage im Cyberspace beteiligen und Internet-Attacken zumindest dulden, nicht nur gegen große Unternehmen, sondern auch gegen staatliche Einrichtungen. Und ich sehe, dass die Chinesen ihre außenpolitischen Beziehungen, etwa zu Ländern wie dem Iran, mit einem klaren Blick auf Rohstoffinteressen ausrichten. Ich bin inzwischen nicht mehr ganz so überzeugt, dass das alles defensiv orientiert ist, sondern sehe insbesondere auch mit Blick auf den Militäretat der Chinesen zunehmend eine aggressive Komponente.

Schmidt: Einstweilen ist die militärische Schlagkraft der Chinesen eine sehr begrenzte, insbesondere erscheint sie nicht sonderlich groß, wenn man ihren Militärhaushalt mit dem der Amerikaner vergleicht: Das Verhältnis beträgt etwa 8:1 zugunsten Amerikas. Einstweilen haben die Chinesen noch keinen einzigen Flugzeugträgerverband. Die Amerikaner haben elf Flugzeugträgerflotten, jede mit ungefähr fünfzig Geleitschiffen und Schutzschiffen und Flakschiffen: Das ist ein Verhältnis wie 100:1. Es ist unbestritten, dass die Chinesen aufrüsten; die Absicht, eine Flugzeugträgerflotte zu errichten, haben sie auch öffentlich bekanntgegeben. Aber immerhin haben wir es mit einem Volk von fast 1400 Millionen Menschen zu tun, in Amerika haben wir es zu tun mit 300 Millionen. Wenn man die militärischen Fähigkeiten dieser beiden Nationen miteinander vergleicht, sind die Amerikaner eindeutig und noch auf mindestens eine ganze Generation überlegen.

Steinbrück: Das ist offensichtlich. Trotzdem ist die Tendenz erkennbar, dass die Chinesen Seemacht werden wollen und damit anknüpfen an die Tradition des 15. Jahrhunderts, wo sie schon einmal eine gewaltige Flotte besaßen, die bis nach Afrika vordrang. Ich gebe Ihnen recht, dass es noch etwas dauert, bis China den USA gefährlich werden könnte. Aber heute wird mit anderen Waffen gekämpft. Wir sprachen über die enormen Währungsreserven, die Peking zur Verfügung stehen. Was machen sie damit? Zum Beispiel fangen sie an, Unternehmen und Technologie zu kaufen. Ich bin sehr gespannt, wie wir in Deutschland reagieren werden, wenn China in stärkerem Maße seine Reserven dafür einsetzt, in technologieorientierte deutsche Unternehmen zu investieren und Beteiligungen oder gar ganze Unternehmen zu übernehmen. Die Chinesen ersparen sich auf diesem Wege eigene Forschung, müssen sich nicht auf einen aufwendigen Wettbewerb einlassen, ja nicht einmal spionieren, sondern gelangen schnell und legal in den Besitz der jeweils neuesten Technologie oder Software.

Schmidt: Peer, Sie haben die maritimen Expeditionen unter dem Admiral Zheng He zu Beginn des 15. Jahrhunderts erwähnt. Inzwischen spielt sowohl in der chinesischen Führung als auch an chinesischen Universitäten die Erinnerung an jene Zeit eine ganz große Rolle. Man muss sich diese Expeditionen allerdings mal genauer angucken. Die Schiffe hatten ungefähr fünfzehn- bis zwanzigmal so viel Verdrängung und Tragfähigkeit wie hundert Jahre später die Schiffe von Kolumbus oder

Vasco da Gama. Es waren riesenhafte Schiffe, 120 Meter lang, und es war eine ganze Flotte, die bis in den Persischen Golf, ans Horn von Afrika und an die afrikanische Ostküste unterwegs war auf mehreren Expeditionsreisen. Zusätzlich zu den Besatzungen hatten die Schiffe etwa 20000 Soldaten an Bord. Das heißt, es war eine Expeditionsarmee, die aber nicht eingesetzt wurde, die nur die Macht, die Größe und die Bedeutung des chinesischen Kaisers demonstrieren sollte. Zheng He lud die Leute in den Häfen, die er anlief, ein, nach Peking zu kommen, dreimal Kotau zu machen, Geschenke mitzubringen, Geschenke zu empfangen, in Gnaden entlassen zu werden und wieder nach Hause zu fahren. Keine Eroberung! Die chinesischen Kaiser – und zwar unabhängig davon, ob es sich um Han-Chinesen handelte oder um eine mongolische Dynastie oder eine mandschurische Dynastie – waren der Meinung: Wir sind der Mittelpunkt der Welt. »Middle Kingdom« haben die Engländer das übersetzt. Und die Chinesen waren zufrieden, wenn die anderen kamen, Geschenke brachten, Kotau machten und Tribut zahlten. China hat in den viertausend Jahren der chinesischen Geschichte kaum je eine expansive, erobernde Außenpolitik betrieben.

Steinbrück: Die Schiffe wurden nach sechs oder sieben Expeditionen verbrannt. Ist das der große Unterschied zwischen der westlichen ausgreifenden kolonisierenden Politik und der chinesischen Politik der Selbstvergewisserung? Und wenn ja, kann uns das heute wirklich beruhigen?

Schmidt: Den Chinesen fehlt das missionarische Element, das im Westen durch das Christentum, das aber genauso durch den Islam und heute auch durch die USA verkörpert wird. Die Vorstellung, dass alle Leute so sein sollen und sich so benehmen und ihre Staaten so organisieren sollen wie man selbst, ist den Chinesen fremd. So etwas wie die dreihundert Jahre von der Mitte des 16. bis in die zweite Hälfte des 19. Jahrhunderts, in dem die Europäer in Lateinamerika, in ganz Asien und schließlich fast ganz Afrika kolonisiert haben, gibt es nicht in der chinesischen Geschichte.

Steinbrück: Ich gebe zu, sie haben nicht diese imperialistisch-ausgreifende Tradition wie viele europäische Länder in der Geschichte der letzten Jahrhunderte. Eher wirkt im nationalen Bewusstsein der Chinesen das 19. Jahrhundert nach, in dem die Fremdherrschaft eine große Rolle spielte. Das ist bis heute prägend, nach dem Motto: Das lassen wir nie wieder zu. Und deshalb hat auch das Bild des »One China« in ihrer Politik eine solche Bedeutung. Ich habe dennoch den Eindruck, dass mit abnehmender Bindekraft der kommunistischen Ideologie ein neuer Nationalismus quasi als Ersatzideologie sich breitmachen könnte. Der könnte sich eines Tages auch expansiv entladen. Bisher gibt die chinesische Außenpolitik keinen Anlass, dass sich die Nachbarländer ernsthaft beunruhigen müssten, aber als potenzielle Bedrohung wird die neue Stärke Chinas von den Nachbarländern durchaus wahrgenommen. Allerdings kann niemand übersehen, dass es auch eine ganze Reihe limitierender Faktoren für den weiteren Aufstieg Chinas gibt. Es gibt Probleme mit der Demographie, Agglomerationsprobleme, eine enorme Wanderungsbewegung innerhalb des Landes, zunehmende regionale Probleme, wachsende Einkommensdisparitäten und nach wie vor eine Vielzahl maroder Staatsunternehmen.

Schmidt: Das stimmt. Die inneren Probleme Chinas sind enorm. Und natürlich kann niemand von uns ein Unglück ausschließen. Ein gewaltiges Konfliktpotenzial liegt zum Beispiel in dem ungeheuren Unterschied im Lebensstandard zwischen den Küstenprovinzen und Zentralchina, ganz zu schweigen von Tibet, ganz zu schweigen von Xinjiang.

Ich möchte aber auf etwas anderes eingehen. Sie haben quasi im Vorbeigehen erwähnt, dass die kommunistische Ideologie in Schwierigkeiten gerät und dass sie weitgehend ersetzt wird durch einen neuen Nationalismus. Erstens würde ich lieber von einer Propagierung des Nationalstolzes sprechen, die durchaus auf Widerhall bei der Masse der Chinesen trifft. Zweitens würde ich aber noch ein Stück weiter gehen und sagen: Eines der großen innenpolitischen Probleme Chinas ist, dass die kommunistische Ideologie immer weniger brauchbar ist und dass es bisher keinen wirklichen Ersatz gibt, der die Lücke füllt. Deswegen der Rückgriff zum Beispiel auf Konfuzius. Heute vor vierzig Jahren war Konfuzius Anathema; er durfte nicht einmal erwähnt werden, und alles, was an ihn erinnerte, wurde in der sogenannten Großen Proletarischen Kulturrevolution zerstört. Dann kam Deng Xiaoping, und im Laufe der Jahre, zunächst leise, dann lauter und inzwischen offiziell, wurde Konfuzius heiliggesprochen.

Steinbrück: Die Renaissance des Konfuzianismus wird von vielen Jüngeren bezweifelt. Viele sehen eher ein großes Wertevakuum – keine Rückkehr zum Konfuzianismus, sondern ein Versinken im Materialismus. Daneben blüht der Nationalismus, und zwar ein ziemlich primitiver Nationalismus, den man vor allen Dingen in der Armee spürt.

Schmidt: Ich habe in China mehrfach mit jüngeren Intellektuellen über die Zukunft des Konfuzianismus gesprochen. Ich halte es für wahrscheinlich, dass das Vakuum, von dem Sie sprechen, enden wird in einer zwar weitgreifenden Anpassung des Konfuzianismus an die heutigen Gegebenheiten und Notwendigkeiten – aber es wird eben doch im Kern Konfuzianismus sein. Ich erinnere mich an ein Gespräch mit Deng Xiaoping, das war im Jahre 1984. Wir kannten uns schon zehn Jahre und hatten schon viele Gespräche miteinander geführt. Es war

ein Privatgespräch, und ich konnte es mir leisten, ihn ein bisschen zu piksen. Ich sagte also zu Deng: »Eigentlich seid ihr
chinesischen Kommunisten ganz unehrliche Menschen. Ihr
nennt euch Kommunisten, aber in Wirklichkeit seid ihr doch
Konfuzianer.« Er war ein bisschen verärgert, hat einen Augenblick überlegt, und dann kam er mit einer zweisilbigen Antwort: »So what?« Das heißt, er gab mir zu verstehen: Sie haben
zwar recht, aber was haben Sie dagegen?

Was den angeblich drohenden Nationalismus der Chinesen
angeht, würde ich mich konzentrieren auf das deutsche Interesse. Vom deutschen Standpunkt aus muss uns das alles gar
nicht beunruhigen. Vom amerikanischen Standpunkt aus ist
die Entwicklung in China geeignet, die Leute zu beunruhigen.
Aber es muss weder die Deutschen beunruhigen noch die
Franzosen, noch die Polen.

Steinbrück: Na ja, die Dominanz Chinas könnte die Balance
innerhalb Asiens gefährden, und dann wird die Entwicklung
automatisch, wie ich glaube, nicht nur die USA, sondern auch
Deutschland und Europa berühren. Noch sehe ich den chinesischen Nationalismus nicht als ein Gefährdungspotenzial. Es
kann auch sein, dass Sie recht haben und der Konfuzianismus
zunehmend die kommunistische Ideologie ersetzt und eine
Art Klammer bildet. Aber mein Eindruck ist, dass das Wohlstandsversprechen in China die wichtigste Rolle spielt. Chinesische Offizielle machen keinen Hehl daraus, dass sie eine
Minimumswachstumsrate von sieben bis acht Prozent brauchen, um die innerchinesischen Gegensätze auszugleichen und
das Wohlstandsversprechen aufrechtzuerhalten. Daraus ergibt
sich dann zwangsläufig ein stark exportorientiertes Wachstumsmodell und damit eine Interessenlage, in der ein partner-
schaftliches Verhältnis zu den USA und anderen Handelspart-
nern oberste Priorität hat.

Im Übrigen beobachte ich mit einer gewissen Faszination,

dass das chinesische Modell, das Modell eines staatskapitalistischen Systems mit kommunistischem Überbau, in der globalen Konkurrenz unterschiedlicher ökonomischer Modelle in vielen Ländern der früher sogenannten Dritten Welt als durchaus attraktiv gilt. In einigen Ländern Asiens, Afrikas und Lateinamerikas wird es heute dem pluralistischen Modell der Europäer mit Meinungs- und Pressefreiheit deutlich vorgezogen.

Schmidt: Ich bin nicht sicher, ob man die gegenwärtige chinesische Gesellschaft ausreichend charakterisiert, wenn man sie mit der Überschrift »Staatskapitalismus« versieht. Vieles ist Staatskapitalismus, vieles andere ist reiner Privatkapitalismus –

Steinbrück: Aber unter der Führung der Partei –

Schmidt: Nicht unter der Führung, aber unter der latenten Kontrolle. Die Partei kann eingreifen, aber sie greift relativ wenig ein.

Steinbrück: Wie auch immer, das Modell China könnte für autokratische Systeme sehr attraktiv sein. Mit der Implosion des Sowjetkommunismus und dem Wegfall der ideologischen Systemkonkurrenz 1989/90 ist ja nicht das Ende der Geschichte eingeläutet worden, wie der amerikanische Historiker Francis Fukuyama prophezeit hat, sondern die ideologische Konkurrenz ist ersetzt worden durch eine ökonomische Konkurrenz. Was mich interessiert, ist die Frage, ob die Bevölkerung von Ländern wie China, wenn sie einen bestimmten materiellen Wohlstand erreicht hat, nach anderen Werten fragt, nach Werten, wie Europa sie liefert. Ob die Leute sagen: Jetzt haben wir ein gewisses Wohlstandsniveau erreicht, jetzt sind wir auch interessiert an den Segnungen des Sozialstaates, an

Rechtsstaatlichkeit, an unabhängigen Gerichten, an Freizügigkeit, an Meinungs- und Pressefreiheit. Liefert Europa eventuell doch ein Vorbild, das für andere Länder interessant sein könnte?

Schmidt: Ich will zunächst daran erinnern, dass es auch für die Chinesen ein Vorbild gibt, nämlich Singapur. Ob Sie das jetzt ein autokratisches oder ein staatskapitalistisches Modell nennen, ist ziemlich gleichgültig, in jedem Fall wird das Beispiel Singapur in China sehr genau beobachtet. Von Deng über Jiang Zemin bis zu Hu Jintao – und wahrscheinlich gilt das auch für dessen präsumtiven Nachfolger – schauen die chinesischen Führer seit Jahrzehnten mit großem Respekt nach Singapur und sagen: Das, was Lee Kuan Yew in diesem relativ kleinen Stadtstaat mit fünf oder sechs Millionen Menschen zustande gebracht hat, das wollen wir auch. Singapur ist im Verhältnis zur Größe Chinas völlig unbedeutend, aber die Schwierigkeiten waren ähnliche. Es kommt noch etwas hinzu, was in China eine viel geringere Rolle spielt: In Singapur hat man es mit einem Völkergemisch zu tun – einige 70 Prozent Chinesen, einige 15 Prozent Malayen und einige 7 oder 8 Prozent Tamilen. Drei völlig verschiedene Ethnien, die sich alle gegenseitig die Hälse abschneiden würden, wenn es keine starke Ordnungsmacht gäbe, sprich: eine Regierung und einen Staat, die hart durchgreifen. In China gibt es diese Völkervielfalt auch, aber 90 Prozent sind Han-Chinesen. Dennoch spielt das Bild des starken Staates in den Köpfen der heutigen Chinesen durchaus eine Rolle.

Steinbrück: Natürlich stellt sich die Frage, ob ein – ich bleibe bei dem Ausdruck – staatskapitalistisch-autokratisches System nicht attraktiver ist für die Menschen dort, zumal es den Traditionen und der Historie dieser Länder eher entspricht.

Schmidt: Jedenfalls spielen die Menschenrechte in der chinesischen geschichtlichen Tradition überhaupt keine Rolle, weder bei Konfuzius noch bei Menzius, noch bei Laotse. Damit komme ich auf Ihre Frage zurück, ob bei steigendem Wohlstand die Chinesen sich an europäischen Grundrechten orientieren werden. Ich halte eine solche Entwicklung nicht für sehr wahrscheinlich. Am ehesten wird es – vielleicht theoretisch – für das Prinzip des Sozialstaates und möglicherweise des Rechtsstaates gelten.

Ich habe jedenfalls große Zweifel, ob es zu rechtfertigen ist, dass der Westen – also die Europäer und die Nordamerikaner – die Aufgabe hat, das Prinzip der Demokratie und das Prinzip der Menschenrechte über den ganzen Erdball zu verbreiten. Gucken Sie sich die indische Kastengesellschaft an. Indien ist heute zweifellos ein Rechtsstaat und auch eine Demokratie – übrigens dank der englischen Kolonialmacht. Aber nach wie vor können Sie nicht von einer Kaste in die andere heiraten. Das ist jahrhundertealte Tradition: Sie sind als Paria geboren, und das bleiben Sie, oder Sie sind als Brahmane geboren, und das bleiben Sie. Ähnlich fest gefügt sind die chinesischen Traditionen. – Es kommt noch etwas hinzu: Die Rechte der Person, auf die man sich im Westen heute so gern beruft, sind eine Erfindung der letzten zweihundert Jahre. Hernando Cortez oder Francisco Pizarro oder die anderen Schlächter, die von den Spaniern und Portugiesen nach Lateinamerika und nach Mexiko geschickt wurden, hatten nicht die Aufgabe, die Menschenrechte zu vertreten; sie hatten die Aufgabe, unter dem Banner des Christentums Kolonien zu errichten. Das Prinzip der Menschenrechte kommt in der ganzen christlichen Theologie überhaupt nicht vor bis ins 20. Jahrhundert. Es ist ein Instrument geworden, eine Badehose, die verbirgt, was verborgen werden soll, nämlich den Expansionsdrang der westlichen Macht.

Steinbrück: Ganz so zynisch sehe ich das nicht, aber ich gebe zu, dass viele Interventionen des Westens mit klaren politischen und ökonomischen Interessen verbunden gewesen sind. Aber dass die Idee der Menschenrechte überhaupt auftauchte, in der zweiten Hälfte des 18. Jahrhunderts – wir sprechen ja nicht zufällig vom Zeitalter der Aufklärung –, ist das nicht auch in Ihren Augen ein großer Gewinn?

Schmidt: Für *uns* ist es ein sehr großer Gewinn.

Steinbrück: Für die Chinesen wäre es schon ein großer Gewinn, wenn sie wenigstens das Erbe Maos offen diskutieren könnten. 45 Millionen Tote beim Großen Sprung! 45 Millionen Tote, über die nicht gesprochen werden darf!

Schmidt: Ich glaube, die Zeit wird kommen, aber es wird sehr lange dauern. Noch um 2050 wird Mao dafür gelobt werden, dass er China wiederhergestellt hat, nach anderthalb Jahrhunderten der Demütigung durch die europäischen Kolonialmächte, durch die Amerikaner und insbesondere durch die Japaner. Mao hat China wiederhergestellt: Das wird im Bewusstsein bleiben. Gleichzeitig werden seine Fehler öffentlich werden; dazu gehört nicht nur der »Große Sprung nach vorn«, dazu gehört insbesondere die ekelhafte Kulturrevolution, die heute ebenfalls totgeschwiegen wird. Aber wie auch immer das Bild Maos sich verändern wird: In der Mitte des Jahrhunderts könnte im Bewusstsein der Welt Deng Xiaoping als der erfolgreichste Kommunist der Geschichte dastehen – und nicht Mao.

Steinbrück: Nein, ich glaube, dass Mao als Ikone seinen Stellenwert behalten wird. Aber ich stimme Ihnen ausdrücklich zu, dass es sehr lange dauern wird, bis die Menschenopfer des Großen Sprungs und der Kulturrevolution zum Gegenstand einer das Land aufwühlenden Vergangenheitsbewältigung werden. Ich erinnere daran, wie lange es in den offenen Gesellschaften Westeuropas gedauert hat, bis eine solche Vergangenheitsbewältigung in die Gänge kam. In Deutschland hat es nach den Verbrechen des Nationalsozialismus zwanzig Jahre und mehr gedauert; in Frankreich ist die Auseinandersetzung mit dem Thema Kollaboration erst vor einigen Jahren und nur unter heftigen Kämpfen angenommen worden; in der Türkei ist der Völkermord an den Armeniern bis heute weitgehend tabuisiert.

Schmidt: In Deutschland hat es länger gedauert als zwanzig Jahre. Bis Richard Weizsäcker für seine große Rede Gehör fand, vergingen vierzig Jahre.

Steinbrück: Ich beziehe mich auf die Auschwitz-Prozesse Mitte der sechziger Jahre; damals fing meine Generation an, sich mit dem Thema zu beschäftigen. Was ich sagen wollte: Als Ikone, als Identifikationsfigur wird Mao immer einen Stellenwert in China haben.

Schmidt: Das gilt auch für zwei Errungenschaften Maos, die heute nicht richtig bewertet werden. Das eine ist die Befreiung der Frau, die sich zwar nicht auf alle Bereiche auswirkte, die aber tatsächlich zu einer Gleichstellung der Frauen in China geführt hat, die für Asien insgesamt beispielhaft ist. Das andere ist die im Ergebnis nicht unumstrittene Ein-Kind-Politik. Sie wurde zu Zeiten Maos begonnen, aber ihre gewaltigen Auswirkungen zeigen sich erst heute in vollem Umfang, nicht nur im Männerüberschuss und Frauendefizit, sondern vor allem in der Überalterung der chinesischen Gesellschaft. Die chinesische Gesellschaft unterliegt einem ähnlichen Überalterungsprozess wie die europäische.

Steinbrück: Das führt uns noch einmal zurück zu den limitierenden Faktoren der chinesischen Entwicklung. Ich stand einmal sehr unter dem Eindruck eines Gesprächs mit einem stellvertretenden chinesischen Ministerpräsidenten, der mich nach dem deutschen Rentenversicherungssystem fragte. Es hat einige Zeit gedauert, bis ich begriff, weshalb er danach fragte. Er fragte danach vor dem Hintergrund der Überalterung der chinesischen Gesellschaft, und konkret lautete sein Problem: Wie viele Ressourcen müssen aufgewendet werden, um ein Altersversorgungssystem aufzubauen für eine Gesellschaft, deren produktive Jahrgänge als Ergebnis der Ein-Kind-Ehe ausgedünnt sind? Das wird die Chinesen erhebliche Ressourcen kosten. Weshalb ich zu dem Ergebnis komme: Der lineare Aufstieg Chinas wird sich so wie bisher nicht fortsetzen. Er wird zwar im Trend anhalten, aber wie wir übereinstimmend schon feststellten: Die zunehmenden Einkommensverzerrungen, die Disparitäten zwischen dem Hinterland und dem Küstenstreifen, die Agglomerationsprobleme – allein die Metropole Chongqing zählt fast dreißig Millionen Einwohner –, das alles sind limitierende Faktoren, mit denen sich die chinesische Führung beschäftigen muss. Das Hauptproblem sehe ich freilich in der Überalterung. Es gibt ein geflügeltes Wort: China wird alt, bevor es reich wird.

Schmidt: Auf der anderen Seite darf man die Frage aufwerfen, ob es nicht möglicherweise für die Welt von Bedeutung ist, dass China die Ein-Kind-Politik einführte. Angesichts der Übervölkerung des Erdballs ist jeder Versuch, das Bevölkerungswachstum zu dämpfen, im Prinzip des Nachdenkens wert. Wenn ich es richtig sehe, hat außer China kein anderer Staat entsprechende Schritte unternommen. Die Inder haben es unter Indira Gandhi ein paar Jahre lang versucht – übrigens mit den brutalsten Methoden, die man sich vorstellen kann – und dann aufgegeben. Das heißt aber nicht, dass wir nicht möglicherweise allesamt uns die Frage vorlegen müssen, ob die Welt neun Milliarden Menschen ertragen kann.

Steinbrück: Für das Bevölkerungswachstum gibt es zwei Schlüsselgrößen. Die eine ist die Alphabetisierung, die andere die Emanzipation der Frau. Dort, wo die Alphabetisierung am schnellsten voranschreitet und die Frauen sich zunehmend aus patriarchalischen Verhältnissen befreien, nimmt die Geburtenrate ab. Das lässt sich insbesondere im arabischen Raum erkennen; wo die jungen Frauen nicht durch den Familienvorstand in die klassische Cousinen-Ehe hineingetrieben werden, gibt es weniger Kinder. Es ist allerdings sehr schwer, dies politisch zu beeinflussen, und auch durch internationale Konferenzen hat sich auf diesem Gebiet bisher nur wenig ausrichten lassen. Als Europäer müssen wir aber ein massives Interesse daran haben, dass sich insbesondere bei den arabischen Nachbarn rund um das Mittelmeer der Prozess der Alphabetisierung und der Gleichberechtigung von Frauen fortsetzt, weil nur so dem Bevölkerungsdruck nachhaltig entgegengewirkt werden kann. Andernfalls werden wir es zu tun bekommen mit einer deklassierten und deshalb auch aggressiv gestimmten jüngeren Generation, die von Europa fernzuhalten erhebliche Anstrengungen kosten wird.

Ich will noch einmal zu unserer Ausgangsfrage zurück. Der britische Historiker Niall Ferguson hat zu zeigen versucht, dass das, was wir heute erleben, das Ende einer fünfhundertjährigen Vorherrschaft des Westens bedeutet. Was für uns das Ende unserer politischen, wirtschaftlichen und kulturellen Hegemonie bedeute, sei aus Sicht der Chinesen nur die Rückkehr zur Normalität, schließlich war China über Jahrhunderte, etwa bis an die Schwelle, die wir in Europa als Beginn der Neuzeit bezeichnen, die ökonomisch stärkere Macht, einschließlich der Fähigkeit, Innovationen voranzutreiben. Auch unter kulturellen Gesichtspunkten sind die Chinesen weit über das Mittelalter hinaus den Europäern voraus gewesen. Ich glaube nicht, dass der Einfluss des Westens bis zur Mitte des 21. Jahrhunderts völlig abgelöst wird durch andere Zentren, aber er wird stark relativiert. Die Welt wird darüber, wie ich glaube, multipolarer werden. Und in diesem Zusammenhang frage ich noch einmal, wie die Amerikaner damit umgehen werden. Unterschätzen wir die Erneuerungsfähigkeit und den Spirit der USA, aus den Problemen herauszukommen?

Schmidt: Ich habe das nie getan. Die Vitalität der amerikanischen Gesellschaft scheint mir ungebrochen, und sie erscheint mir als eine der größten im Weltvergleich überhaupt.

Steinbrück: Ja. Das hat etwas mit dem Frontier Spirit zu tun, damit, dass Einwanderer in dieses Land geströmt sind, die Unterdrückung und Depression entgehen wollten und in einem bis dahin unbekannten Ausmaß von Eigenverantwortung versucht haben, ihr Leben selbst zu bestimmen. Dabei entwickelten sie eine enorme Mobilität und Vitalität.

Schmidt: Diese Mentalität des »Go West, Young Man« ist natürlich auch der Urgrund für den amerikanischen Kapitalismus.

Steinbrück: Und für die teilweise Verachtung alles Staatlichen. Deshalb empfinde ich die augenblicklichen Probleme der USA als so bedrückend. Denn um da herauszukommen, bräuchte das Land eine durchsetzungsfähige Regierung, die es auch von dem Irrglauben abbringt, man könne alles individuell regeln und auf staatliche Ausgleichsmechanismen verzichten.

Schmidt: Wobei dieser Widerstand gegen staatliche Regulierung in meinen Augen dazu führt, dass wir mit der nächsten amerikanischen Bankenkrise rechnen müssen.

Steinbrück: Die Mentalität der Amerikaner gerät noch von einer anderen Seite unter Druck. Bisher sahen sie sich immer als Sieger. Aber was heißt es für Amerikaner, wenn sie feststellen, dass sie nicht mehr die meisten Goldmedaillen gewinnen? Was heißt es für die USA, wenn sie feststellen, dass sie nicht mehr der Dirigent eines Weltorchesters sind, sondern nur noch die erste Geige spielen? Diesen Lernprozess hat Europa immer wieder mühsam vollzogen. Ob das nun Spanien oder die Niederlande gewesen sind, ob es Großbritannien, ob es das kaiserliche Deutschland gewesen ist – eine ganze Reihe von europäischen Weltmächten hat das mühsam, unter teilweise großen Opfern gelernt. Die Amerikaner haben diese Erfahrung noch nicht gemacht, sie wissen noch nicht, wie man mit abnehmendem Einfluss umgeht. Was heißt es für das Selbstbewusstsein von God's Own Country, festzustellen, dass man nicht mehr die Vorherrschaft hat, sondern in Zukunft zwar eine dominante Rolle spielen, aber die Agenda nicht mehr allein bestimmen wird?

Schmidt: Wahrscheinlich werden die Amerikaner bis in die Mitte dieses Jahrhunderts brauchen, um die sich heute schon abzeichnende Wandlung zur multipolaren Welt in Gelassenheit hinzunehmen.

Steinbrück: Aber was hieße es für die Welt insgesamt, wenn eines Tages mit China die stärkste Volkswirtschaft der Welt keine Demokratie mehr wäre?

Schmidt: Das bedeutet für die Welt zunächst gar nichts. Man darf die Bedeutung der Demokratie für die Weltbevölkerung nicht überschätzen. Man darf die Demokratie auch nicht übermäßig idealisieren. Demokratie ist eine sehr menschliche Einrichtung mit einer Reihe von Schwächen. Es gibt andere Regierungsformen, und diese anderen Regierungsformen haben bisher größtenteils die Welt regiert, soweit man die Geschichte kennt. Es hat eine Demokratie weder im alten Ägypten gegeben noch im alten China, noch im alten Indien, noch in Russland, noch in Schwarzafrika, noch irgendwo – außer seit 250 Jahren in Nordamerika und in Europa: zum Teil eindrucksvoll, zum Teil mit sehr vielen Ups and Downs und zum Teil mit erheblicher Verspätung. Das erste bisschen Demokratie in Deutschland stammt aus dem Jahre 1871, als es einen Reichstag gab. Der durfte zwar nicht den Reichskanzler wählen, aber immerhin war ihm vorbehalten, den Haushalt festzustellen.

Außerdem mache ich darauf aufmerksam, dass das Prinzip des Friedens oder der Wille zum Frieden mit der Demokratie leider ganz wenig zu tun hat. Die Kriege, die wir in den letzten fünfhundert Jahren in Europa erlebt haben, wurden von der Entwicklung der Demokratie in keiner Weise beeinflusst. Auch die beiden Weltkriege wurden zum Teil von Demokratien geführt –

Steinbrück: Helmut, dem würde ich widersprechen.

Schmidt: Darüber können wir uns dann jetzt schön streiten.

Steinbrück: Der Erste Weltkrieg ist maßgeblich ausgelöst worden von zwei ziemlich autokratischen Systemen, nämlich dem deutschen Kaiserreich und der k. u. k. Monarchie, die mit dem unsäglichen Ultimatum an Serbien den Krieg provozierte. Das Gleiche war 1939 der Fall, als Hitler mit dem Überfall auf Polen die Briten und Franzosen herausforderte. Das schließt nicht aus, dass Sie recht haben und auch Demokratien Kriege gesucht haben. Aber Ihrer These, dass Frieden und Demokratie nichts miteinander zu tun haben, würde ich widersprechen. Die Wahrscheinlichkeit, dass Demokratien untereinander Krieg führen, ist sehr viel geringer als Krieg von autokratischen oder diktatorischen Systemen.

Schmidt: Ja, Peer, das ist eine mir durchaus geläufige amerikanische These, die Sie da vortragen. Aber Sie können zum Beispiel die Kolonialkriege nicht mit der linken Hand vom Tisch wischen; die europäischen Demokratien, die Holländer, die Engländer, haben mit militärischer Gewalt Kolonien errichtet. Und dann haben sie Sklavenhandel betrieben. Allesamt. Darf man auch nicht vergessen. Das Prinzip des Friedens ist einstweilen mit dem Prinzip der Demokratie nicht verschwistert, leider.

Steinbrück: Aber es gibt diese Korrespondenz eher als im Fall diktatorischer Staaten. Ich bleibe dabei: Frieden und Demokratie gehören für mich zusammen. Und wenn die westlichen Demokratien heute Kriege führen, dann sollten sie dies, völkerrechtlich legitimiert, nur aus humanitären Gründen tun, um Menschenrechte zu schützen.

Schmidt: Das Neueste, was der Westen zur Propagierung von Menschenrechten erfunden hat, ist das Prinzip Responsibility to Protect. Das ist nur ein anderer Ausdruck für die aggressive Verbreitung der Rechte der einzelnen Person. Und es steht im Widerspruch zum Völkerrecht. Die Erfindung des Völkerrechts, etwa einsetzend mit dem Westfälischen Frieden von Münster und Osnabrück, einsetzend mit Hugo de Groot, später philosophisch untermauert von Immanuel Kant, gehört zu den großen Errungenschaften der europäischen Aufklärung. Einer der wichtigsten Bestandteile des Völkerrechts ist das

Prinzip der Nichteinmischung in die inneren Angelegenheiten eines anderen Staates. Und gegen dieses moralische Gebot haben wir Europäer noch und noch verstoßen. Die Selbstgerechtigkeit der Europäer, ihr Selbstlob für die Aufklärung, kontrastiert ein bisschen hart mit dem, was sie in der Wirklichkeit zustande gebracht haben. Deswegen sollten sie ein bisschen weniger anmaßend sein nach meinem Geschmack.

Steinbrück: Dem widerspreche ich nicht; auch ich glaube, dass das Völkerrecht eine der großen Errungenschaften der europäischen Aufklärung ist. Aber es bietet mir keine Wegweisung, wie ich mit einzelnen Fällen umgehe. Spielte im Fall der Bekämpfung des Nationalsozialismus nicht die doppelte moralische Verpflichtung eine Rolle, erstens der Unterwerfung Europas unter das Joch der Nazis entgegenzutreten und zweitens dem damit verbundenen Völkermord Einhalt zu gebieten? War es nicht doch richtig, dass die Europäer in den fürchterlichen Auseinandersetzungen auf dem Balkan und dem damit verbundenen Völkermord intervenierten, zumal dies auf ihrem eigenen Kontinent stattfand?

Schmidt: Im Blick auf den millionenfachen Völkermord, den Holocaust der deutschen Nazis, teile ich Ihre Meinung voll und ganz. Auschwitz ist ein Ereignis, das völlig herausfällt aus der bisherigen Menschheitsgeschichte. Die Balkan-Intervention sehe ich jedoch anders, zumal wegen des damaligen begründenden Hinweises auf Auschwitz. Aber darüber hinaus war klar, dass auch eigensüchtige westliche Interessen ein wichtiges Motiv für den Bruch des Völkerrechts waren. Der Sicherheitsrat der Vereinten Nationen hatte nicht zugestimmt. Und schließlich wusste man nicht, wie man mit Anstand wieder herauskommt. Noch heute kämpfen Serben gegen Kosovaren. Für die Responsibility to Protect gibt es keine klaren Maßstäbe.

Steinbrück: Mich stört mehr, dass die Anwendung der Maßstäbe sehr unterschiedlich gehandhabt wird. Warum wird in Libyen interveniert und in Syrien nicht? Warum haben wir ein militärisches Eingreifen im Fall des Balkankrieges gerechtfertigt mit dem Hinweis, weiteren Völkermord zu verhindern, aber im Fall von Ruanda oder Burundi nicht? Deswegen, würde ich sagen, braucht man eine koordinierte europäische Außenpolitik, um unterscheiden zu können, wo ein Eingreifen zu rechtfertigen und wo es selbstmörderisch ist.

Schmidt: Und wo es sich von vornherein verbietet.

Steinbrück: Damit berühren wir aber eine der zentralen Schwächen Europas: dass es ein solches außen- und sicherheitspolitisches Konzept nicht gibt. Wir haben niemanden, der über die Frage entscheidet, was im europäischen Interesse und im Sinn des europäischen Wertekanons zu verantworten ist. Man muss ja nicht in jedem Fall militärisch intervenieren, es gibt auch andere Antworten wie außenpolitische Isolation und insbesondere ökonomische Sanktionsmechanismen. Die müssen nur wirken, und sie müssen verabredet sein. Leider werden sie immer durchlöchert, weil sich die Völkergemeinschaft nicht einig ist, wenn es darum geht, wirkungsvolle Sanktionen wirklich zu erlassen und vor allen Dingen durchzusetzen.

Schmidt: Das Motiv für die Entwicklung des Völkerrechts im Laufe der letzten vier Jahrhunderte war die Vermeidung von Kriegen oder die Kanalisierung von Kriegen. Bis dahin war der Krieg ein selbstverständliches Element des menschlichen Zusammenlebens. Das Alte Testament enthält ich weiß nicht wie viele Kriege, ohne dass diese kritisiert werden in der Bibel. Das Gleiche gilt für den Islam. Es war der Grieche Heraklit, fünfhundert Jahre vor Christus, der die These aufgestellt hat, der

Krieg sei der Vater aller Dinge. Viele hundert Jahre später kommt Augustinus und entwickelt, theologisch begründet, die Theorie vom gerechten Krieg. Und wiederum mehr als tausend Jahre später kommt Hugo de Groot, kommt Kant, kommt der Versuch der Europäer, ein Recht im Kriege zu schaffen, die Genfer Konventionen, das Rote Kreuz und dergleichen. Alles vor dem Ersten Weltkrieg. Und wird während des Ersten Weltkrieges sofort gebrochen. Und jetzt fangen wir an, uns eine Rechtfertigung zu schaffen zu weiteren kriegerischen Eingriffen, genannt Responsibility to Protect, das heißt, eine Rückkehr zu Clausewitz oder Machiavelli: Der Krieg ist die Fortsetzung der Politik mit anderen Mitteln. Das sehe ich mit großem inneren Unbehagen.

Steinbrück: Wenn das so ist, wie Sie sagen, kommt die deutsche Außen- und Sicherheitspolitik natürlich in eine irrsinnig schwierige Lage. Wenn wir zu dem Ergebnis gelangen, dass das Völkerrecht ganz obenan zu stellen ist, auf der anderen Seite aber die These vertreten, dass Deutschland in seiner Außen- und Sicherheitspolitik und in seiner Bündnisorientierung verlässlich sein muss – in welche Verlegenheit kommen wir denn da, sobald der UN-Sicherheitsrat, nicht zuletzt aus humanitären Gründen, eine militärische Intervention auf internationaler Basis mandatiert?

Schmidt: Der Sicherheitsrat hat, wenn ich das richtig weiß, keine Intervention »mandatiert«; er hat sie gerechtfertigt, aber er hat niemanden verpflichtet, ein Mandat anzunehmen und es auszuführen.

Steinbrück: Das ist richtig. Nur: Wenn dann Alliierte, und insbesondere NATO-Alliierte, an Deutschland herantreten und sagen, ihr könnt nicht von uns Niederländern, von uns Norwegern, von uns Kanadiern erwarten, dass wir unsere

Jungs dorthin schicken, und ihr Deutschen haltet euch da weitestgehend raus, weil ihr eine Art glänzende große Schweiz sein wollt, dann wird es für unsere Außen- und Sicherheitspolitik sehr schwierig.

Schmidt: Das Völkerrecht besteht heutzutage zu einem wesentlichen Teil aus der Satzung der Vereinten Nationen. Diese schließt die besonderen Rechte des Sicherheitsrats ein, die wiederum die Vetorechte von fünf Staaten einschließen, die nicht zufällig gleichzeitig die fünf ursprünglichen Atomstaaten sind. Nehmen Sie den Krieg gegen den Irak. Da gibt es keinen Beschluss des Sicherheitsrats. Warum nicht? Weil abzusehen war, dass einige Vetomächte ihr Veto einlegen würden. Das heißt, der Krieg gegen den Irak war ein eklatanter Verstoß gegen das geltende Völkerrecht. Blieb ohne Ahndung. Wer schützt mich davor, dass morgen jemand anders –

Steinbrück: Niemand. Und gleichzeitig hat die richtige deutsche Entscheidung, sich an diesem Irakkrieg nicht zu beteiligen, das deutsch-amerikanische Verhältnis tief beeinflusst, mit massiven Vorwurfshaltungen sowohl der Amerikaner als auch der damaligen Oppositionsführerin im Deutschen Bundestag.

Schmidt: Trotzdem war der Entschluss von Schröder richtig.

Steinbrück: Zweifellos richtig. Dagegen hat im Fall von Libyen die deutsche Zurückhaltung –

Schmidt: Das war kein Fall von deutscher Zurückhaltung, das war reiner Opportunismus. Geschehen in Erwartung zukünftiger Meinungsumfragen. Als Gerhard Schröder vor die Frage gestellt wurde, wie Deutschland sich verhalten soll, hat er drei

Leute gemeinsam zu sich gebeten. Das war Richard von Weizsäcker, das war Hans-Dietrich Genscher, und ich. Und wir haben ihm alle dasselbe gesagt: Solidarität mit Amerika. Wir haben ihm nicht gesagt: uneingeschränkte Solidarität, das Wort
»uneingeschränkt« hat er selbst hinzugefügt –

Steinbrück: Das hatte er schon wenige Tage nach dem 11. September gesagt.

Schmidt: Ich hätte das Wort »uneingeschränkt« in keinem
Zusammenhang gebraucht. Das habe ich für eine schwere
Übertreibung gehalten. Aber was den Irakkrieg angeht, hat
Schröder nicht populistisch in Erwartung der veröffentlichten
oder öffentlichen Meinung gehandelt, sondern mit dem Rat
von drei alten Leuten, die in seinen Augen das Spektrum der
deutschen Politik abdeckten. Libyen ist ein ganz anderer Fall.
Der Krieg gegen Gaddafi ist begonnen worden von den Franzosen, die haben die anderen mitgezogen. Obwohl sie von
Nordafrika mehr verstehen als irgendjemand sonst in Europa,
haben sie sich keine ausreichenden Vorstellungen gemacht,
worum es da geht. Ich habe es für höchst zweifelhaft gehalten,
dass es gelingen kann – noch dazu mit völlig unzureichenden
militärischen Mitteln, nämlich nur von See her und aus der
Luft –, eine Zivilbevölkerung davor zu schützen, von den eigenen Truppen oder der eigenen Polizei getötet zu werden. Es
gibt keinen General, der das für vernünftig hält, das ist militärischer Unfug. Was dahintersteckt, ist in Wirklichkeit das Geltungsbedürfnis einiger Regierender im Westen, interessanter-
weise dieses Mal nicht der Amerikaner. Im Übrigen ging es in
Wirklichkeit nicht um den Schutz der Zivilbevölkerung, sondern um einen Regimewechsel.

Steinbrück: Richtig, aber der Unfug ist geschuldet der Erkenntnis, dass jedes Entsenden von Bodentruppen von den

Bürgern der beteiligten Länder natürlich überhaupt nicht akzeptiert werden würde.

Schmidt: Das musste man alles abwägen. Deswegen hätte ich als Deutscher dieser Art von militärischen Interventionen von Anfang an widersprochen; ich hätte mich deshalb auch nicht pathetisch an die Seite der Demonstranten in Tunis und in Ägypten gestellt. Ich hätte im Übrigen hinzugefügt: Das letzte Mal, dass die Deutschen in Libyen waren, war unter Rommel, und das reicht für dieses Jahrhundert.

Steinbrück: Helmut, das war im letzten Jahrhundert.

Schmidt: Es reicht für mehrere Jahrhunderte.

■ ■ ■

Steinbrück: Ich würde gerne noch mal zurückkommen auf den Wettbewerb der Modelle. Meine Frage war, ob Europa als Blaupause für andere Länder interessant sein könnte. Mich beschäftigt der Gedanke, dass mit zunehmendem materiellen Wohlstand, mit zunehmender demographischer Verjüngung, mit der zunehmenden Emanzipation der Frauen und der Infragestellung patriarchalischer Systeme der Druck auf Diktaturen und despotische Systeme so groß wird, dass er gewissermaßen von selbst in den Ruf nach Bürgerrechten und Freizügigkeit mündet. Das beschäftigt mich insbesondere mit Blick auf das, was wir gerade in der Maghrebzone und im Nahen Osten erleben.
Ich glaube nicht, dass diese Länder daran interessiert sind, ein westlich-demokratisches System zu kopieren. Aber allein schon die Forderung, die Korruption zu bekämpfen und unabhängige Gerichte zu schaffen, die es ermöglichen, den Staat zu verklagen, zeigt, wie viel sich in diesen Ländern inzwischen

bewegt. Und deshalb will ich nicht ausschließen, dass Europa mit seinem Angebot an die Rechte des Individuums doch eine Art Vorbildfunktion haben könnte. Was im Übrigen umso erfolgreicher sein dürfte, je weniger missionarisch wir dabei auftreten. Auch wenn dieser Impetus des Westens, wie Sie sagen, in den letzten zweihundert Jahren vielfach missbraucht wurde und den betroffenen Ländern eher zum Schaden gereichte, könnte es diesmal gelingen, dass die aufstrebenden Länder ein Interesse und den politischen Willen entwickeln, die Werte und Rechtspositionen Europas auf ihre Verhältnisse zu übertragen.

Schmidt: Als alter Mann denkt man in immer längeren Zeiträumen, in längeren Zeiträumen jedenfalls als früher, als man erst dreißig oder fünfzig war. In dem Zusammenhang, von dem Sie sprechen, Peer, denke ich an das Ende des 21. Jahrhunderts. Europa liefert möglicherweise die Blaupausen, so haben Sie gemeint. Die Europäer sollten sich zunächst einmal darüber im Klaren sein, dass sie am Ende des 19. Jahrhunderts ein Viertel der Weltbevölkerung ausgemacht haben, hingegen am Ende des 21. Jahrhunderts noch ganze fünf Prozent der Weltbevölkerung ausmachen werden – einschließlich ganz Russlands bis nach Kamtschatka. Noch fünf Prozent! Und wahrscheinlich werden schon in der Mitte dieses Jahrhunderts nur noch elf oder zwölf Prozent der Wertschöpfung der ganzen Welt – also des globalen Bruttoinlandsprodukts – auf Europa entfallen. Nur noch elf Prozent! Heute vor sechzig Jahren, im Jahre 1950, lag die Wertschöpfung der Europäer einschließlich der damaligen Sowjetunion bei über 30 Prozent. Diese beiden Größen, der Anteil an der Weltbevölkerung und der Anteil an der Wertschöpfung der Welt, sinken zwangsläufig gewaltig ab – und weshalb? Weil die Weltbevölkerung gewaltig wächst, nicht aber die Bevölkerung Europas. Die Bevölkerung Europas schrumpft und überaltert. Die Überalterung bringt mit sich einen Abfall der Innovation, alte Leute erfinden keine neuen elektronischen Geräte. Das tun junge Leute, und die jungen Leute fehlen bei uns.

Steinbrück: Dem kann ich nicht widersprechen, weil es unwiderlegbar ist.

Schmidt: Dann fahre ich fort. Der Überalterung der europäischen Gesellschaft und ihrer gleichzeitigen Schrumpfung steht gegenüber die Bevölkerungsexplosion in den anderen Teilen der Welt. Als mein Vater zur Schule ging, im Jahre 1900, lebten auf der Welt 1,6 Milliarden Menschen. Heute sind wir bei sieben. Im Laufe des 20. Jahrhunderts hat sich die Menschheit um den Faktor 4 vermehrt. Das hat es in der gesamten Menschheitsgeschichte niemals vorher gegeben; das hat seine Gründe, die will ich im Augenblick beiseitelassen. Zusätzlich zu dieser Explosion der Weltbevölkerung, die sich ausschließlich in Asien, Afrika und Lateinamerika vollzogen hat, erleben wir zwei neue Phänomene, die uns nur langsam ins Bewusstsein treten. Das eine ist die Beschleunigung des wissenschaftlichen und technischen Fortschritts. Das andere ist die durch diese Beschleunigung möglich gewordene Globalisierung, das Zusammenrücken der Welt auf einem einzigen großen Marktplatz. Wenn ich mir vor diesem Hintergrund Ihre ursprüngliche Fragestellung noch einmal vergegenwärtige – kann Europa Vorbild sein? –, dann fällt meine Antwort sehr vorsichtig aus.

Steinbrück: Was Sie schildern, ist im Trend klar erkennbar und führt nicht nur zu einer völligen Neuverteilung der politischen Gewichte, sondern auch des Wohlstands auf der Welt. Die europäischen Gesellschaften sind darauf kaum vorbereitet. Die Frage, wie entwickelt sich unsere Produktivität, wie kann die Innovationsfähigkeit einer älter werdenden Gesellschaft erhalten werden, auch ihre Neugier und Kreativität, ist in meinen Augen eine der zentralen Fragen zur Zukunftsfähigkeit der Deutschen. Ich nehme an, dass wir darauf noch zurückkommen werden. Aber das, was Sie sagen, Helmut, ist mir etwas zu deterministisch. Demnach scheint es unabwendbar zu sein, dass das ökonomische Gewicht und der politische Einfluss Europas abnehmen werden. Ich bin mir da nicht so sicher – wenn sich denn Europa besser organisieren und zum Beispiel ein gemeinsames Angebot entwickeln würde, das für die aufstrebenden Länder des Maghreb wirtschaftlich attraktiv wäre und Jugendlichen eine berufliche Perspektive im eigenen Land bieten könnte.

Schmidt: Also, gegen Ihren Vorwurf des Determinismus muss ich mich wehren. Ich will aber noch etwas nachtragen zur Beschleunigung des technologischen Fortschritts, der gegenwärtig kulminiert in der Mikroelektronik. Ich will darauf aufmerksam machen, dass der sogenannte arabische Frühling nur möglich gewesen ist durch die Mikroelektronik, nämlich erstens durch Al Jazira, einen Fernsehsender, der sowohl in Algerien als auch in Marokko als auch im Jemen als auch in Syrien von Millionen Menschen gesehen wird; er sendet in den beiden wichtigen Sprachen, Arabisch und Englisch. Und zweitens: Diese jungen Leute, die da aufbegehren, sind zwar zu einem großen Teil arbeitslos, gleichwohl haben viele von ihnen Mobiltelefone und Zugang zum Internet. Ohne Internet und ohne Al Jazira wäre es nicht möglich gewesen, diese Aufstandsbewegung über alle nationalen Unterschiede hinweg über mindestens sechs, wenn nicht sieben Staaten des Maghreb und des Maschrek zu verbreiten. Die mussten eben keine Boten aus Tunis nach Bengasi oder nach Rabat oder nach Kairo schicken, sondern organisierten sich über Facebook und Twitter.

Steinbrück: Das führt zurück zu der Frage, ob das Internet nicht auch die größte Bedrohung für China und ähnlich verfasste Gesellschaften ist. Wie lange können autokratische Systeme den Zugang zum Internet kontrollieren? Das, was sich im Netz an kommunikativen Möglichkeiten eröffnet, dürfte inzwischen die größte Gefährdung geschlossener Gesellschaften sein. Und auch deshalb scheint mir das Schicksal Europas noch nicht entschieden. Natürlich sehe ich die Gefahr, dass wir ökonomisch ins Hintertreffen geraten und politischen Einfluss verlieren; dann stellen wir in zehn oder fünfzehn Jahren eben fest, dass wir nicht mehr in der Champions League spielen. Aber es geht mir nicht in den Sinn, dass diese Entwicklung unabwendbar sein sollte und nicht von uns selbst korrigiert werden könnte.

Schmidt: Ich halte nicht für absolut sicher, was ich vorhin über die Stellung Europas in der Welt gegen Ende des 21. Jahrhunderts prognostiziert habe, wohl aber für wahrscheinlich. Ich bin seit 1948 ein überzeugter Anhänger der europäischen Integration gewesen und immer geblieben, nicht aus idealistischen Motiven, sondern überwiegend aus deutschen, national-egoistischen Motiven. Ich habe immer gewusst: Unsere deutsche Nation, im Zentrum Europas liegend, mit mehr Nachbarn als alle anderen Europäer, mit fast allen im Krieg gelegen, wir stehen vor der Wahl, entweder das fortzusetzen, was wir in den letzten eintausend Jahren gemacht haben – nämlich in die Peripherie vorzustoßen, wenn wir stark waren, und wenn wir schwach waren, von den anderen zurückgestoßen zu werden –, oder uns in eine europäische Gemeinschaft einzubinden. Deswegen war ich und bleibe ich ein Anhänger der europäischen Integration. Aber die Integration holpert seit zwanzig Jahren.

Steinbrück: Das ist eine ernstzunehmende Gefahr, zumal vieles darauf hindeutet, dass Europas Einfluss zu schwinden droht. Ich sehe in China Tendenzen, sich die Welt gemeinsam mit den USA aufzuteilen und zu einer Art G2 zu kommen. Besonders aufgefallen ist mir das bei der UN-Klimakonferenz in Kopenhagen im Dezember 2009, als der amerikanische Präsident und ein eher nachgeordneter chinesischer Minister versuchten, die Konferenz bilateral zu bestimmen. Auf der anderen Seite sehe ich gleichzeitig Bestrebungen Chinas, sich mit anderen aufstrebenden Ländern zu organisieren, um gemeinsam ein Gegengewicht zu den USA und zu Europa zu bilden. Umworben werden zurzeit besonders Brasilien, Russland, Indien, aber zunehmend auch Südafrika. Diese Bestrebungen sind mir das erste Mal aufgefallen kurz vor dem zweiten Finanzgipfel in London im April 2009, als der chinesische Notenbankchef Zhou einen Artikel publizierte, in dem er die Frage aufwarf, ob das Weltwährungssystem nicht umgestellt werden müsste und anstelle des Dollars als Leitwährung nicht ein Währungskorb eingeführt werden sollte. Dieses Thema beschäftigt die aufstrebenden Länder nach wie vor und ist ein Indiz dafür, dass durch die Finanzkrise als eine Art Katalysator auch die Tendenz zur Multipolarität verstärkt worden ist.

Schmidt: Die Antwort auf die Frage, welche Strukturen sich bis in die Mitte dieses Jahrhunderts herausbilden werden, hängt ganz wesentlich davon ab, ob die europäische Integration fortgesetzt wird oder nicht. Wenn sie nicht fortgesetzt wird, dann werden wir die Tendenz erleben zu einer Polarisierung oder einer Zweiteilung der Welt zwischen den USA und China. Wenn sie aber fortgesetzt würde und wenn die Europäische Union tatsächlich handlungsfähig werden sollte, dann würde nicht nur Europa eine Rolle spielen, sondern auch zum Beispiel Lateinamerika, insbesondere Brasilien. Und dann würde auch nicht China allein Asien vertreten. In der Mitte dieses Jahrhunderts wird Indien genauso viele Menschen haben, wie China dann haben wird, nämlich anderthalb Milliarden Menschen. All das ist schwer zu prognostizieren. Meine Vermutung ist gleichwohl, dass wir bis in die Mitte des 21. Jahrhunderts eine ziemlich starke Tendenz zur Multipolarität erleben werden, und zwar mit mehreren großen Mitspielern. Die Voraussetzung dafür allerdings ist, dass die europäische Integration fortgesetzt wird. Alles andere wäre eine Tragödie für die Europäer, insbesondere für uns Deutsche.

Steinbrück: Es ist auffallend, Helmut, dass bei der Frage, wie sich die globalen Gewichte in Zukunft verteilen werden, Russland bisher nur ganz am Rande erwähnt wurde. Es interessiert mich sehr, hier Ihre Meinung zu hören. Welche Rolle spielt Russland künftig und welche Rolle das europäisch-russische Verhältnis? Reden wir, wenn wir von Europa reden, mittelfristig über den Raum, den wir heute als EU bezeichnen, also über ein Europa bis an die Grenzen von Weißrussland, oder reden wir in dem Zusammenhang möglicherweise auch über eine Einbeziehung Russlands? Und würde dadurch das europäische Gewicht gegebenenfalls sogar gestärkt werden? Im Augenblick sehe ich gegenüber Russland nur eine enorme Indifferenz sowohl der deutschen Außenpolitik wie auch der europäischen Politik.

Schmidt: Wir waren ein halbes Jahrhundert lang fasziniert von der überwältigenden militärischen Macht der Sowjetunion. Die Sowjetunion ist implodiert, die militärische Macht des übriggebliebenen kleineren Russland ist nach wie vor groß, aber sie flößt uns keinerlei Angst mehr ein, und infolgedessen spielt Russland im Bewusstsein der veröffentlichten und der öffentlichen Meinung Europas kaum eine Rolle. Es spielt nach wie vor eine ganz große Rolle im Bewusstsein der politischen Klasse der Vereinigten Staaten von Amerika. Die vergleichen ihre Rüstungen und ihre militärischen Fähigkeiten heute mit China, aber immer noch vergleichen sie ihre militärischen Fähigkeiten auch mit denen der Russen.

Steinbrück: Aber nur die militärischen Fähigkeiten! Als politische Größe und als ökonomische Größe scheinen sie Russland nicht ganz ernst zu nehmen.

Schmidt: Ja, aber es genügt, dass sie die militärischen Fähigkeiten ernst nehmen, sehr ernst sogar – nach wie vor. Was nun den Einfluss der europäischen Zivilisation auf die Entwicklung der russischen Gesellschaft angeht, so ist dieser bedauerlicherweise erstaunlich gering. Es gibt immer noch keine wirklichen Ansätze zur Bildung eines russischen Mittelstandes. Man vollzieht eine Reihe von Modernisierungen, aber auf den Dörfern sieht es noch genauso aus wie heute vor vierzig oder fünfzig Jahren. Wenn wir von Russland reden, muss ich ein Bekenntnis vorwegschicken: Ich bin sehr glücklich über den Umstand, dass weder im russischen Volk noch im deutschen Volk Hass aufeinander übrig geblieben ist – nach diesem grauenhaften Krieg beinahe unerwartet und in Wirklichkeit wunderbar.

Steinbrück: Es ist siebzig Jahre her, dass die Deutschen Russland überfallen haben, und ich sehe es genauso: Unser heutiges Verhältnis zueinander ist fast ein Wunder nach den Millionen Opfern, nach dem, was in Russland an Gräueln und Zerstörung passiert ist und dann auf Deutschland zurückschlug. Aber wir unterschätzen Russland politisch. Es sind, wie ich glaube, vor allem drei Faktoren, die in der europäischen Wahrnehmung Russlands eine sehr viel größere Rolle spielen müssten: Erstens der erstaunliche Widerspruch zwischen einem extrem rohstoffreichen Land und einem Land, das technologisch mit wenigen Ausnahmen hinterherhinkt.

Zweitens die Tatsache, dass Russland mit den angrenzenden islamisch geprägten Staaten und einem stark islamisch geprägten Bevölkerungsanteil möglicherweise in Konflikte gerät, denen sich auch Europa ausgesetzt sehen könnte. Und drittens der bevölkerungsmäßig zunehmend sich entleerende sibirische Raum, in dem je nach Szenario, was die chinesischen Interessen betrifft, durchaus Spannungen entstehen können. Ich vermisse eine europäische Strategie, wie vor diesem Hintergrund mit Russland umgegangen werden soll.

Schmidt: Ich würde einen vierten Punkt hinzufügen wollen. Die Russen haben aus eigener Kraft, insbesondere während des Zweiten Weltkrieges, eine Technologie entwickelt, die Weltspitze war; ihre Errungenschaften lagen aber fast ausschließlich auf militärischem Gebiet. Und als es gar nicht mehr ankam auf militärische Macht, haben sie es versäumt, das Personal, das diese fabelhaften Leistungen bis hin zum ersten Satelliten im Weltraum zustande gebracht hat, mit neuen Aufgaben zu betrauen. Sie haben dieses Potenzial ungenutzt versickern lassen, zum Teil wurden die Leute festgehalten auf dem Feld der Rüstung, zum Teil sind sie in alle Welt gegangen. Es steckt da aber noch immer ein großes Potenzial an naturwissenschaftlichen und technischen Fähigkeiten, das dem russischen Volk heute nicht zugutekommt.

Steinbrück: Nur wenn wir uns stärker mit Russland und seinen Problemen beschäftigen, wird es darüber möglicherweise auch zu einer engeren Verbindung kommen. Es gab zur Zeit der rot-grünen Koalition einmal die These von einer strategischen Allianz mit Russland. Ich weiß nicht, ob das überdimensioniert oder übertrieben war, aber diesen Ansatz in der augenblicklichen europäischen (und deutschen!) Außen- und Sicherheitspolitik sehr viel stärker wieder mit zu berücksichtigen erschiene mir klug und weise. Mir ist Schröders Einbeziehung Russlands in ein außenpolitisches Konzept, die er ja nicht als Alternative zur atlantischen und westeuropäischen Bindung ansah, sondern als Ergänzung, zu wenig gewürdigt worden; manche zogen ihre Bewertung auch durch das Nadelöhr seiner persönlichen Russland-Beziehungen. Das ist kurzsichtig.

Schmidt: Ich würde Ihnen zustimmen, dass Russland stärker berücksichtigt werden sollte. Ich muss aber auf ein dickes Problem aufmerksam machen, das als Hemmnis quer über dem Weg liegt. Das ist der Umstand, dass es nach wie vor ein gegenseitiges tiefes Misstrauen zwischen Russland und Polen gibt, verständlicherweise viel stärker auf polnischer als auf russischer Seite. Die Schwierigkeit für uns Deutsche ist: Wir möchten mit beiden kooperieren, aber in dem Maße, in dem wir mit den Russen kooperieren, ängstigen wir die Polen, und in dem Maße, in dem wir mit den Polen kooperieren, ängstigen wir die Leute im Kreml. Das bedarf eines unglaublichen Fingerspitzengefühls bei der politischen Klasse in Berlin. Und dieses Fingerspitzengefühl ist kaum ausreichend vorhanden.

Steinbrück: Immerhin hat Frau Merkel das deutsch-polnische Verhältnis erkennbar gefördert, bis hin zu der gemeinsamen –

Schmidt: Sie pflegt es.

Steinbrück: »Pflegt« ist das bessere Wort – bis hin zu der gemeinsamen Kabinettsrunde mit dem polnischen Ministerpräsidenten. Die Qualität des deutsch-polnischen Verhältnisses unterscheidet sich wohltuend von früheren Zeiten. Das Erbe der europäischen Geschichte sitzt übrigens nicht nur bei den Polen tief. Auch andere mittelosteuropäische Länder haben diesen Schraubstock gespürt, eingezwängt zwischen einem mächtigen Preußen-Deutschland auf der einen Seite und auf der anderen einer starken, in zaristischen und kommunistischen Zeiten expansiven, um nicht zu sagen: aggressiven Politik Russlands.

Schmidt: Ich stimme Ihren positiven Bewertungen von Merkels Polen-Politik zu. Ich muss aber in Erinnerung rufen, dass dem gegenüber ihre sehr kühle Behandlung Moskaus steht, zum Beispiel der Vorwurf an die Adresse Putins, die Menschenrechte würden in Russland keine ausreichende Rolle spielen.

Steinbrück: Na ja, ist das nicht zutreffend?

Schmidt: Ob es zutrifft, ist *eine* Frage; ob man es als deutscher Kanzler so sagen soll, ist eine andere. Und die letztere Frage würde ich verneinen.

Steinbrück: Muss man deshalb Putin einen lupenreinen Demokraten nennen?

Schmidt: Nein, gewiss nicht. Putin regiert im Rahmen jahrhundertealter russischer Traditionen, aber auf der Grundlage einer demokratischen Verfassung.

Steinbrück: Ich hätte mir übrigens gewünscht, dass es in Berlin eine Veranstaltung zum 70. Jahrestag des Überfalls auf die Sowjetunion gegeben hätte. Die hat es nicht gegeben, und das halte ich für einen schweren Fehler. In Moskau standen die Leute nachts um 4 Uhr zu Tausenden auf dem Roten Platz. Ich fand es allerdings wohltuend, dass die deutschen Medien diesen Jahrestag angemessen ins Gedächtnis insbesondere der jüngeren Generation gehoben haben. Während es in der medialen Öffentlichkeit also durchaus eine angemessene

Würdigung gegeben hat, war auf der politischen Ebene in Deutschland eine gewisse Ignoranz gegenüber diesem Termin spürbar.

Schmidt: Peer, wie lange wird es dauern, bis alle unsere Nachbarn den deutschen Überfall und die Besatzung hinter sich lassen?

Steinbrück: Das hängt wesentlich von uns Deutschen selber ab. Wir müssen bestrebt sein, europäische und deutsche Interessen immer im Gleichgewicht zu halten. Das bleibt die Aufgabe für alle künftigen Generationen.

Politik als Beruf

Schmidt: Wann sind wir uns eigentlich das erste Mal begegnet, Peer?

Steinbrück: Das muss im September 1979 gewesen sein, Helmut, als ich kleiner Mitarbeiter im Kanzleramt war. Sie flogen zu einer Rede bei der Max-Planck-Gesellschaft, irgendwo in Süddeutschland, und hatten anschließend die sogenannte Entsorgungsrunde mit den Ministerpräsidenten über Gorleben. Ich wurde hinten ins Flugzeug gepackt mit der Direktive: Auf dem Rückweg will der Bundeskanzler von Ihnen vorbereitet werden auf die Bund-Länder-Konferenz, insbesondere auf das Gespräch mit dem niedersächsischen Ministerpräsidenten Ernst Albrecht; es ging um die eventuelle Endlagerstätte für nuklearen Abfall in Gorleben. Und dann wurde ich auf dem Rückflug nach Bonn zum Bundeskanzler gerufen. Ich habe mich hingesetzt, und Sie haben erst mal nur gelesen. Dann haben Sie mir zwei Fragen gestellt, und dann haben Sie lange wieder nichts gesagt. Ich wollte aufstehen und wieder gehen, weil ich dachte, die Audienz ist beendet. Da haben Sie gefragt: Wer hat Ihnen denn gesagt, dass Sie aufstehen sollen? Und mich mit so einer Handbewegung angewiesen, dass ich mich wieder setze. Dann wollten Sie wissen, wo ich herkomme, weil Ihnen offenbar auffiel, dass ich so ähnlich Hamburgisch sprach wie Sie. Schließlich sind wir die Entsorgungsproblematik durchgegangen. Das war die erste Begegnung zwischen uns, 1979. Volker Hauff war dabei als zuständiger Minister.

Schmidt: Ist Volker Hauff später politisch aus dem Tritt gekommen?

Steinbrück: Nein, der ist von der SPD Hessen-Süd und der Frankfurter SPD – sagen wir es vorsichtig und gerade noch parteikorrekt – nicht ausreichend unterstützt worden.

Schmidt: Ach, so war das.

Steinbrück: Ja. Er war Oberbürgermeister in Frankfurt, und heute hätten die da gern einen von diesem Kaliber.

Schmidt: Da gab es doch diesen Mann, der die Alte Oper abreißen wollte, Rudi –

Steinbrück: Arndt.

Schmidt: Arndt, ja. Genannt Dynamit-Rudi. – In welcher Abteilung des Kanzleramts haben Sie gearbeitet?

Steinbrück: Abteilung III. Der Abteilungsleiter war Gerhard Konow, dem ich viel verdanke. Ich war in dem Referat für Forschung und Technologie, dem Spiegelreferat zum Forschungsministerium, weil ich davor persönlicher Referent gewesen war, erst bei Hans Matthöfer, dann bei Volker Hauff. Matthöfer war von Ihnen im Februar 1978 zum Finanzminister gemacht worden, und Hauff war sein Nachfolger.

Schmidt: War das Zufall, dass Sie ins Kanzleramt geraten sind? Oder hatte es etwas mit Ihrer SPD-Zugehörigkeit zu tun?

Steinbrück: Mit der SPD hatte das gar nichts zu tun, sondern Hauff bat mich, für ihn den – fast hätte ich gesagt – Liaisonoffizier zu machen; ich sollte für ihn die Brücke ins Kanzleramt sein.

Schmidt: Habt ihr kleinen Referenten – Sie waren wahrscheinlich Hilfsreferent oder Sachbearbeiter?

Steinbrück: Richtig, ich war Hilfsreferent.

Schmidt: Habt ihr Hilfsreferenten und Referenten mitgekriegt – oder blieb euch das verborgen –, dass der Regierungschef auf die Parteizugehörigkeit überhaupt nicht geguckt hat?

Steinbrück: Absolut, und zwar wurde uns das vermittelt vom Chef des Kanzleramts Manfred Schüler. Schüler sagte, es zählt nur Qualität.

Schmidt: Richtig.

Steinbrück: Schüler brachte uns bei, wie man Vorlagen für Sie erstellt: Sie müssen dem Kanzler das gabelfertig auf maximal drei Seiten aufschreiben, und Sie machen bitte eine Gliederung. Die Gliederung lautet: Sachstand – Problematik – Votum. Und gehen Sie davon aus, dass der Kanzler den Sachstand am besten kennt; er will die Problematik haben, und er will ein Votum haben. Allerdings haben Sie keinerlei Anspruch darauf, dass der Bundeskanzler der Bundesrepublik Deutschland Ihrem Votum folgt.

Schmidt: Genau.

Steinbrück: Und unterlassen Sie bitte den Trick, den alle Beamten anwenden, dass diesem dreiseitigen Vermerk zwanzig Seiten Anlagen hinzugefügt werden nach dem Motto: Auf

Seite 18 der Anlage C steht ein wichtiger Satz – und wenn der Kanzler den nicht findet und liest, ist er selber schuld. Dann kriegte man den Vermerk von Ihnen mit wahnsinnig vielen Anmerkungen in Grün zurück – und das war für einen Hilfs-referenten die größte Bestätigung und Motivation, weil er sicher sein konnte, dass der Kanzler diesen Vermerk gelesen hatte. Fragezeichen hieß »stimmt nicht«, Haken hieß »rich-tig«. Da damals – genau wie heute – Kernenergie, Entsorgung, Technologieförderung zentrale Themen waren, kriegte ich von Ihnen viele Vermerke so wieder zurück.

Schmidt: Ich hoffe, Sie haben den einen oder anderen Ver-merk aufbewahrt und können ihn heute vorweisen.

Steinbrück: Nein, kann ich leider nicht, die Vermerke gingen ja in die Akten des Kanzleramts.

Schmidt: Ich finde das wahnsinnig interessant, was Sie da er-zählen. Dieses Gespräch im Flugzeug, war das das einzige Mal, wo Sie mit dem Kanzler reden mussten?

Steinbrück: Nein, nein. Ich wurde vier oder fünf Mal zu Ihnen bestellt; manchmal musste ich Protokollant im Kabinett sein, und manchmal musste ich bei Ihnen antanzen mit meinem Hauptreferenten. Konow sorgte aber immer dafür, dass ich vortragen durfte. Konow hat mich sehr gefördert.

Schmidt: Das bestätigt meine Erinnerung, dass ich mich bis-weilen eben nicht auf die Ministerialdirektoren verlassen habe, sondern bis zum Referenten runtergegangen bin.

Steinbrück: Das habe ich später von Ihnen kopiert. Als ich das erste Mal Minister war, sagte ich: Bei Rücksprachen möchte ich den Verfasser des Vermerks mit am Tisch haben und nicht den Abteilungsleiter. Natürlich saßen beide am Tisch, der Referent, der den Vermerk geschrieben hatte, und der Abteilungsleiter. Aber der Referent sollte lernen, wie ich ticke und wie ich reagiere, weil ich wusste, das motiviert ihn. Und noch etwas anderes habe ich mitgenommen aus der damaligen Zeit: dass bei der Besetzung von Stellen nicht die Parteizugehörigkeit, sondern die Qualifikation für mich die entscheidende Rolle spielt. Einer meiner besten Abteilungsleiter als Wirtschaftsminister in Schleswig-Holstein war beispielsweise der frühere CDU-Generalsekretär von Gerhard Stoltenberg. Manfred Schüler war derjenige, der uns –

Schmidt: Ich bin ganz glücklich über das, was Sie über Schüler sagen. Er ist ein wunderbarer Mann gewesen.

Steinbrück: Ja, aber unter uns, Helmut: Wenn er eine Ansprache halten sollte –

Schmidt: Das konnte er nicht.

Steinbrück: Dafür waren Sie ja dann da.

Schmidt: Aber Schüler hat mir zum Beispiel die Geheimdienste vom Leib gehalten. Nur wenn wirklich was in seinen Augen Wichtiges war, hat er es mir vorgetragen.

Steinbrück: Als Belohnung, wenn man ordentlich gearbeitet hatte, bekam man eine Einladung zu Ihren Kanzlerfesten. Es gab ein Kanzlerfest, das werde ich nie vergessen: Sie und Loki standen auf dem Balkon des Palais Schaumburg, und es sollte eine Zaubervorführung geben. Nach Ihrer Ansprache – die war sensationell kurz – wurden Sie beide in einen Käfig gesperrt, dann wurde ein riesiges Tuch drübergespannt, und anschließend waren Sie beide weg.

Schmidt: Der Franz Josef Strauß hätte sich gefreut.

Steinbrück: Der war aber nicht eingeladen. Also, ich behaupte, dass das Kanzleramt damals eine der bestgeführten Behörden war, die es gab – und zwar nicht, um Ihnen hier jetzt Honig um den Mund zu schmieren. Und Manfred Schüler als derjenige, der die Verwaltung machte, war eine kongeniale Ergänzung zu Ihnen.

Schmidt: Ein wunderbarer Verwaltungsbeamter erster Klasse.

Steinbrück: Absolute Spitze. Aber die Abteilungsleiter auch. Was der Konow mir dort beigebracht hat, ich war um die dreißig –

Schmidt: Also, Sie haben mir eine Riesenfreude gemacht in der letzten Viertelstunde, insbesondere auch, was das Lob für Manfred Schüler angeht. In meiner Erinnerung war das eine wunderbare Mannschaft: der Schüler, der Wischnewski, der nicht nur jeden Araber um den Finger wickeln konnte, sondern auch ein sehr gutes Fingerspitzengefühl für die Politik in Deutschland hatte. Wenn der gesagt hat, Helmut, das kannst du nicht machen – hat er immer recht gehabt.

Steinbrück: Da war noch einer.

Schmidt: Klaus Bölling.

Steinbrück: Ja, Bölling, aber noch einer drunter, der eine sehr feinfühlige Behandlung des Apparates hatte – Leister.

Schmidt: Klaus Dieter Leister, ein Mann, dem ich nach wie vor meine Zuneigung bewahre.

Steinbrück: Nicht eitel, nicht geltungsbedürftig und nicht hochnäsig nach dem Motto: Ich bin der Büroleiter des Kanzlers. Das haben wir sehr geschätzt.

Schmidt: Warum ist der später als Staatssekretär bei Johannes Rau gescheitert?

Steinbrück: Weil er zur Mentalität von Johannes nicht passte. Johannes Rau brauchte einen Widerpart und nicht eine Duplizierung; Leister war eher eine Ergänzung. Rau, der ja eine bemerkenswerte Menschenkenntnis hatte, holte sich dann mit Wolfgang Clement das absolute Gegenstück zu sich selbst, einen Mann, der rief: »Herr, gib mir Geduld, aber gleich!«

Schmidt: Clement ist ein tragischer Fall.

Steinbrück: Wir haben gelegentlich Kontakt. Er ist sehr harsch in seinem Urteil, auch gegenüber der SPD. Er hat Freunde und Wegbegleiter strapaziert. Aber nach einer langen und freundschaftlich geprägten Zusammenarbeit fiele es mir nicht ein, gute Zeiten mit ihm und seine Qualitäten zu verleugnen.

Schmidt: Ist er innerlich verhärtet?

Steinbrück: Er ist verletzt, hinter einer harten Schale.

Schmidt: Das tut mit herzlich leid, denn ich kenne ihn, seit er Chefredakteur der *Hamburger Morgenpost* war – das ist tausend Jahre her –, und in meinen Augen ist er ein anständiger Kerl.

Steinbrück: Stimmt. Er ist, wenn man so will, in eine Pflicht genommen worden, für die er sich nicht angemessen gewürdigt fühlte. Die Bilanz, die er aufmachte zwischen der Loyalität, die er gab, und der, die er empfing, fiel enttäuschend aus. Er war Ministerpräsident in Nordrhein-Westfalen. Dann gewann Schröder 2002 noch mal die Wahl und suchte einen Wirtschaftsminister, weil Werner Müller aufhörte. Er hat Clement mehr oder weniger auf Umwegen vor ein Fait accompli gestellt, indem er nach meinem Eindruck einen Querpass in die Presse spielen ließ, dass Clement kommt, und da konnte Clement nicht mehr nein sagen – soweit ich weiß, gegen den Rat seiner Frau, die wohl wollte, dass er in Nordrhein-Westfalen blieb. Und dann ist ein in meinen Augen fataler Fehler gemacht worden, indem das Arbeits- und das Sozialministerium unter der Führung von Clement zusammengelegt wurden –

Schmidt: Arbeit und Wirtschaft, nicht Arbeit und Soziales.

Steinbrück: Arbeit und Wirtschaft, richtig. Das sind zwei völlig verschiedene Welten, die zu verbinden eine Titanenaufgabe ist. Den Fehler habe ich in Nordrhein-Westfalen allerdings wiederholt.

Schmidt: Ich gehe noch einen Schritt weiter: Arbeit und Soziales gehören zusammen, und Wirtschaft und Finanzen gehören zusammen. Zwei Ministerien. Das Wirtschaftsministerium ist so überflüssig wie ein bayerischer Kropf. Es hat keine echten Kompetenzen, macht sich aber wichtig.

Steinbrück: Aber das sind zusammen dann spielend sechzehn Abteilungen, das hält kein Minister aus.

Schmidt: Die meisten Abteilungen können Sie ersatzlos streichen. Ein paar Kompetenzen werden ans Finanzministerium übertragen, die anderen sind längst übergegangen nach Brüssel. Wer macht zum Beispiel in Deutschland die Energiepolitik?

Steinbrück: Energie machen drei Ministerien: Umwelt-, Wirtschafts- und Forschungsministerium.

Schmidt: In Wirklichkeit das Kanzleramt.

Steinbrück: Das muss koordinieren, ja.

Schmidt: Den Ausstieg aus der Nuklearenergie hat das Kanzleramt nach Fukushima entschieden, ohne die drei Ministerien vorher auch nur zu informieren. Und Brüssel macht viele Abteilungen des Wirtschaftsministeriums ohnehin überflüssig. Manchmal habe ich den Eindruck, dass das ganze Ministerium nur dazu da ist, für den Staatssekretär, der zur Ministerratstagung fährt, die Reden aufzuschreiben, die er da vorlesen soll.

Steinbrück: Ich habe als Bundesfinanzminister neun Abteilungen gehabt. Nehmen wir mal an, man könnte das Wirtschaftsministerium halbieren und müsste nur vier Abteilungen in das Finanzministerium übernehmen, dann hätten Sie ein Ministerium zu leiten mit 13 Abteilungen.

Schmidt: Augenblick, man kann diese Abteilungen natürlich zusammenfassen. Eine der schlimmsten Behörden, was die Zahl der Abteilungen und die Zahl der Stäbe angeht, ist das Verteidigungsministerium. Worauf ich hinauswill: Eigentlich sollte ein Kabinett aus keineswegs mehr als zehn Personen bestehen.

Steinbrück: Das schaffen Sie nicht – mindestens fünfzehn.

Schmidt: Bleiben wir bei zehn, denn eine größere Anzahl von Personen können Sie nicht wirklich persönlich so gut beurteilen, dass Sie wissen, mit wem Sie es zu tun haben. Bei zwanzig

Ministerien bilden sich zwangsläufig Vorurteile, Aversionen und Sympathien heraus, und die spielen dann eine größere Rolle als das vernunftgemäße Argument pro oder contra. Ich bin für ein kleines Kabinett, sonst kommen wir wirklich dahin, dass ein Land von 80 Millionen durch das Küchenkabinett der Kanzlerin geführt wird.

Steinbrück: Ein Kabinett von zehn kriegen Sie nicht hin, schon gar nicht in einer Koalitionsregierung. Denn in einer Koalitionsregierung wird der kleinere Koalitionspartner drei bis vier Ministerien haben wollen –

Schmidt: Wenn die anderen auch bloß sieben kriegen, kann er zwei kriegen.

Steinbrück: Das glaube ich nicht. Haben Sie in Ihrer Kanzlerzeit Ministerien reduziert durch Zusammenlegung?

Schmidt: Jedenfalls habe ich das Wirtschaftsministerium total an den Rand gedrängt.

Steinbrück: Dafür waren Ihnen auch alle nachfolgenden Finanzminister sehr dankbar. Aber ich bleibe dabei: Sie kriegen es auf zehn nicht runter. Sonst wird es eine Konstruktion wie in Frankreich: Die klassischen Ministerien obendrüber, und da drunter stecken dann kleinere Teilministerien. So ist es beispielsweise beim französischen Trésor, dem Finanzministerium, in dem dann auch noch ein Minister für den Haushalt sitzt. Das ist verrückt.

Schmidt: Nehmen Sie die gegenwärtige Struktur der chinesischen Regierung. Da gibt es einen Ministerpräsidenten, dann gibt es vielleicht sechs oder sieben Staatsräte, und jeder dieser Staatsräte hat mehrere Ministerien unter sich. Eine solche Regierungsstruktur ist vernünftig: Der Regierungschef kann regieren mit sechs, sieben, maximal zehn Leuten. Oder nehmen Sie das Militär. Sie werden nirgendwo auf der Welt eine Armee finden, in der ein Regiment aus zehn Bataillonen besteht oder gar zwanzig. Es ist unmöglich für den Regimentskommandeur, zwanzig Bataillonskommandos zu führen. Und Sie werden nirgendwo ein Bataillon finden, wo das Bataillon gleichzeitig zwanzig Kompanien führen muss. Es gibt auch kaum eine Aktiengesellschaft in Deutschland mit einem Vorstand, größer als sechs Mitglieder. Und deswegen habe ich gesagt: maximal zehn Minister im Kabinett, maximal. Man kann nicht gleichzeitig zwanzig Figuren führen. Außerdem verringern Sie das Risiko der personellen Fehlbesetzung: Wenn Sie zehn Minister haben, haben Sie zehnmal das Risiko, wenn Sie zwanzig haben, haben Sie zwanzigmal das Risiko.

Steinbrück: Bei der FDP ist das Risiko aber immer gleich hoch.

Schmidt: Das extremste Beispiel, das man finden kann auf der Welt, ist die Kommission in Brüssel mit 27 Mitgliedern. Es ist absolut ausgeschlossen, dass das funktionieren kann.

Steinbrück: Aber wie wollen Sie es anders regeln, als dass jedes Land einen Kommissar entsendet? Über ein Rotationsprinzip? Sodass große Mitgliedstaaten wie Frankreich oder Deutschland plötzlich vor der Tür stehen?

Schmidt: Ich würde das Rotationsprinzip im Grunde akzeptieren. Man könnte dafür Ländergruppen bilden. Es ist nicht unbedingt notwendig, dass zum Beispiel die Franzosen oder die Deutschen ehemalige Minister oder einen ehemaligen Landesministerpräsidenten nach Brüssel entsenden. Ich muss Ihnen mal mein Ideal der Kommission vorstellen. Erstens: Jemand, der sich zum Kommissar der Brüsseler Kommission berufen lässt, verliert damit seinen nationalen Pass und sein Wahlrecht im eigenen Land. Zweitens: Einmalige Wiederbestellung ist zulässig, danach ist Schluss.

Steinbrück: Und dann kriegt er seinen Pass wieder.

Schmidt: Was er dann macht, ist mir wurscht. Nehmen Sie die Unabhängigkeit der Europäischen Zentralbank. Die hat mehrere Ursachen. Eine der oft übersehenen, aber gleichwohl sehr wichtigen und ausschlaggebenden Ursachen liegt in der Tatsache, dass Jean-Claude Trichet nicht wiederbestellt werden kann; damit ist er frei von jeder Rücksichtnahme auf diejenigen Instanzen, die bei anderer Regelung seine Wiederbestellung zu entscheiden hätten.
Was ich Sie vorhin fragen wollte, Peer, als Sie erwähnten, dass Sie als persönlicher Referent bei Matthöfer angefangen haben: Haben Sie Matthöfer geschätzt?

Steinbrück: Sehr.

Schmidt: Ich auch. Das war ein Mann, auf den konnte man ein Haus bauen.

Steinbrück: Er ist mein Mentor gewesen. Es gibt eine verrückte Geschichte mit ihm. Als persönlicher Referent hatte ich für ihn eine Rede geschrieben, die er in Frankfurt hielt, und er bekam für diese Rede ein Honorar von, glaube ich, 10 000 Mark. Ich war vielleicht 29 oder 30 Jahre alt. Ich bin zu ihm ins Büro gegangen und habe gesagt: Herr Minister, können wir nicht halbe-halbe machen? Normalerweise hätte ich damit rechnen müssen, rausgeschmissen zu werden. Aber er sagte: Also, Herr Steinbrück, setzen Sie sich da mal hin. Was glauben Sie denn, was ich mit dem Geld mache? Und da sage ich: Ich habe keine Ahnung, Herr Minister. Da sagt er: Ich habe den Eindruck, Sie gehören derselben Partei an wie ich, und Sie wissen vielleicht, dass unser Parteivorstand mich beauftragt hat, die sozialdemokratischen Bewegungen auf der Iberischen Halbinsel, insbesondere Felipe González in Spanien, zu unterstützen. Und im Übrigen bin ich auch dabei, politisch Verfolgte aus Chile herauszuholen, teilweise mit gefälschten Papieren. Das schilderte er mir alles sehr genau. Dann machte er eine lange Pause und guckte mich an und sagte: So, Herr Steinbrück, wollen Sie jetzt immer noch halbe-halbe machen?

Schmidt: Für mich ein wunderbarer Mann, weil absolut zuverlässig. Ich habe den geliebt.

Steinbrück: Die Geschichte, die Sie beide zusammengeschweißt hat, war die Debatte über die Notstandsgesetzgebung Ende der sechziger Jahre. Sie werden sich vielleicht gar nicht erinnern. Obwohl Matthöfer eigentlich anderer Auffassung war als Sie, machte er Ihnen das große Kompliment, als Fraktionsvorsitzender die Bandbreite der Meinungen innerhalb der Fraktion dargestellt zu haben. – Als ich Finanzminister wurde, habe ich alle ehemaligen Finanzminister einmal im Jahr eingeladen; zweimal waren Sie auch da, einmal konnten Sie nicht. Hans Matthöfer erschien immer. Einmal wurde ihm schwindelig, er kippte um, und ich war ziemlich in Sorge um ihn.

Schmidt: Ich habe gemerkt, dass er zum Schluss Schwierigkeiten hatte.

Steinbrück: Drei Tage vor der Bundestagswahl 2009 habe ich ihn das letzte Mal im Krankenhaus besucht. Er lag im Koma, und ich sagte zu dem Arzt, wahrscheinlich kriegt er gar nicht mit, dass ich bei ihm bin. Das weiß man nie, sagte der Arzt, nehmen Sie seine Hand und erzählen Sie ihm ein bisschen was. Wir wissen nicht so genau, was da abläuft. Daraufhin habe ich Matthöfers Hand genommen und gestreichelt und habe ihm erzählt aus der Zeit, als ich bei ihm das erste Mal auftauchte, und was wir zusammen erlebt haben. Und dann war er –

Schmidt: Er war sehr abhängig von seiner Frau.

Steinbrück: Ja, die hat für ihn den ganzen Wahlkreis gemacht.

Schmidt: Nicht nur das. Sie war unglaublich rührig und hatte den schönen Mädchennamen Traute Mecklenburg. Sie stammte aus einem Ort, der hieß auch Mecklenburg, und damit man das Dorf Mecklenburg nicht verwechselte mit dem Land, stand auf den Briefbögen und auf dem Poststempel: »Dorf Mecklenburg in Mecklenburg«. Traute Mecklenburg ist ein paar Jahre vor ihm gestorben, und das hat ihn eigentlich umgehauen.

Steinbrück: Ja, aber in seinen letzten Jahren hatte er in Berlin noch eine Lebensgefährtin. Die hat sich sehr fürsorglich um ihn gekümmert und ist nach seinem Tod, wie ich gehört habe, schofelig behandelt worden.

Schmidt: Das glaube ich. Da wir über Personen in der Vergangenheit reden: Zu der Zeit, wo Sie im Kanzleramt in der Abteilung III waren, gab es in der Abteilung IV den Herrn Sarrazin. Haben Sie ihn gekannt?

Steinbrück: Ja. Es gab eine Riege von jungen Leuten –

Schmidt: Da erzähle ich Ihnen mal eine Geschichte. Irgendwann in den neunziger Jahren fiel mir der Berliner Finanzsenator Sarrazin auf, der als Einziger dafür sorgte, dass die Berliner Verwaltung wenigstens schrittweise ein wenig rationaler wurde, als sie bis dahin war. Ich fand den Mann interessant und habe ihn eingeladen, mich zu besuchen. Dann kam er zu mir, und ich fragte ihn: Sagen Sie mal, Herr Sarrazin, wo haben Sie Ihren Namen her? Ich kenne eine Bankiersfamilie in Basel, die heißt so. Außerdem habe ich mal ein Buch gemacht mit einem jungen Mann namens Sarrazin und einem jungen Mann namens Lührs. Das war in den siebziger Jahren; mit großer Mühe habe ich damals mit der Hand einen längeren Aufsatz geschrieben über kritischen Rationalismus, in Wirklichkeit über Karl Popper. Und da sagt er: Das war ich doch.

Steinbrück: *Kritischer Rationalismus und Sozialdemokratie,* eine gelbe Schwarte, ist in der Internationalen Bibliothek erschienen. Ich habe das Ding zu Hause.

Schmidt: Ach ja! Ich habe, glaube ich, das Vorwort geschrieben.

Steinbrück: Da waren noch ein paar andere. Einer hieß, glaub ich, Frithjof Spreer.

Schmidt: Kann durchaus sein. Übrigens, bei dieser Gelegenheit muss man das Lob für den Berliner Finanzsenator Sarrazin mal dick unterstreichen. Der hat seine Sache anständig gemacht, soweit ich das gesehen habe.

Steinbrück: Kein Einspruch. Damals im Bundeskanzleramt gehörte er, wie gesagt, zu dieser Riege von jungen Leuten, zu denen in der Abteilung II bei von Staden –

Schmidt: Aber Sarrazin war wahrscheinlich Abteilung IV.

Steinbrück: Der war Wirtschaft, richtig. Hieß der Abteilungsleiter Schuhmann?

Schmidt: Nein. Horst Schulmann, ein wunderbarer Kerl, ein erstklassiger Ökonom mit großem internationalen Ruf in der damaligen Zeit. – Sie haben eben Bernd von Staden erwähnt. Das war der Leiter der Abteilung Außen- und Sicherheitspolitik. Haben Sie den in Erinnerung?

Steinbrück: Ja, zumal seine Tochter am Amos-Comenius-Gymnasium in Godesberg Schülerin meiner Frau war und sie nicht weit von uns entfernt wohnten. Aber noch mehr habe ich Hans Otto Bräutigam in Erinnerung. Der war der Leiter Ihres deutschlandpolitischen Stabs.

Schmidt: Der muss noch leben. Berndt von Staden lebt auch noch, der ist ein, zwei Jahre jünger als ich, aber gesundheitlich schlechter dran. Bräutigam kann höchstens achtzig sein. Ein sehr tüchtiger Jurist, gleichzeitig begabt mit allen Eigenschaften, die man einem guten Diplomaten wünschen möchte.

Steinbrück: Absolut. Ich habe das mitgekriegt, als ich Büroleiter bei Rau war und wir zur Leipziger Messe fuhren. Am Eingang waren DDR-Bürger, die Rau eine Petition überreichen wollten, erkennbar von der Stasi zusammengeschlagen und verhaftet worden. Nach dem Messerundgang und vor dem Termin mit Honecker brachte man uns in ein Gebäude, wo klar war, dass wir abgehört wurden. Da stand Bräutigam auf, stellte sich mitten in den Raum, machte eine Bewegung, dass wir alle den Mund halten sollten, und schoss ein Feuerwerk ab, wie skandalös das alles sei. Herr Ministerpräsident, das können Sie sich nicht gefallen lassen, dass vor Ihren Augen

DDR-Bürger zusammengeschlagen werden von der Stasi. Das ist ein Abreisegrund, das ist inakzeptabel. Sie werden das Gespräch mit Herrn Honecker nach meiner Empfehlung sofort auf die Verhafteten lenken müssen und als Vorbedingung für die Fortsetzung des Gespräches deren sofortige Freilassung und Ausreise in die Bundesrepublik Deutschland fordern. Das machte Rau, und genau so geschah es. Alle Verhafteten kamen raus und waren 24 Stunden später in der Bundesrepublik. Bräutigam wusste genau, dass das Gespräch abgehört und natürlich sofort Honecker übermittelt wurde.

Schmidt: Ich habe Bräutigam in sehr guter Erinnerung.

Steinbrück: Er wurde nachher auf Empfehlung von Johannes Rau als Parteiloser Justizminister bei Manfred Stolpe in Potsdam.

Schmidt: Stolpe ist ein Stichwort, und Honecker ist ein anderes, das mich darauf bringt, dass wir eigentlich ein paar Worte wechseln sollten über die Art und Weise, wie gut oder wie schlecht die geistige und psychische Integration der beiden Teile der deutschen Nation nach 1989/90 bewältigt wurde. Ich habe zum Beispiel mit großer innerer Missbilligung gesehen – und manchmal habe ich das auch laut gesagt –, dass sich alle auf die ehemaligen SED-Leute gestürzt haben; die Blockflöten blieben völlig unbehelligt und waren in manchen Fällen die schlimmeren Opportunisten. Heute stürzen sie sich ausschließlich auf Leute, die irgendwann der Stasi irgendwas zugetragen haben, als ob diese kleinen Beamten die eigentlichen Übeltäter gewesen wären.
Ich will in dem Zusammenhang bekennen, dass ich sogar ein bisschen Mitgefühl empfunden habe für den Erich Honecker. Aus zwei Gründen. Zum einen, weil er ein ganz »armes Schwein« war. Er wusste nie, was Moskau letzten Endes be-

schließen wird, und solange Moskau nichts beschlossen hatte, wusste er nicht, ob er dieses darf oder jenes muss. Er war absolut abhängig und hatte keinen Durchguck. Noch 1989 hat er sich eingebildet, was da in Russland stattfindet, ist nur ein Tapetenwechsel, die Wände bleiben alle stehen. Er hat sich auch eingebildet, die DDR sei unter den Industriestaaten der Welt die Nummer 7. Er ist völlig irregeführt worden von Günter Mittag, der war für ihn eine Autorität. Das Zweite, was mich für ihn eingenommen hat, war, dass er seinen kommunistischen Jugendidealen in all den Jahren der Nazizeit im Gefängnis treu geblieben ist. Ansonsten ein ganz mittelmäßiger Mensch ohne Urteilskraft und eigentlich unbedeutend. Trotzdem kann ich mich nicht beteiligen an der allgemeinen Verächtlichmachung dieses Menschen.

Steinbrück: Über den Umgang der SPD mit SED-Mitgliedern einschließlich der kleinen Lichter, die auch als Stasizuträger unterwegs waren, kann man streiten. Wahrscheinlich haben wir Fehler gemacht. Aber man muss sich die damalige Situation vergegenwärtigen. Für die Sozialdemokraten, die im Oktober 1989 die SDP in der DDR gründeten – übrigens teilweise unter Mitwirkung von Stasimitarbeitern oder jedenfalls einigen, die mit der Stasi verflochten waren –, war es völlig undenkbar, in Erinnerung an Verfolgung und Demütigung diejenigen aufzunehmen, die sie verantwortlich machten für die vielen Opfer und die Unbilden ihres täglichen Lebens. Darin waren CDU und FDP viel freier; die hatten nie Schwierigkeiten damit, die ehemaligen Blockflötenmitglieder aufzunehmen. Aber für den ehrlichen Teil innerhalb der neugegründeten Ost-SPD war es undenkbar, sich zu öffnen für SED-Mitglieder, die Gräben waren einfach zu tief.

Schmidt: Ganz am Anfang des Vereinigungsprozesses verfolgte die Westberliner Justiz besonders Wolfgang Vogel, der als Anwalt auf Seiten der DDR unseren Freikauf von Häftlingen organisiert hatte. Ich hatte Vogel vertraut und war empört über die Anklage. Ich habe ihn demonstrativ, unter Bestellung von Fernsehkameras, im Gefängnis in Moabit besucht und habe ihm meinen Mark Aurel mitgebracht als Mahnung zur Gelassenheit. Der ehemalige Bundeskanzler wurde auf Weisung der Staatsanwälte in Westberlin am Eingang zum Gefängnis nach Waffen abgetastet. Der Gefängnispfarrer bat dann Vogel und mich in sein Zimmer im Gefängnis, und da haben wir endlos miteinander geredet. Hans-Dietrich Genscher hat das zwei, drei Tage später genauso gemacht: Wir waren empört über die Art und Weise, wie diese Westberliner Justiz sich da aufgeführt hat. Das Gleiche gilt mit Blick auf Manfred Stolpe.

Steinbrück: Der wurde lange verdächtigt als IM »Sekretär«.

Schmidt: Das war eine Klassifizierung in der Kartei der Stasi, nichts, was er selber akzeptiert hätte. Diese verdammte Rumschnüffelei in den Karteien der geheimen Polizei der DDR finde ich zum Kotzen! Ich habe mich nie im Leben interessiert für die Akte, die die über den Schmidt haben.

Steinbrück: Die ist wahrscheinlich auch ziemlich dick.

Schmidt: Das nehme ich an.

Steinbrück: Mein Problem sind nicht die kleinen SED-Leute oder die Schnüffler dort, mein Problem gegenüber der SED und ihren Nachfolgeorganisationen ist, dass sie sich der Bewältigung ihrer historischen Verantwortung nie gestellt haben. Ich stehe da stark unter dem Eindruck des Besuchs des Stasi-Gefängnisses in Hohenschönhausen. Da muss man gewesen sein, um die Niedertracht wirklich zu begreifen, die ausgeübt wurde gegenüber politisch Verfolgten. Man muss wissen, wie Frauen in den Gefängnissen behandelt worden sind und wie das Leben von Kindern aus Elternhäusern, die dem Regime nicht passten, systematisch kaputt gemacht wurde. Eine solche Aufarbeitung verlange ich von der jetzigen Linkspartei, bevor auch nur ansatzweise eine Annäherung zwischen SPD und Linkspartei politisch debattiert wird. Das schließt den respektvollen Umgang mit Mitgliedern dieser Partei und ehemaligen SED-Mitgliedern überhaupt nicht aus. Noch einmal: Die Mitverantwortung für Verhältnisse, die Menschen zu Opfern gemacht haben, die fehlt mir bei der Linkspartei, und diese Verdrängung nehme ich denen übel. Die schäbige Rolle, die diese Partei im Umgang mit ihrer Vergangenheit spielt, trat das letzte Mal bei der Bundespräsidentenwahl offen zutage, als die Linke nicht nur nicht in der Lage war, den Kandidaten Gauck anzunehmen, sondern obendrein versucht hat, ihn zu diskreditieren.

Schmidt: Würden Sie sagen, dass die psychische Vereinigung der beiden getrennt gewesenen Teile der Nation weitgehend bereits gelungen ist, oder muss man sagen: Sie ist weitgehend noch nicht gelungen?

Steinbrück: Es gibt Fortschritte, aber insgesamt ist sie noch nicht gelungen. Die Problematik, die ich spüre, wann immer ich in den neuen Bundesländern bin, überwiegend in Brandenburg, ist, dass diejenigen im Alter zwischen zwanzig und dreißig zunehmend wegziehen. Was da stattfindet, nennen die Engländer »brain drain«. Insbesondere gutqualifizierte Frauen gehen weg und hinterlassen teilweise im ländlichen Raum einen relativ schlecht ausgebildeten Teil von Männern, die zunehmend das Reservoir auch für Rechtspopulisten sind. Das spielt sowohl mit Blick auf die politische Radikalisierung wie mit Blick auf die ökonomischen Voraussetzungen für den wirtschaftlichen Aufstieg dieser Länder – Stichwort qualifizierte Arbeitnehmerschaft – eine größere Rolle, als wir das bisher öffentlich dargestellt oder aufgearbeitet haben.

Schmidt: Peer, kann man sagen oder darf man sagen, dass die Tatsache, dass mit Frau Merkel eine in Ostdeutschland aufgewachsene und dort sozialisierte Frau an der Spitze des vereinigten deutschen Staates steht – kann man sagen, dass das der psychischen, der seelischen Vereinigung in erheblichem Maße genützt hat? Oder hat sich das überhaupt nicht ausgewirkt?

Steinbrück: Doch, das hat genützt. Es ist, glaube ich, ein wichtiges Signal der Normalisierung im Binnenverhältnis gewesen. Aus dem gleichen Grund hätte übrigens die Umzugsentscheidung nach Berlin gar nicht anders ausfallen dürfen. Das ist nicht messbar, aber ich glaube schon, dass beides eine Rolle gespielt hat. Aber ich muss an dieser Stelle auch wiederholen: Ich bin ziemlich entsetzt, dass ich von der Bundeskanzlerin in den letzten zwölf Monaten nicht eine einzige leidenschaftlich vorgetragene pro-europäische Rede gehört habe, nicht eine einzige. Nur abgelesene Regierungserklärungen, die sich verloren haben.

Schmidt: Diese Rede kann sie deswegen nicht halten, weil die Leidenschaft für Europa ihr nicht innewohnt.

Steinbrück: Richtig, und es ist eine spannende Frage, ob sie ihr deshalb nicht innewohnt, weil sie in der DDR sozialisiert worden ist und ihr das Projekt Europa von daher vielleicht fernersteht als einem westdeutschen Politiker, der das immer verfolgt oder sogar aktiv betrieben hat.

Schmidt: Ich würde die Vermutung teilen, dass ihre Sozialisation eine wichtige Rolle spielt.

Steinbrück: Die wichtigste pro-europäische Rede auf Regierungsseite in den letzten Monaten hat Wolfgang Schäuble gehalten. Das war eine Rede, die längst von der Bundeskanzlerin hätte kommen müssen, um dem breiten Publikum zu erklären, welchen Stellenwert dieses Europa für uns und unsere Zukunft hat.

Schmidt: Der Unterschied zwischen Schäuble und Merkel in dieser Beziehung hängt wohl damit zusammen, dass Schäuble eben im Westen und in der Nachfolge Adenauers aufgewachsen ist.

■ ■ ■

Steinbrück: Das Thema, das wir uns für diese Runde vorgenommen haben, lautet Politikvermittlung: Wie bringen wir politische Inhalte an die Wählerinnen und Wähler? Wie machen wir das, was wir politisch für notwendig und richtig halten, auf überzeugende Weise glaubwürdig? Ich stelle fest, dass die Medienberichterstattung über Politik zunehmend personenfixiert ist, und erinnere an den Fall Guttenberg. Er hat dieses Bedürfnis nach einer personenfixierten politischen Berichterstattung vollständig ausgefüllt. In dem Augenblick, in dem er gescheitert ist – an sich selbst, wie ich glaube, an seinem Selbstbild, nämlich an der Art und Weise, wie er mit der Plagiatsaffäre umgegangen ist, vielleicht nicht einmal an dem Plagiat selbst –, in dem Moment ist ein mediales Vakuum entstanden.

Schmidt: Mein Gefühl ist, dass es einen hohen Bedarf an Seriosität und Substanz gibt, und das spiegelt sich wider in der Aufmerksamkeit, die Sie finden, Peer. Das seriöse Publikum hat genug von der ewig sich wiederholenden Politikshow. Die fing übrigens nicht mit Guttenberg an, sondern mit den beiden FDP-Häuptlingen Möllemann und Westerwelle. Alle drei: hohe Intelligenz, hohes Geltungsbedürfnis – Substanz zweifelhaft.

Steinbrück: Es kann ja beides richtig sein. Es kann sein, dass es eine größere Sehnsucht nach Substanz und Erfahrung gibt, aber es gibt eben auch das Bedürfnis nach einer erkennbaren Persönlichkeit. Das ist ja das Gegensatzpaar, das in den USA immer genannt wird: face and substance. Beides kommt nur selten zusammen. Das ist auch einer der Gründe, warum Politiker außer Dienst wie Sie und Richard von Weizsäcker und zunehmend übrigens auch Joschka Fischer im Ansehen der Bevölkerung nach wie vor einen extrem hohen Stellenwert haben. Allerdings, wie ich hinzufüge, auch immer wegen der Aura einer parteiübergreifenden Rolle.

Schmidt: Das ist ganz gewiss richtig. Richard Weizsäcker wird vom deutschen Publikum nicht als Exponent der CDU/CSU aufgefasst, und ich werde nicht aufgefasst als Sozi. Das gilt in zunehmendem Maße auch für Joschka Fischer, der nicht aufgefasst wird als ein typischer Exponent der Grünen. Da steckt ein klein bisschen dieses Gefühl dahinter, das viele Menschen in unserer Gesellschaft haben: Parteien sind im Grunde etwas Unangenehmes. Und sie sind eigentlich ganz zufrieden, wenn ihnen jemand den Eindruck vermittelt – ob es richtig ist oder nicht –, dass er über diesen Parteilichkeiten und über diesen parteiegoistischen Taktiererereien steht.

Steinbrück: Ja, das hat in Deutschland Tradition. Der berüchtigte Satz von Wilhelm II. lautete: Ich kenne keine Parteien mehr, ich kenne nur noch Deutsche.

Schmidt: Er hat die Parteien vorher auch nicht kennen wollen.

Steinbrück: Das hat sich fortgesetzt in der Häme über den Reichstag als »Schwatzbude« der Weimarer Republik, was ja auf eine Ablehnung oder zumindest eine Missachtung der Parteien hinauslief, und das setzt sich bis heute fort. Nur: Wenn ich die Menschen frage, die eine große Ferne und vielleicht sogar Verachtung haben gegenüber Parteien, wie sie sich denn eine funktionierende Demokratie über eine demokratisch legitimierte Willensbildung vorstellen, dann haben sie keine Antwort. Mich beschäftigt dieses Thema zunehmend, auch weil ich hierzu in den letzten Monaten eine persönliche Erfahrung gemacht habe. Wenn ich auf meinen Lesereisen von einem Literaturhaus eingeladen wurde, von einer Buchhandlung, von einer Universität, dann waren die Säle voll. Wenn ich von der SPD eingeladen wurde, war höchstens ein Zehntel an Besuchern da. Darüber habe ich lange auch mit Sigmar Gabriel als Parteivorsitzendem geredet. Ich habe ihm gesagt: Wir müssen unsere Veranstaltungsformate ändern. Die Leute gehen nicht zu Veranstaltungen, wo ein Parteiname obendrüber steht, weil sie den Eindruck haben, sie werden nur agitiert und mit Parteideutsch gequält, während bei einem neutralen Gastgeber die politische Neugier und das Interesse geweckt werden.

Schmidt: Das ist ganz gewiss richtig. Ich will hier mal eine kleine Erinnerung unterbringen. In den fünfziger und frühen sechziger Jahren war ich acht Jahre lang Vorsitzender eines großstädtischen Kreisverbandes der SPD. Mein Kreisverband Hamburg-Nord hatte 10000 Mitglieder, so viel hat die ganze hamburgische SPD heute ungefähr. Warum waren wir damals so attraktiv? Erstens: Es gab noch kein Fernsehen. Diese Abendunterhaltung für jedermann gab es nicht, sondern die Leute gingen in die Kneipe und spielten Skat – die Männer. Aber wichtig war, zweitens, dass wir thematisch weit über die Parteipolitik der SPD hinausgriffen. Der Kreis Nord in Hamburg machte öffentliche Veranstaltungen im Winterhuder Fährhaus – das ist inzwischen abgerissen und durch einen Theaterbau ersetzt worden – mit Rednern von anderen Parteien oder mit Rednern aus der katholischen Kirche oder mit Rednern aus der evangelischen Kirche. Das heißt, schon das Plakat machte klar, dass hier keine SPD-Politik verzapft wird. Die wurde in Wirklichkeit natürlich doch verzapft, aber die Anmutung für den, der das Plakat sah oder der in der Zeitung die Anzeige gelesen hatte, war nicht: Hier spricht die SPD.

Steinbrück: Das entspricht exakt meiner Erfahrung. Und zwar ist das Interesse umso größer, je dialogischer die Veranstaltung aufgebaut ist. Wenn ich befragt werde von Miriam Meckel, von Herrn Kilz von der *Süddeutschen Zeitung*, von Ulrich Wickert oder von einem Pastor oder von einem Professor, die erkennbar nicht parteigebunden sind, und es artet nicht in eine 45-minütige Frontalrede von mir aus, sondern es entwickelt sich sehr schnell ein Dialog, und anschließend beteiligt sich das Publikum, dann empfinden die Bürger das als spannend. Mich wundert nur, wie stark die etablierten demokratischen Parteien verhaftet sind in ihren alten, eher langweilig anmutenden Veranstaltungsformaten. Klatschmarsch, Einzug, irgendein Musikstück, eine 60-minütige agitatorische Rede, nach der die anderen immer die Vollidioten und die eigenen Leute immer die Schlaumeier sind, obwohl jeder im Publikum weiß, dass die Verteilung von Schlaumeiern und Idioten der Normalverteilung der Bevölkerung entspricht, und nach den sechzig Minuten –

Schmidt: Das ist druckreif!

Steinbrück: Und nach den sechzig Minuten noch irgendein Schlusswort, das wie immer viel zu lang wird, dann acht Mi-

nuten Beifall, einige sind mit der Stoppuhr dabei, wie lange
das wirklich dauert, Ende der Veranstaltung.

Schmidt: Das Thema, das wir im Augenblick am Wickel haben, berührt ein anderes Thema: Warum spielt das Parlament
im Bewusstsein der öffentlichen Meinung heute eine so geringe Rolle? Ich will versuchen, eine Antwort zu geben. In den
fünfziger und sechziger Jahren, auch noch in den siebziger
Jahren gab es für den Deutschen Bundestag wichtige Fragen,
zum Teil Existenzfragen, zu entscheiden. Es gab zum Beispiel
in den fünfziger Jahren zu entscheiden: Hat Kurt Schumacher recht mit seiner Politik der Wiedervereinigung, oder hat
Adenauer mit der Westbindung recht? Hat Adenauer recht mit
der europäischen Integration, oder hat Ludwig Erhard recht,
der dagegen war? Oder denken Sie an den in bitteren Parlamentsdebatten über anderthalb Jahrzehnte ausgefochtenen
Streit über die atomare Bewaffnung der Bundesrepublik. Oder
dann die Ostpolitik. Oder dann der berühmte oder berüchtigte NATO-Doppelbeschluss. Das alles waren Fragen von
tiefgreifender Bedeutung, und das wiederum verlangte nach
akzentuierter Stellungnahme und verlangte nach Führung.
Es scheint so, als ob die Fragen, die heute im Parlament ver-
handelt werden, vom Gewicht her eine geringere Qualität
hätten. In Wirklichkeit hat zum Beispiel die Frage nach der
Zukunft der Europäischen Union in meinen Augen ein unge-
heures Gewicht, aber das wird gar nicht begriffen und erkannt, weder vom Publikum noch vom Parlament. Es kommt
hinzu, dass die Medien sich angewöhnt haben, das Parlament
für unwichtig zu halten – ihre ewigen Talkshows halten sie für
viel wichtiger. Sie veranstalten eine nach der anderen, an jedem Wochentag außer Samstag, und was hier geredet wird,
wird zur Quelle der politischen Information für die Öffentlichkeit. In Wirklichkeit ist es eine Quelle der Desinformation,
weil jeder nur drei Minuten redet, dann kommt der andere

dran, und am meisten redet der Talkmeister. Das läuft hinaus auf eine vollkommene Entpolitisierung des Publikums.

Steinbrück: Merkwürdigerweise treffe ich sehr viele Menschen, die das genauso sehen wie wir, aber trotzdem gibt es diese Laberrunden, und trotzdem schalten Leute ein. Ich teile die Auffassung, dass die Talkshows zu einer Art Politikersatz geworden sind. Aber wir dürfen auch nicht vergessen: Die Politiker tragen durch ihre Beteiligung selber zum Bedeutungsverlust des Parlaments bei.

Schmidt: Richtig.

Steinbrück: Also sollte man sich in den Talkshows rarmachen, dort sehr selten auftreten.

Schmidt: Ich habe mich seit tausend Jahren aus diesem Grunde an keiner Talkshow beteiligt. Sondern immer nur eins zu eins oder zwei zu eins, aber niemals mehr.

Steinbrück: Noch mal zurück zu den Parlamentsdebatten, Helmut. Ich bin mir nicht so sicher, dass die Anzahl der existenziell bedeutenden Debatten wirklich so stark abgenommen hat. Finanzkrise, Europa, Präimplantationsdiagnostik – das sind Debatten aus den letzten Jahren, die auch tiefgreifende Auswirkungen haben. Die qualitativ beste Parlamentsdebatte, die ich seit langem verfolgt habe, ist diejenige über die Präimplantationsdiagnostik gewesen. Übrigens auch deshalb qualitativ hochstehend, weil es keinen Fraktionszwang gab und in allen Fraktionen sehr verantwortungsbewusst mit dem Thema umgegangen wurde. Ich glaube, dass die PID-Debatte eine Sternstunde des Parlamentarismus gewesen ist. Aber unabhängig von den Themen habe ich den Eindruck, dass es in den fünfziger und sechziger Jahren größere rhetorische Talente gegeben hat, die der freien parlamentarischen Rede mächtig gewesen sind. In vielen Parlamentsdebatten heute kriege ich mit, dass einfach vom Blatt abgelesen wird – und dass das für das Publikum natürlich stinklangweilig ist.

Schmidt: Ob langweilig oder nicht, jedenfalls muss man den beiden großen öffentlich-rechtlichen Fernsehanstalten den Vorwurf machen, dass sie dem Publikum die Parlamentsdebatten vorenthalten.

Steinbrück: Auf der anderen Seite ist die Überreizung inzwischen so weit fortgeschritten, dass das Publikum nur noch dann auf Politik reagiert, wenn ein hoher Unterhaltungswert oder möglichst viel Zoff mitgeliefert wird. Das wäre auch eine Erklärung für den Erfolg der Talkshows. Sie sagten vorhin, wie wichtig es für die politische Arbeit gewesen sei, dass es in den fünfziger Jahren noch kein Fernsehen gab. Heute leben wir unter permanenter Reizüberflutung, und man muss sich schon einiges einfallen lassen, um die Menschen dazu zu kriegen, einzuschalten und eine Bundestagsrede zu verfolgen.

Schmidt: Es gab zum Beispiel bei den Sozialdemokraten einen wunderbaren Redner, der heute gebeten werden konnte, morgen die große Rede in der Debatte zur Aufhebung der Verjährungsfrist für den Straftatbestand des Mordes zu halten, und den man nächste Woche bitten konnte, eine Rede zu halten über die Vervollkommnung des gemeinsamen Markts durch das Mittel der römischen Verträge. Zu diesen und vielen anderen Themen hatte er genug im Kopf, um es am nächsten Vormittag in der Debatte vorzutragen, und außerdem verfügte er über die entsprechenden rhetorischen Fähigkeiten. Das war Fritz Erler. Der hatte in der Nazizeit jahrelang im Lager gesessen und nie eine Universität von innen gesehen. Das war eine Naturbegabung sondergleichen, außerdem war er ein unglaublich fleißiger Mann, der sich all die Bildung, die er besaß, autodidaktisch erworben hatte. So was ist heute ganz selten.

Steinbrück: Und es gab Carlo Schmid.

Schmidt: Carlo Schmid war etwas anders. Carlo Schmid machte eine akademische Laufbahn; der hatte die Universität nicht nur von innen gesehen, sondern wurde sogar Professor, er sprach Fremdsprachen und war auch philosophisch gebildet. Aber er und Fritz Erler, das waren Ausnahmen. Insgesamt glaube ich nicht, dass es größere rhetorische Talente gegeben hat als heute.

Steinbrück: Dann reden wir lieber von Begabungen.

Schmidt: Was einer aus seiner Begabung macht, hängt im Wesentlichen von der Erziehung ab. Die Erziehung beginnt im Säuglingsalter, setzt sich fort im Kindergarten und in der Schule und wird dort sehr stark durch Beispiel und Vorbild bestimmt. Jemand kann eine rednerische Naturbegabung haben, aber zur Rhetorik gehört eben auch eine gewisse Technik. Man muss lernen, wie man präsentes Wissen innerhalb von Sekunden aus dem Hinterkopf in den vorderen Teil des Gehirns transportiert und den Satz dann so ausspricht, dass er nicht nur einen Anfang hat und nicht nur ein Subjekt, sondern auch ein Prädikat und auch ein Ende. Das muss man lernen. Bei den alten Griechen heute vor 2500 Jahren war Rhetorik eine der wichtigsten akademischen Disziplinen.

Steinbrück: Heute finde ich das auf amerikanischen und englischen Schulen. Da zählt die Kunst, zu debattieren, zum Unterrichtsstoff; man muss sich vor die Klasse stellen und eine Ansprache oder ein Referat halten. Deshalb sind sie später in ihren Reden meistens kürzer, prägnanter und häufig auch spritziger als wir. Ich gebe zu, das erste Mal, dass ich vor einer Gruppe zu stehen und mich klar auszudrücken hatte, war bei der Bundeswehr. Als ich Zugführer war für ungefähr dreißig Leute und nicht nur »Hacken zusammen« oder »Augen rechts« oder »Augen links« sagen musste, sondern denen Wegweisung zu geben hatte, da habe ich das gelernt.

Schmidt: Ich habe das in der Schule gelernt. Ich war auf einer sehr besonderen Schule, auf der die Künste, die Musik, die Malerei, das Theater, die Literatur, die bei weitem wichtigste Rolle spielten – Sprachen und Physik und Naturwissenschaften leider eine sehr kleine Rolle. Es gab dort ein Fach, das hieß Kulturkunde, das fasste Religion, Deutsch, Literatur und Geschichte zusammen. Das waren viele Stunden in der Woche, und es hing von dem Lehrer ab, was er draus machte. Als später die Nazis ans Ruder kamen, wurde die Kulturkunde aufgelöst, und es gab das Fach Geschichte. Die Geschichtsstunde lief folgendermaßen ab: Der Lehrer betrat die Klasse, Herr Roemer, ein netter Kerl, kein Nazi, und dann stand entweder der Jürgen Remé oder der Helmut Schmidt auf und sagte: Herr Römer, erklären Sie uns doch bitte mal, wie ist das wirklich gewesen mit der Emser Depesche. Das hatte mit dem Lehrstoff der Stunde überhaupt nichts zu tun. Dann gab es eine Diskussion über Bismarck und seine Politik gegenüber Frankreich. Der Remé hatte Bücher gelesen, der Schmidt hatte Bücher gelesen, und dann entstand eine Diskussion zu dritt, und die Klasse hörte zu. Die nächste Stunde verlief ähnlich, fing vielleicht nicht mit der Emser Depesche an, sondern mit der Schlacht des Varus, der seine Legionen am Teutoburger Wald verlor. Das war wieder eine Diskussion zu drei Leuten. So habe ich mit fünfzehn, sechzehn Jahren gelernt zu debattieren. Natürlich musste man im Hintergrund ein bisschen Wissen haben, und das musste man auch richtig einsetzen.

Steinbrück: Ich erinnere mich an einige Lehrer, die mich maßgeblich geprägt haben. In der Oberstufe war ich auf einem Wirtschaftsgymnasium, und im Fach Wirtschaftslehre gab es einen Oberstudienrat, der die Bandbreite der Wirtschaftstheorien sehr offen darstellte; er hatte deshalb auch keine Mühe, seiner Klasse zwei oder drei Monate die marxistische Wirtschaftstheorie auf der Basis der Bücher von Iring Fetcher zu vermitteln. Das war Mitte der sechziger Jahre, als viele sich nach dem Aussprechen des Namens Karl Marx noch die Zähne putzten. Das finde ich auch in der Nachbetrachtung bemerkenswert. Ich hatte eine sehr emanzipierte Englisch- und Geschichtslehrerin, die mich positiv geprägt hat. Aber ich muss zugeben, ich habe auch noch Lehrer kennengelernt in den fünfziger Jahren mit Kriegsverletzungen aus dem Ersten Weltkrieg, Traumata aus dem Zweiten Weltkrieg, Lehrer, die in meinen Augen alle unfähig waren, als Pädagogen zu wirken. Ich habe eine katastrophale Schulgeschichte in der Mittelstufe gehabt, aber die lassen wir hier mal weg.

Schmidt: Studienräte an höheren Schulen haben entweder Physik und Mathematik studiert, oder sie haben Physik und Chemie studiert, oder sie haben Mathematik und Biologie studiert, oder sie haben Germanistik studiert. Und dann werden sie im reifen Alter von 25 Jahren zum ersten Mal auf eine Klasse junger Leute losgelassen und wissen überhaupt nicht, was in deren Seelen vor sich geht. Auf den Beruf des Lehrers sind sie am allerwenigsten vorbereitet. Sie sind vornehmlich vorbereitet darauf, wissenschaftliche Kenntnisse zu vermitteln. Das ist alles. Die Ausbildung der Lehrpersonen in Deutschland, die Ausbildung der Fähigkeit, Vorbild zu sein und gleichzeitig jemand zu sein, an den die jungen Leute sich anlehnen können, die liegt im Argen. Das lernt auch ein Professor in Deutschland nicht. Es gibt welche, die können das, weil sie dazu veranlagt sind, oder sie haben es im Laufe ihres Dozentendaseins durch

die Praxis gelernt. Viele haben es nicht gelernt. Ein junger
Mensch muss rechtzeitig merken, ob er mit Kindern umgehen
kann oder ob er lieber Vorgesetzter einer Gruppe von Techni-
kern wird, die einen Hochspannungsmast in der Landschaft
errichten sollen. Wenn die Erfahrung zeigt, dass er nicht geeignet ist, dann muss es jemanden geben, der ihm sagt: Junge,
sattle um und mach was anderes.

Steinbrück: Ich würde gern eine Lanze brechen für eine größere gesellschaftliche Anerkennung des Berufs der Lehrerinnen und Lehrer. Weil dieser Beruf entscheidend ist für die
Fortentwicklung unserer Gesellschaft, nicht nur mit Blick auf
die demographischen Auswirkungen, sondern auch mit Blick
auf die Probleme der Integration. Bei Schulbesuchen gewinne
ich zunehmend den Eindruck, dass viele Elternhäuser, wenn
es denn überhaupt noch intakte Elternhäuser sind, ihren elter-
lichen Erziehungsauftrag bequem an Lehrer und Lehrerinnen
delegieren und sie damit überfordern. Dabei rede ich nicht
einmal von Schulen in sozialen Brennpunkten, die noch mit
ganz anderen Herausforderungen konfrontiert sind. Ich habe
den Eindruck, dass die Schulen insgesamt entlastet werden
müssen, eventuell auch durch Verwaltungsangestellte, die dafür Sorge tragen, dass die Lehrer ihrem eigentlichen pädagogi-
schen Auftrag nachkommen können und nicht vollgemüllt
werden mit bürokratischen Tätigkeiten. In sozialen Brennpunkten brauchen wir Schulpsychologen und Sozialarbeiter.
Und der Staat wird sich darauf einstellen müssen, mehr besser
ausgebildete Lehrer auch zur Verbesserung der Schüler-Lehrer-
Relation einzustellen. Das alles wird etwas kosten.

Schmidt: Nicht notwendigerweise besser ausgebildet, anders
ausgebildet. Die Schulpsychologen sind nur deswegen notwendig, weil die Lehrer nicht gelernt haben, mit jungen Leuten richtig umzugehen.

Steinbrück: Ja und nein. Viele Lehrer haben Schülerinnen und Schüler in ihren Klassen, die schon vorher in ihren Elternhäusern vermurkst worden sind oder die gar keine Elternhäuser mehr kennen. Ich habe in Schulen Kinder im Alter von sechs oder sieben Jahren erlebt, die nicht die normale Uhr lesen, sondern die Zeit nur digital am Fernseher ablesen konnten. Ich habe in Kindergärten im dritten Kindergartenjahr Kinder erlebt, die nicht mit einem Löffel umgehen können, weil sie zu Hause nur Fast Food essen. Ich habe es erlebt, dass Kindergärtnerinnen um 4 Uhr kleine Mädchen und kleine Jungs nach Hause brachten, an der Tür klingelten, und niemand war da, und sich dann mit großem Einsatz bis zum Abend selber um diese Kinder kümmerten. In vielen Familien gibt es schon lange keinen Tisch mehr, an dem beim gemeinsamen Essen Gespräche geführt werden. Das Ausmaß an Auflösungstendenzen von Familienstrukturen wird zunehmend zu einem massiven Problem in den Schulen, und es wird abgeladen auf den Schultern von Lehrern und Lehrerinnen.

Schmidt: Ja, Sie haben recht, ich war zu einseitig.

Steinbrück: Deshalb war es auch in meinen Augen sehr gefährlich, dass ein Sozialdemokrat in dem Zusammenhang von den »faulen Säcken« geredet hat, von dem »Gedöns«. Das hat uns stramm geschadet. Man kann mit ihm heute darüber reden, dass das ein Fehler war – ich meine Gerd Schröder.

Schmidt: Es hat übrigens während des Krieges auch schon nicht intakte Familien gegeben, weil die Väter im Krieg waren. Die Mütter waren in der Rüstungsindustrie praktisch eingezogen und kamen nur am Wochenende nach Hause.

Steinbrück: Die vaterlose Generation nach dem Krieg, die kann ich erinnern. Die ist auch literarisch in vielen Fällen aufgearbeitet worden, bis hin zu dem Film von Sönke Wortmann,

Das Wunder von Bern, wo ein Spätheimkehrer nach Hause kommt zum Zeitpunkt der Fußball-Weltmeisterschaft 1954. Die damit verbundenen Spannungen sind ganz gut dargestellt in diesem Film.

Schmidt: Die Generation, die weiß, was Krieg ist, weil sie ihn erlebt hat, die ist fast ausgestorben. Diese Generation war beseelt von dem einen Gedanken: Wir müssen dafür sorgen, dass sich das niemals wiederholt.

Steinbrück: Es ist richtig, dass diese Politikergeneration geprägt war erstens durch den Krieg, zweitens natürlich durch die Nazizeit und drittens vielleicht sogar durch die Erfahrung der Weimarer Zeit. Diese Prägung kann kein Nachkriegsgeborener in irgendeiner Form aufweisen. Und eigentlich ist es ja ein Glücksfall, dass viele von uns nicht diese Erfahrungen haben machen müssen mit teilweise gebrochenen Biographien und traumatischen Erlebnissen, insbesondere in den Jahren zwischen 1939 und 1945.

Schmidt: Wenn es um Unterschiede in der Motivation von Politikern meiner Generation und Politikern der Nachkriegsgeneration geht, dürfen Sie eines nicht übersehen: dass es in den frühen Jahren der Bundesrepublik für einen Politiker nicht darum ging, Karriere zu machen. Natürlich gab es Ausnahmen. Der damalige FDP-Vorsitzende Erich Mende ist der typische Fall, der mir in Erinnerung kommt, aber dergleichen war sehr selten. Adenauer wollte nicht Bundeskanzler werden. Das wollte er *auch*, aber das war nicht sein Motiv. Er wollte aus der alten katholischen Arbeiterbewegung einerseits und den Ruhrbaronen andererseits eine Volkspartei machen, und das ist ihm auch gelungen – ein taktisches Glanzstück sondergleichen. Aber das tat er aus gemeinnützigen Motiven, nicht mit Blick auf seine Karriere. Heutzutage plant man eine politische

Karriere, man studiert Politologie, man studiert, wie Meinungsumfragen analysiert werden müssen, damit man morgen die richtige Politik verkaufen kann. All das dient der eigenen Karriere. Und wenn man es dann geschafft hat, kann man sich gar nicht vorstellen aufzuhören. Es ist schrecklich, zu sehen, wie viele Politiker an ihrem Stuhl kleben.

Steinbrück: Ein Rücktritt oder allgemein ein Ausscheiden aus der Politik setzt immer voraus, dass man die Souveränität haben muss, sich vorzustellen, dass es neben und außer der Politik auch noch eine alternative Lebensgestaltung gibt.

Schmidt: Dazu ist eine wichtige Voraussetzung, dass der Mann oder die Frau einen gelernten und ausgeübten Beruf haben, in den sie zurückkehren können. Eine der schlimmsten Entwicklungen der letzten Jahrzehnte ist, dass manche Parlamentarier keinen Beruf haben. Wenn sie dann aus dem Parlament herausgewählt werden oder aus irgendwelchen Gründen nicht mehr ihre parlamentarische Laufbahn fortsetzen können, werden sie Lobbyisten oder Verbandsgeschäftsführer oder weichen mehr oder minder zwangsläufig auf Tätigkeiten aus, die man nicht so ganz ernst nehmen muss.

Steinbrück: Im Bundestag sind ehemalige oder immer noch aktive Vertreter des öffentlichen Dienstes überproportional vertreten. Die Bandbreite beruflicher Erfahrungen müsste größer sein, wenn dort der ökonomische und gesellschaftliche Wandel abgebildet werden soll. Besonders selten sind Quereinsteiger. In den Parteien findet sich stattdessen häufig ein Politikertypus, der angepasst Parteikarriere betrieben hat, schon in den Jugendorganisationen auf ein Mandat hinsteuerte und über diesen Anpassungskurs an parteiverträgliche Positionen leicht realitätsblind für die Veränderungen außerhalb seiner Partei werden kann.

Schmidt: Natürlich gab es solche Typen auch früher schon, aber ihr Anteil an der Gesamtheit der Mitglieder des Bundestages war sehr viel kleiner als heute.

Steinbrück: Da wir schon beim Ausscheiden aus der Politik sind, muss ich eine Frage loswerden. Sie haben immer gesagt, Ihr Ausscheiden aus dem Amt des Bundeskanzlers sei für Sie eine Erleichterung gewesen. Haben Sie das Misstrauensvotum von Oktober 1982 nicht doch als Niederlage empfunden?

Schmidt: Nein, das war eine Befreiung, das war wirklich eine Befreiung.

Steinbrück: Manch einer glaubt das nicht.

Schmidt: Ich weiß es aber.

Steinbrück: *Inzwischen* wissen Sie es, Helmut.

Schmidt: Nein. Zwei Tage später kam meine Frau, die war auf einer Expedition im brasilianischen Urwald, im Amazonasgebiet, und suchte nach irgendwelchen seltenen Pflanzen, die nur in den Baumkronen wuchsen. Sie kam vorzeitig nach Bonn zurück, ganz unzureichend informiert, und war deshalb ein bisschen aufgeregt. Sie fand mich vollständig gelassen vor, und am Ende waren wir beide ganz gelassen. Das ist keine nachträgliche Verschönerung.
Was mich geärgert hat, war, dass Genscher mich um eine halbe Stunde gelinkt hatte. Das hat mich wirklich geärgert. Aber es war in Wirklichkeit nicht so wichtig. Aus einem Anfall von Fairness habe ich, eine halbe Stunde ehe ich im Bundestag die Rede halten wollte, in der ich die Entlassung der FDP-Minister bekanntzugeben beabsichtigte, eine halbe Stunde vorher habe ich Herrn Genscher zu mir gebeten und gesagt: Lieber Freund,

jetzt ist's zu Ende. Und da hat er gesagt: Ich erkläre Ihnen hiermit den Rücktritt der FDP-Minister. Also, darüber habe ich mich damals geärgert, aber das hatte mit der Abgabe der Regierungsgewalt an eine andere Koalition in Wirklichkeit nichts zu tun, es war eine äußerliche Geschichte.

Steinbrück: Ich erinnere die ersten zwei, drei Jahre der Kanzlerschaft von Helmut Kohl. Ich will die nicht sehr vorteilhaften Bezeichnungen gar nicht wiederholen, die damals über ihn verbreitet worden sind. Hat Sie da nicht gelegentlich doch das Gefühl erfasst, nachts vor dem Einschlafen, dass Sie eigentlich der bessere Mann sind?

Schmidt: Nein, dieser Gedanke ist mir nicht gekommen. Ich war sehr zufrieden, dass er in der Außenpolitik, in der Sicherheitspolitik und in der ökonomischen Politik praktisch die Politik fortsetzte, die wir betrieben haben. Und zweitens: Für mich war die Befassung mit der Politik zu Ende, ich ging auf Reisen und fing an, Bücher zu schreiben. Und fast gleichzeitig mit dem Ende der Koalition kam das Angebot von Gerd Bucerius, in die *Zeit* einzutreten, das ich, ohne lange zu überlegen, sofort angenommen habe, nicht mal wissend, ob das mit Einkommen verbunden war oder ob das praktisch umsonst sein würde. Das hat mich einfach gereizt. Ich habe die Kandidatur zum Bundestag noch mal angenommen, aber nicht mit großem Engagement, eigentlich mehr aus Treue zu meinem Wahlkreis und zu meinen Wählern in Hamburg-Bergedorf. Aber dem Drängen der sozialdemokratischen Führung, mich als Kanzlerkandidat in diesen Wahlkampf zu bringen, habe ich mich strikt widersetzt. Für mich war das Kapitel Politik zu Ende.

Erst das Land, dann die Partei

Schmidt: Peer, ich habe gelesen, dass Sie 1969 in die SPD eingetreten sind. Was waren Ihre Beweggründe?

Steinbrück: Das hatte mit dem Aufbegehren der jüngeren Generation in den sechziger Jahren zu tun. Viele von uns wollten den Muff der Adenauer-Zeit abstreifen, sich den autoritären Strömungen widersetzen, sich auch der kulturellen Biederkeit entziehen. Das spielte eine große Rolle. Hinzu kam zweitens der Wunsch nach einer Aufarbeitung der Nazizeit. Und drittens natürlich die damals charismatisch anmutende Figur von Willy Brandt, wobei mich seine Verunglimpfungen durch die CDU/CSU einschließlich Adenauers besonders empörten. Es ging mir maßlos gegen den Strich, dass diese Parteien, die doch die bürgerliche Wohlanständigkeit gepachtet zu haben glaubten, einen politischen Herausforderer unter Hinweis darauf bekämpften, dass er unehelich geboren und während der Nazizeit ins Exil gegangen war. Ein weiteres Motiv war die Frage des Umgangs der Bundesrepublik Deutschland mit der DDR: Wie kommt man aus dieser konfrontativen, völlig bewegungslosen Situation heraus? Die berühmte Formel von Egon Bahr: Wandel durch Annäherung. Das waren wesentliche Gründe, die mich Ende der sechziger Jahre in die SPD brachten. Erstaunlicherweise war es ein Bundeswehroffizier, der mich zur SPD gebracht hat. Er gehörte der sogenannten Leutnant-70-Bewegung an. Das waren junge Offiziere, die im Sinne der inneren Führung, repräsentiert durch Generäle wie Baudissin und de Maizière, den Vater des jetzigen Verteidigungsministers, versuchten, der Armee eine andere Orientierung und ein anderes Selbstverständnis zu geben, als sie in wilhelminischen und Reichswehr- und Nazizeiten aufwies. Der redete lange auf mich ein, indem er sagte: Also, wenn Sie sich politisch für solche Fragen interessieren und wenn Sie sich in diese Richtung engagieren wollen, dann können Sie auch in die SPD eintreten.

Schmidt: Peer, was für eine Truppe war das?

Steinbrück: Das war das 314. Panzerbataillon in Oldenburg-Bümmerstede, das gibt es heute nicht mehr. Es ist etwas merkwürdig gewesen, dass ich mit 1,86 Metern ausgerechnet zu dieser Panzertruppe kam.

Schmidt: Ein bisschen zu lang für die Panzer.

Steinbrück: Mir fiel die Luke auf den Kopf. Einige sagen, das merkt man. Eine Persiflage auf die Panzertruppe lautete: Breit fahren, schmal denken.

Schmidt: Weil Sie Willy Brandt als Vorbild nannten: Ich will hier mal erinnern an die unausgesprochene Rivalität zwischen Willy Brandt und Erich Ollenhauer. Diese Rivalität ist entschieden worden durch das entschlossene Handeln der Berliner Sozialdemokratie, die wirklich etwas anderes darstellte als die Sozialdemokratie in Westdeutschland. Das hing zusammen einerseits mit der Teilung der Stadt Berlin und andererseits mit der Insellage des westlichen Teils. Die Berliner Sozialdemokratie war nicht repräsentativ, aber sie kriegte publizistisch erhebliche Teile der westdeutschen Sozialdemokratie auf ihre Seite. Der Parteivorsitzende Erich Ollenhauer resignierte ganz leise und ohne Dramatik. Auf diese Weise ist Willy Brandt 1961 von der SPD zum Kanzlerkandidaten gemacht worden.

Es sind 1961 zwar Stimmen dazugewonnen worden und 1965 noch mal, aber gereicht hat es nicht, und dann wurde 1966 die große Koalition begründet. Willy Brandt schwankte, ob er der großen Koalition als Außenminister und Vizekanzler beitreten sollte oder ob er Regierender Bürgermeister von Berlin bleiben sollte. Einer der Gründe für sein Schwanken war, dass es in Bonn jemanden gab, der seinerseits glaubte, er sei eigentlich nun dran. Das war Fritz Erler, von dem ich vorhin schon gesprochen habe.

Ich muss bekennen, ich war ein Anhänger von Fritz Erler, er war für mich ein Vorbild. Er war ganze fünf Jahre älter, aber er war eine Generation reifer als ich, weil er in der Nazizeit schon erwachsen gewesen war, und ich war 1933 gerade eben 14 Jahre alt geworden. Also, ich habe den Fritz Erler ganz hoch gehalten. Gleichwohl habe ich 1966 auf Befragen durch Willy Brandt gesagt: Du hast die Wahl heute vor einem Jahr gewonnen, das hat dir noch keiner vorgemacht, du hast das Zugriffsrecht, und ich würde dir raten, greife zu. Das hat vielleicht für ihn keine große Rolle gespielt, das kann ich nicht beurteilen. Aber ich erinnere mich sehr deutlich an das Gespräch. Vor allen Dingen erinnere ich mich an die Rivalität zwischen Brandt und Erler im Vorfeld der Kabinettsbildung 1966.

Steinbrück: Den Beginn der großen Koalition 1966 habe ich als einen Zeitenwechsel empfunden. Nicht zuletzt, weil nach 36 Jahren die SPD zum ersten Mal wieder mit in der Regierungsverantwortung stand, nachdem die Regierung der ersten großen Koalition unter Führung des sozialdemokratischen Reichskanzlers Hermann Müller –

Schmidt: Aus Franken!

Steinbrück: – im März 1930 zurückgetreten war. Für mich bedeutete das auch ein Ende der Nachkriegsepoche. Die beeindruckenden Persönlichkeiten der SPD aus dieser Zeit sind mir noch sehr gegenwärtig. Einer von ihnen war Karl Schiller, dessen Stabilitäts- und Wachstumsgesetz, das er gemeinsam mit Franz Josef Strauß einbrachte, wenige Jahre später Gegenstand meines Volkswirtschaftsstudiums werden sollte. Es war eine Antwort auf die erste schwere Konjunkturkrise der alten Bundesrepublik 1965/66. Diesem Gesetz lag ein völlig neues Verständnis von Wirtschaftspolitik zugrunde.

Schmidt: Das Stabilitäts- und Wachstumsgesetz war lediglich eine richtige und wirksame Antwort auf die Bekämpfung der nationalen Wachstums- und Konjunkturkrise in Deutschland. Auf die späteren, durch die Ölpreiskrise ausgelösten weltweiten Verwerfungen konnte es keine ausreichende Antwort geben.

Steinbrück: Obwohl ich Brandts Wahlsieg vom November 1972 als einen der größten Triumphe der SPD in Erinnerung habe – insbesondere wegen der Anfeindungen, denen die Sozialdemokratie seit 1966 auch aus einem Rechtsaußenlager der CDU/CSU ausgesetzt war –, fiel auf die seinerzeit von mir bewunderte Persönlichkeit von Willy Brandt ein leichter Schatten, als ich später erfuhr, welchen Schwankungen er ausgesetzt war. Von Horst Ehmke weiß ich, dass Brandt ganze Tage lang nicht ansprechbar war, außer von ihm als Kanzleramtschef.

Schmidt: Horst Ehmke war ab 1969 Willy Brandts Regierungsmanager und hat häufig genug eine Ordre de Mufti verkündet, von der der Mufti gar nichts wusste.

Steinbrück: Aber der Mufti hat sich auch oben auf dem Venusberg hinter zugezogenen Vorhängen manchmal tagelang eingeschlossen. Da musste der Verwaltungsleiter dann für Ordnung auf dem Hof sorgen und manches für den Herrn erledigen.

Schmidt: Das ist richtig – genauer gesagt, Brandt zog sich nicht zurück, sondern er litt an Depressionen, und die waren zum Teil so schlimm, dass seine eigene Ehefrau nicht zugelassen wurde. Irgendwann klopfte dann Ehmke an die Tür und sagte: Willy, wir müssen regieren. Bisweilen ist Willy darauf eingegangen, und bisweilen hat er Ehmke machen lassen, was dazu führte, dass die übrigen Kabinettsmitglieder anfingen zu bezweifeln, dass alles richtig war, was Ehmke machte. Er war in innerer Übereinstimmung mit den Grundlinien Brandts, das muss man sagen. Aber als Wehner und Schmidt von Willy 1972 beauftragt wurden, das Kabinett zusammenzustellen – er litt wieder an einer Depression, trotz des phantastischen Wahlsiegs; er hatte die SPD bis auf 45 Prozent gebracht –, brauchten wir über Ehmke nicht ein Wort zu reden. Es war völlig klar, er musste weg aus dem Bundeskanzleramt und kriegte ein Ressort.

Steinbrück: Er kriegte Forschung und Technologie.

Schmidt: Jedenfalls hat Ehmke uns das nicht verziehen. Willy Brandt hat es akzeptiert. Es hat später mal eine Bemerkung gegeben von Brandt, dass *wir* ja das Kabinett zusammengestellt hätten, und so zwischen den Zeilen schien das zu heißen: Ich, Brandt, hätte das ein bisschen anders gemacht.

Steinbrück: Ja, dann hätte er mal eingreifen sollen.

Schmidt: Hat er aber nicht getan, er hat akzeptiert, was Wehner und ich vorbereitet hatten. Wir installierten zum Beispiel wieder einen Wirtschaftsminister – das Ressort war ja nach dem Rücktritt von Alex Möller mit dem Finanzressort zusammengelegt worden –, weil der Wirtschaftsminister damals immer noch für wichtig gehalten wurde.

Steinbrück: Aber die SPD hätte das Bundeswirtschaftsministerium 1972 nicht der FDP geben dürfen.

Schmidt: Es ging nicht an die FDP, es ging an Hans Friderichs, ein ordentlicher Kerl.

Steinbrück: Der war FDP, und er hat das Ressort auch im Sinne der FDP wahrgenommen. Die SPD hat damit einen Kompetenzbereich preisgegeben, den sie dringend gebraucht hätte, gerade um das kürzere Bein ihrer wirtschaftspolitischen Kompetenz auf die Fitness ihres sozialpolitischen Beines zu bringen. Das habe ich damals als naseweiser Student schon für falsch gehalten.

Schmidt: Wen hätten Sie denn damals zum sozialdemokratischen Wirtschaftsminister gemacht, wenn Sie gleichzeitig einen sozialdemokratischen Finanzminister hatten, der dem Wirtschaftsministerium nicht nur die Kompetenz für Geld und Kredit und Bundesbank weggenommen hat, sondern auch die Grundsatzabteilung? Da saßen die ordoliberalen Gralshüter von Ludwig Erhard und die Europa-Skeptiker aus seiner Schule.

Steinbrück: Der Finanzminister hieß Helmut Schmidt.

Schmidt: Richtig. Was blieb denn für diesen Wirtschaftsminister da noch übrig? Die Eröffnung von Handelsmessen und ähnliche Festivitäten.

Steinbrück: Dafür haben aber Friderichs und Lambsdorff ganz schön Drall entwickelt. Das ordnungspolitische Weltbild des Bundeswirtschaftsministeriums ist bis heute auf dem Stand der klassischen und neoklassischen Wirtschaftstheorie stehengeblieben. Dass Märkte zu Exzessen neigen können und die Privatisierung öffentlicher Güter nicht automatisch ein Gewinn für das Gemeinwesen darstellt, ist dort bis heute nicht angekommen.

Schmidt: Lambsdorff ja, aber nicht Hans Friderichs. Auf den lass ich nichts kommen, der war loyal.

Steinbrück: Man kann nicht alles bei Lambsdorff abladen. Der war schon ein politisches Gewicht, das die heutige FDP als Zwergenverein erscheinen lässt.

Schmidt: Lambsdorff war nicht unbedingt ein Liberaler. Er war im Kern ein Konservativer, auch ein Interessenvertreter, und er war eigentlich unglücklich in dieser Koalition mit den von ihm nicht sonderlich geachteten Sozialdemokraten. Der wollte von Anfang an da raus und hat das auch jedermann spüren lassen. Es war übrigens typisch für ihn als Konservativen, dass in seinem Amtszimmer Bismarck hing – in meinem Amtszimmer hing August Bebel.
Sie sprachen vorhin im Zusammenhang mit der großen Koalition von einem Zeitenwechsel. Nach meiner Wahrnehmung trat das, was Sie Zeitenwechsel nennen, erst 1968 mit der Wahl des Sozialdemokraten Gustav Heinemann zum Bundespräsidenten ein. Heinemann selber hat damals sogar von einem »Stück Machtwechsel« gesprochen. Und ich füge hinzu: Eigentlich wollten Herbert Wehner und ich die große Koalition nach 1969 fortsetzen.

Steinbrück: Ich empfand jedenfalls, dass es einen gewissen Durchzug durch diese Republik gab und manche politischen Tabus und Verdrängungen aufgelöst wurden. Ich denke zum Beispiel an die Hallstein-Doktrin, die allerdings erst nach 1969 auf den Müllhaufen der Geschichte geworfen wurde. Kennzeichnend für die Ära von Willy Brandt bleibt der Satz aus seiner ersten Regierungserklärung vom September 1969: »Mehr Demokratie wagen«. Das war ein Aufbruchsignal aus den autoritären, obrigkeitsorientierten Strömungen der alten Bundesrepublik. Mit seiner Regierungszeit verbinde ich nicht nur die großartige Politik der Ostverträge, sondern auch die Öffnung der Politik für jene Künstler und Intellektuellen, die sich noch wenige Jahre zuvor als »ganz kleine Pinscher« qualifiziert sahen. Gelitten habe ich allerdings unter dem Radikalenerlass, den ausgerechnet Willy Brandt in die Welt gesetzt hat.

Schmidt: Vielleicht darf ich hier bemerken, dass ich Willy Brandt und Herbert Wehner dringend davon abgeraten habe.

Steinbrück: Dieser Radikalenerlass hat mich Mitte 1976 vier Monate arbeitslos gemacht, weil ich 1972 während meines Studiums in Kiel in einer politisch völlig harmlosen Wohngemeinschaft lebte, in der ausgerechnet ich die linkeste Figur war. Diese WG war eines Tages dem schleswig-holsteinischen Verfassungsschutz als verdächtig gemeldet und im Mai 1972 von 15 Polizisten gestürmt worden. Die Folge war, dass ich anschließend, obwohl ich lediglich als Zeuge in einem dann eingestellten Verfahren auftauchte, in einer Kartei des Verfassungsschutzes ein Eigenleben führte.

Schmidt: Und Sie können Gift darauf nehmen, Peer, dass Sie immer noch in der Kartei sind. Viele Landesregierungen haben damals den von ihnen mitbeschlossenen Erlass in einer üblen Weise praktiziert.

Steinbrück: Willy Brandts große Verdienste in der Außenpolitik wurden nach meiner Erinnerung innenpolitisch von einer deutlichen Stärkung der betrieblichen Mitbestimmung durch die Novellierung des Betriebsverfassungsgesetzes 1972 begleitet.

Schmidt: Das 1976 durch das Mitbestimmungsgesetz ergänzt wurde.

Steinbrück: Was Ihre Regierungszeit betrifft, Helmut, setzte sie nach meiner Erinnerung mit dem ersten sogenannten Weltwirtschaftsgipfel 1975 in Rambouillet einen Akzent, der die folgenden Jahre bestimmen sollte. Ich war damals sehr froh, dass nach der ersten Ölpreiskrise und den anschließenden ökonomischen Verwerfungen über die zweite Ölpreiskrise hinaus und auf dem Höhepunkt der Terroristenanschläge ein Mann wie Sie mit hohem ökonomischem Sachverstand und hoher moralischer Integrität Bundeskanzler unseres Landes gewesen ist.

Schmidt: Schönen Dank für die Blumen. Was die Reformen der Ära Brandt angeht, so wurden die Grundlagen hierfür im Übrigen lange vor der Übernahme der Kanzlerschaft durch Willy Brandt geschaffen. Ich erinnere an den schon mehrfach erwähnten Fritz Erler. Er, Carlo Schmid und Herbert Wehner, diese drei waren in der zweiten Hälfte der fünfziger Jahre die treibenden Personen, um der Sozialdemokratie nicht nur ein anderes Profil zu geben, sondern auch um die politischen Inhalte der Sozialdemokratischen Partei zu renovieren. In dem damaligen Slang innerhalb der eigenen Fraktion hießen die drei die Reformer. Und ich war damals ein Mitläufer dieser drei Reformer.

Steinbrück: Diese Reformen in der sozialdemokratischen Programmatik wurden in einem längeren Prozess Ende der fünfziger Jahre eingeleitet – also mit einer langen Vorlaufzeit vor der ersten Regierungsbeteiligung der SPD nach dem Krieg 1966. Demgegenüber wurde die Reformagenda 2010 während der Regierungszeit der SPD 2003 verkündet. Das war eine große Hypothek für die Kommunikation, denn ein solcher

notwendiger Kurswechsel musste ja nicht nur verstandes-
mäßig, sondern auch emotional angenommen werden. Im
Übrigen fehlten Gerd Schröder über Franz Müntefering und
Wolfgang Clement hinaus Mitstreiter in der Breite.

Schmidt: Es hat gegen Ende der fünfziger Jahre eine Reihe
von Themen gegeben, die wir hin und her bewegt haben. Ein
Thema war die Entthronung des Marxismus. Das berühmte
Godesberger Programm von 1959 hat den Marxismus zwar
nicht beiseitegeschoben, aber es hat ihn in den gleichen Rang
heruntergestuft wie das Prinzip der Marktwirtschaft und in
den gleichen Rang wie das Prinzip des Sozialstaats. Oder nehmen Sie das Thema der Westbindung, die Bejahung des Bünd-
nisses mit Amerika, oder das Thema der Bejahung der europäischen Integration. Für Kurt Schumacher – der ist 1952
gestorben – war die Integration der damaligen Bundesrepublik Anathema. Ich habe das selber noch zu spüren bekommen. Ich schrieb 1948/49/50 in einem kleinen Parteimittei-
lungsblättchen hier in Hamburg Aufsätze, in denen ich mich
aussprach für die Bejahung der damals von den Alliierten ein-
gerichteten sogenannten Ruhrbehörde und für die Bejahung
des Schuman-Plans. Und mein Parteivorsitzender, Kurt Schumacher, schrieb einen Brief an den Hamburger Parteivorsitzenden: Das geht nicht, ihr müsst diesem Schmidt das Hand-
werk legen. Da hat die Hamburger SPD zurückgeschrieben:
Das tut uns leid, Genosse Schumacher, bei uns herrscht Mei-
nungsfreiheit. Die haben den Schmidt gewähren lassen und
haben ihn drei Jahre später sogar in den Bundestag geschickt.
Ich erzähle das nur, um darzutun, wie weit sich die Sozialdemokratie in der kurzen Zeit vom Tod Schumachers bis zum
Godesberger Programm bewegt hat.
Wenn Sie mich jetzt fragen, wo sind solche Leute heute, dann
muss ich sagen: Ich bin zu alt, ich kenne die heutigen Fünfzig-
jährigen nicht persönlich, ich kenne auch die Sechzigjährigen

kaum noch. Peer, Sie sind eine Ausnahme. Der Altersabstand verhindert, dass man einen Überblick behält über das möglicherweise verfügbare Personal.

Steinbrück: Die SPD neigt heute leider immer noch zu Nachhutgefechten. Statt stolz zu sein auf das, was gelungen ist, werden Debatten darüber geführt, was während der Regierungszeit 1998 bis 2005 eventuell richtig und was ganz sicher falsch gewesen ist. Ich vermisse eine nach vorn gerichtete Debatte, die die zentralen Themen des zweiten Jahrzehnts aufgreift. Es geht um die Auswirkungen der Demographie auf den Sozialstaat und seine Finanzierung, um das Bildungssystem als Schlüssel für die Zukunftsfähigkeit unseres Landes, um die Bewältigung von Integrationsproblemen – die stellen sich nicht nur im Zusammenhang mit der Bewältigung von Zuwanderung oder Einwanderung. Es geht um die Rolle Deutschlands in Europa und in der Welt, und es geht um die in meinen Augen zentrale Herausforderung, wirtschaftliche Leistungsfähigkeit und ihre Belohnung mit dem Zusammenhalt und Ausgleich in unserer Gesellschaft zu verbinden. Das ist übrigens für mich ein mögliches Alleinstellungsmerkmal der SPD – für wirtschaftliche Leistungsfähigkeit zu sorgen als Basis unseres Wohlstands und gleichzeitig der Frage nachzugehen: Wie halte ich den Laden so zusammen, dass die innere Friedfertigkeit und die Fairnessgebote dieser Gesellschaft nicht in Frage gestellt sind? Da sehe ich andere Parteien nicht in derselben starken Position wie die SPD. Der Punkt ist nur, ob die SPD dieses Sowohl-als-auch zur Geltung und auf die politische Tagesordnung bringt.

Schmidt: Woran scheitert das bisher? Warum kommen diese Debatten nicht in Gang?

Steinbrück: Das ist eine ganz schwierige Frage. Ich habe in anderem Zusammenhang mal davon gesprochen, dass es in der SPD so etwas wie das Problem einer strukturellen Verspätung gibt. Sie hält an parteiverträglichen Positionen lange fest, obwohl sich manches um sie herum verändert hat. Sie stellt sich den Problemen dann, wenn sie vor ihr aufbrechen. Und dann ist die Not groß, solide und angemessene Antworten zu finden. Ich will ein Beispiel geben. Dieses Buch von dem Sarrazin, das ist sozialdarwinistischer Mist mit einem reichlich verquasten genetischen Überbau, kann man vergessen. Darüber gibt es in der SPD eine breite Empörung, bis hin zu der Forderung, der Mann muss ausgeschlossen werden. Aber wenn ich die sozialdemokratischen Parteifreunde und -freundinnen gefragt habe, warum denn über eine Million Menschen dieses Buch gekauft haben, warum dieses Buch denn auf ein solches Interesse gestoßen ist, kriegte ich keine Antwort. Ich habe versucht, ihnen selber eine Antwort zu geben: Weil die Menschen nach einem Stichwortgeber gesucht haben, der die in ihren Augen tabuisierten Integrationsprobleme aufgreift. Aber es hätte die SPD sein müssen, die diese von vielen Bürgern hautnah empfundenen Probleme rechtzeitig, lange vor dieser Buchveröffentlichung, hätte aufgreifen und einer öffentlichen Debatte zuführen müssen. Einer der wenigen, die das praktisch getan haben, ist der Bezirksbürgermeister in Berlin-Neukölln, Heinz Buschkowsky, der deshalb von Teilen der SPD in Berlin massiv angefeindet wurde; auch ihn wollten einige aus der Partei ausschließen.

Dabei war das Thema von einer Reihe von Sozialwissenschaftlern längst aufgearbeitet und sehr viel präziser analysiert worden als von Herrn Sarrazin, zum Beispiel von Gunnar Heinsohn. Die SPD hat aber nicht die Plattform geboten, wo Leute sich darüber streitig hätten auseinandersetzen können. Dabei wäre vielleicht einiges zur Sprache gekommen, was mit dem parteiverträglichen Kodex nicht übereinstimmt, der lange Zeit fast romantischen Vorstellungen von der Integrationsfähigkeit unserer Gesellschaft anhing und dabei den Akzent, durchaus sympathisch, leichten Herzens auf den Minderheitenschutz legte. Das Interesse oder auch die Probleme einer einheimischen Mehrheit gerieten demgegenüber verspätet auf den Bildschirm. Manch einer hat bei diesem Thema wie auch bei einigen anderen Themen vielleicht Manschetten, gegenüber einer Mehrheitsmeinung der SPD couragiert aufzutreten, weil die eigene Parteikarriere auch davon abhängig ist, dass man sich dem Mainstream ergibt.

Schmidt: Die Feigheit vor den eigenen Parteifunktionären spielt leider oft eine große Rolle. Das ist so. Jemand, der genug Selbstbewusstsein hat und seine eigene Meinung vorträgt, von der er weiß, er hat sie sich sorgfältig erarbeitet, der wird in Kauf nehmen müssen, dass seine Karriere dadurch beendet wird. Jemand, der das nicht in Kauf nehmen möchte, den würde ich deswegen nicht als Feigling abqualifizieren wollen, aber er ist zur Führung deutlich weniger befähigt als ein anderer, der bereit ist, dieses Risiko auf sich zu nehmen. Ein Regierungschef oder ein Minister oder ein Fraktionsvorsitzender muss das Risiko, abgewählt zu werden, bewusst in Kauf nehmen.

Ich selber war dreimal entschlossen zurückzutreten, wenn ich mit meiner Position nicht durchgekommen wäre: nicht nur beim NATO-Doppelbeschluss, sondern schon bei der Besetzung der Deutschen Botschaft in Stockholm durch die Baader-Meinhof-Verbrecher und abermals während der Wochen der Entführung von Hanns Martin Schleyer. Ich war innerlich durchaus darauf eingestellt, dass dieses überaus riskante Unternehmen, irgendwo in Ostafrika, in Somalia, in einem fremden Staat, der über eine eigene Armee verfügte, mit deutschen Polizeibeamten ein Flugzeug zu entsetzen, in dem die Menschen alle schon gefesselt und mit Alkohol begossen waren, damit sie schön brennen in dem Augenblick, wo gezündet wird, dass dieses riskante Unternehmen, das Flugzeug zu entsetzen, natürlich auch schiefgehen konnte. Und ich war fest entschlossen, in diesem Fall zurückzutreten.

Steinbrück: Ein Politiker muss dazu bereit sein, seiner Überzeugung folgend auch zurückzutreten. Da kann ich Sie sehr gut verstehen. Auch für mich hat es einen solchen Zeitpunkt im Januar/Februar 2009 gegeben. Es ging um die Verstaatlichung von Hypo Real Estate, und ich wollte es nicht zulassen, dass zwar alle Risiken auf den Staat und damit letztlich auf den Steuerzahler abgewälzt wurden, der Staat aber keinen Einfluss ausüben sollte. Ich konnte mich durchsetzen.

Schmidt: Peer, Sie haben vorhin gesagt, dass es die Aufgabe der SPD sein müsse, einerseits wirtschaftliche Leistungsfähigkeit zu garantieren und andererseits dafür zu sorgen, dass der gesellschaftliche Konsens in diesem Lande erhalten bleibt. Ich stimme Ihnen zu. Aber ich erinnere daran, dass die deutsche Sozialdemokratie nur selten über das Personal verfügte, das in der Lage war, wirtschaftliche Zusammenhänge zu begreifen und zu gestalten.
Diese Schwäche wurzelt tief im 19. Jahrhundert; sie wird vorübergehend unterbrochen durch einen Mann wie Rudolf Hilferding (allerdings mehr durch sein Buch *Das Finanzkapital* als durch seine kurze Tätigkeit als Finanzminister), wird dann später unterbrochen durch Karl Schiller und – was weiß ich – noch später durch Peer Steinbrück, aber Wirtschaftskompetenz teilt sich bisher dieser großen Volkspartei insgesamt nicht wirklich mit. Die deutsche Sozialdemokratie ist dadurch gekennzeichnet – und zum Teil müsste man sagen, sie krankt daran –, dass für sie die Sozialversicherung unendlich viel wichtiger ist als die Aufsicht über die geldgierigen Investmentbanker und ihresgleichen.

Steinbrück: Man kann es noch schärfer formulieren, Helmut: Man reüssiert in der SPD am besten mit sozialpolitischen Themen, aber nicht mit finanzpolitischen Themen. Das heißt, der innerparteiliche Auswahlmechanismus befördert am ehesten diejenigen, die die Herzensthemen der SPD im sozialpolitischen oder im sozialversicherungspolitischen Bereich aufgreifen, aber nicht das harte Brot der Finanzfragen. Erschwerend kommt hinzu, dass die Union inzwischen so tut, als seien die sozialdemokratischen Kernthemen bei ihr in guten Händen.

Schmidt: Richtig ist, dass die Unionsparteien einschließlich der CSU sich sehr stark dem Prinzip des Sozialstaats als wirklich praktiziertem Bekenntnis angenähert haben. Auch die Führungspersonen der CDU/CSU haben schon vor Jahrzehnten begriffen, dass die Demokratie in Deutschland nur funktioniert, solange der Sozialstaat funktioniert. Und entsprechend haben sie gehandelt. Das fängt schon 1957 mit Adenauer an, der gegen den Willen des heute hochgelobten Ludwig Erhard die Dynamisierung der staatlichen Rente durchsetzte, übrigens ebenso gegen den Willen Erhards die europäische Integration in Deutschland hoffähig gemacht hat. Die CDU/CSU war seit den fünfziger Jahren in einer umfassenderen Weise eine Volkspartei als die damalige Sozialdemokratie. Die Sozialdemokratie ist entstanden aus der Arbeiterbewegung, und sie hat noch bis in den Ersten Weltkrieg hinein das Gepäck mitgeschleppt, das da hieß: Klassenkampf und Klassengesellschaft. Es hat lange gedauert, bis die heutige Sozialdemokratie, nicht nur in ihrem öffentlichen Gebaren, sondern auch in ihrer Selbstwahrnehmung, davon Abstand genommen und sich weiter geöffnet hat. Der Wendepunkt war das Godesberger Programm von 1959, aber durchgesetzt hat sich die Entwicklung eigentlich erst im Laufe der anschließenden Jahrzehnte.

Steinbrück: Es ist den konservativ-liberalen Parteien leider oftmals gelungen, die SPD zu diskreditieren. Alle Wege führen nach Moskau, Freiheit statt Sozialismus, Nivellierung statt Leistung – das waren so die Parolen. Der probate und inflationär erhobene Vorwurf lautete, die SPD sei im Sinne des marktwirtschaftlichen Glaubensbekenntnisses ein unsicherer Kantonist. Vor allem ist es den konservativ-liberalen Parteien gelungen, in die breite Bevölkerung hinein den Verdacht zu projizieren, die Sozis könnten nicht mit Geld umgehen. Nach dem Motto: Wenn die Sozialdemokraten in der Wüste regieren, dann wird der Sand knapp. Das ist als Propaganda über lange Jahre ausgesprochen erfolgreich gewesen. Und hat viele Sozialdemokraten zu einem Rückzug auf das angestammte Feld der Sozialpolitik veranlasst – statt genau da tätig zu werden, wo die Konservativ-Liberalen dominieren, im Mittelstand ebenso wie in den Vorstandsetagen von Unternehmen des produzierenden Gewerbes oder auch der Banken.

Wir haben dieses gesellschaftliche Feld zu wenig beackert. Unbenommen der Persönlichkeiten, die dort hohe Kompetenz gehabt haben, von Alex Möller über Karl Schiller – ich füge den Namen Helmut Schmidt schlicht hinzu – bis zu Gerhard Schröder oder Wolfgang Clement. Das waren jedoch nur Einzelne, und deshalb wurde die Sozialdemokratie insgesamt noch nicht mit Zuspruch belohnt.

Mein Eindruck ist im Augenblick, dass die Regierung Merkel den konservativen Wirtschaftsbonus verspielt. In einem Zeitenwechsel, der nach einer Rückbesinnung auf Solidität, Stetigkeit und Ausgleich verlangt, könnte die Stimmung kippen, weil die derzeitige Wahrnehmung der Bundesregierung in den disponierenden Kreisen der Wirtschaft eine überaus kritische ist.

Schmidt: Ja! Natürlich ist für die christlich-demokratischen Parteien mit der Implosion der Sowjetunion ein ganz wichtiges Argument weggefallen. Es hat keinen Sinn mehr, heute auf Wahlplakaten und in öffentlichen Reden dem deutschen Wählervolk zu erzählen, dass alle Wege des Sozialismus nach Moskau führen. Das war ein wichtiger Bestandteil der Erfolgsgeschichte der christlich-demokratischen Volksparteien. Der ist weggefallen, Gott sei Dank. Das hat aber nicht automatisch zur Folge, dass die SPD nunmehr in ausreichender Zahl Menschen in politische Stellungen gebracht hat, die ihrerseits wissen, wie eigentlich eine Finanzaufsicht gestaltet werden sollte. Ich wiederhole: Wir wissen immer viel besser Bescheid, wie man die Sozialversicherung reformiert, als wie man die Bankaufsicht reformiert. Das ist eine der immer noch andauernden Schwächen meiner Partei.

Steinbrück: Es ist auch meine Partei, Helmut. Deshalb empört es mich ja so, wie die konservativ-liberalen Parteien uns manchmal vorführen. Wir holen für sie die Kastanien aus dem Feuer, indem wir längst überfällige schmerzhafte Reformen in die Wege leiten oder kompetentes Krisenmanagement betreiben, und sie schreiben sich die Erfolge zu. Wir sehen es bei der Agenda 2010; wir sehen es jetzt noch viel dramatischer bei dem, was sich in Griechenland abspielt, eine Tragödie, für die nicht die jetzige Regierung von Giorgos Papandreou, sondern vor allem die konservative Vorgänger-Regierung verantwortlich ist. Es gibt noch andere Beispiele. In Holland und Dänemark haben sich die Sozialdemokraten als harte Reformer gegenüber den Konservativen hervorgetan –

Schmidt: Da gibt es einen wichtigen Unterschied. Die sozialdemokratischen Parteien in Holland genauso wie in Dänemark – das gilt übrigens für ganz Skandinavien, und es gilt auch für die SPÖ in Österreich – waren in Bezug auf ihre wirtschaftspolitische Kompetenz der westdeutschen Sozialdemokratie immer ein wenig überlegen. Wenn Sie heute nach Dänemark schauen, sehen Sie eine relativ große Zufriedenheit des Volkes mit den gesellschaftlichen Verhältnissen, eine Beweglichkeit des Arbeitsmarktes, wie man sie sich nur wünschen kann. Natürlich muss mancher Däne im Laufe seines Lebens den Beruf wechseln, nicht nur die Stelle, sondern den Beruf, und das tut er auch. Andererseits sind Exzesse persönlicher Bereicherung in Dänemark wie auch im übrigen Skandinavien ganz selten. Das heißt: Die ökonomische Kompetenz der linken Volksparteien in diesen Staaten hat die gesellschaftlichen Wertmaßstäbe ihrer Gesellschaften insgesamt beeinflusst. Es kommt hinzu die Bescheidenheit, mit der die Dänen oder die Finnen oder die Norweger auftreten. Gehen Sie in ein Hotel in Kopenhagen und vergleichen Sie das mit den großartigen Hotels, die neuerdings in Berlin wie Pilze aus dem Boden schießen. Im Norden ist alles mindestens eine Nummer bescheidener als bei uns, aber der Lebensstandard des Volkes ist derselbe wie hier.

Steinbrück: Mir ging es um das, was ich das reformpolitische Paradoxon nenne. Ich glaube, dass es einer konservativ-bürgerlichen Partei leichterfallen würde, beispielsweise eine umfassende Reform des Bildungssystems durchzusetzen, die auf eine stärkere Integration und eine größere Offenheit hinausläuft, weil sie nicht den Verdacht hervorruft, das Gymnasium abschaffen zu wollen. Und umgekehrt wird nur eine sozialdemokratische Partei in der Marktwirtschaft bestimmte Anpassungen vornehmen können, etwa im Sinne von Entbürokratisierung, Förderung des Unternehmertums, Neujustierung des Sozialstaates, weil die Sozialdemokratie eher dem Verdacht entgegenwirken kann, sie wolle darüber den Manchester-Kapitalismus wieder einführen. Die möglichen Vetomächte werden in dem einen wie in dem anderen Fall minimiert.
Dass die Sozialdemokratie nicht dafür belohnt worden ist, was sie mit der Agenda 2010 zustande gebracht hat, liegt teils an ihr

selbst, weil sie sich selbst dementiert und sich sogar von den Erfolgen verschämt distanziert hat. Dass sich die SPD die Reformagenda zusammenschießen ließ auf die Chiffre Hartz IV, ist einer der großen Fehler in der innerparteilichen Debatte gewesen, und daran waren einige Gewerkschaften nicht ganz unbeteiligt.

Schmidt: Das ist sehr freundlich ausgedrückt.

Steinbrück: Es war schwer erträglich. Aber Reformen sind der Sozialdemokratie nie mit politischer Anerkennung und politischem Zuspruch gedankt worden. Sie ist eher durch eine weitere Auflösung ihrer Stammwählerschaft dafür bestraft worden. Es kennzeichnet denn auch die innere Gemütslage der SPD, zu wissen, man ist der nützliche Idiot. Ich erinnere mich an Überschriften in den Jahren 2000 und 2001: Der kranke Mann in Zentraleuropa – so wurde Deutschland damals bezeichnet – muss endlich in ein Trainingscamp und wieder fit gemacht werden.

Es wird heute ja gern vergessen, in welcher Situation wir damals waren. Nach der Bundestagswahl 2002 war die rot-grüne Koalition, gerade knapp wiedergewählt, in einem ziemlich angestrengten Zustand. Die Pressemeldungen zur Jahreswende 2002/2003 habe ich noch gut in Erinnerung. Die waren vernichtend für diese Koalition. Und da ging es um die Frage im Kanzleramt, wie denn ein Sprung gemacht werden könnte, nicht der große Sprung à la China, aber ein Reformsprung, der den Namen verdient, und den Auftrag dafür kriegte kein anderer als der Chef des Kanzleramtes, Frank-Walter Steinmeier. Was Schröder dann ex cathedra verkündete in einer Regierungserklärung im März 2003, fand vor diesem Hintergrund statt: dass viele dieses Deutschland als unbeweglich betrachteten, als ein Land auf dem absteigenden Ast, verkrustet, überaltert und reformunfähig. Das war die Lage, in der unüberhörbar der Ruf immer lauter wurde, ein Reformprogramm zu verabschieden. Das Ergebnis war die Agenda 2010. Und der Effekt war, dass man uns hinterher sagte, das war ja ein halber politischer Selbstmord, den ihr da vollzogen habt.

Schmidt: Richtig ist, dass die Agenda 2010 im Prinzip dringend notwendig war. Dass sie schlecht verkauft, nicht verteidigt und nicht erklärt worden ist, steht auf einem anderen Blatt. Richtig ist auch, dass eine Agenda 2010 niemals von der CDU/CSU erfunden und verkündet und durchgesetzt worden wäre. Und richtig ist auch, wenn Sie sagen, dass eine Qualitätssteigerung des deutschen Bildungs- und Ausbildungssystems dringend notwendig ist. Das aber ist ebenfalls eher der Sozialdemokratie zuzutrauen als der CDU/CSU.

Steinbrück: Aber da werden die Widerstände größer sein.

Schmidt: Da werden die Widerstände größer sein. Doch der künftige Lebensstandard hier im Zentrum Mitteleuropas hängt nicht zuletzt davon ab, dass die deutsche Wissenschaft und in ihrem Gefolge die deutschen Technologien aller Art weiterhin in der Spitze der Welt verbleiben. Sie gehören heute zwar zur Weltspitze, aber diese Zugehörigkeit gegenüber den neuen Konkurrenten aufrechtzuerhalten setzt voraus, dass wir den Zugang zu höherer Bildung wirklich für jedermann ermöglichen. Das ist eine der wichtigsten Aufgaben.
Eine andere Aufgabe ist es, endlich zu begreifen, dass die alternde Gesellschaft uns zu einem weitgehenden Umbau des Arbeitsmarktes zwingen wird. Zu meiner Regierungszeit waren es durchschnittlich zwölf Jahre, in denen ein Rentner staatliche Rente bezog. Heute sind es im Durchschnitt 18,5 Jahre. Und es werden übermorgen 20 und 22 Jahre sein – Frauen mehr, Männer weniger. Und unten wachsen viel weniger junge Leute nach, welche die Renten finanzieren sollen.

Das heißt, im Sinne der Agenda 2010 muss die Lebensarbeitszeit zwangsläufig ausgedehnt werden. Ich kann aber einen 65-jährigen Omnibusfahrer der Hamburger Hochbahn nicht mit 67 weiterhin Omnibus fahren lassen; das ist den Passagieren nicht zuzumuten und ihm selber auch nicht. Er muss im Alter von 50 oder 52 Jahren umgeschult werden auf einen anderen Beruf. Das ist bisher überhaupt nicht begriffen. Wir haben wunderbare Berufsschulen, die sind in ganz Europa vorbildlich. Die werden in diesem Umfange nicht mehr gebraucht, weil nicht mehr so viele junge Leute nachwachsen. Ein Teil dieser Berufsschulen muss umgebaut werden für die Aufgabe, erwachsene Menschen, die selbst schon erwachsene Kinder haben, umzuschulen auf Berufe, die man am Schreibtisch ausüben kann.

Es kommt ein Drittes hinzu. Als ich in die SPD eintrat – das war 1946 –, waren die meisten Wähler der Volkspartei SPD Arbeiter. Heutzutage sind von hundert erwerbstätig abhängigen Deutschen nur noch 24 Prozent Arbeiter, davon ein halbes Prozent in der Landwirtschaft. Und die anderen über 70 Prozent sind Angestellte. Arbeiter können nie im Leben befördert werden, es sei denn, einer hat Glück und wird gewählter Betriebsrat, oder ein anderer hat Glück und wird Werkmeister. Die anderen bleiben das, was sie als Beruf gelernt haben, sie bleiben Facharbeiter, Gießer, Dreher, oder sie bleiben »Ungelernte«. Anders die Angestellten, diese über 70 Prozent, die werden alle im Laufe ihres Lebens befördert. Sie haben eine gewisse Karriereerwartung, das schafft eine ganz andere Mentalität. Sie kommen auch nicht auf die Idee, ihre Vorgesetzten zu duzen, wie das in der Gießerei durchaus üblich war oder in der Stahlkocherei. Es ist eine andere Welt. Die Sozialdemokratie muss das begreifen. Und es fällt ihr schwer.

Steinbrück: Das sind jetzt drei ganz dicke Brocken, Helmut, und alle drei machen der Sozialdemokratie schwer zu schaffen. Nicht jeder kann ohne weiteres begreifen, dass diese drei Themen unmittelbar zusammenhängen und gemeinsam angegangen werden müssen. Es geht um die Zukunft des Sozialstaats.

Schmidt: Ich sehe den Sozialstaat in einer langfristigen Perspektive. Die ersten Sozialversicherungszweige wurden unter Bismarck eingeführt, und zwar zu dem Zweck, den Gewerkschaften und der Sozialdemokratie das Wasser abzugraben. Als eine der letzten Taten Bismarcks, kurz vor seiner Ablösung durch Wilhelm II., wurde die sogenannte Invaliditätsversicherung, das ist die heutige Rentenversicherung, eingeführt. Damals wurde ins Gesetz geschrieben: Die erste Rente wird gezahlt mit dem 70. Geburtstag. Mit dem 70. Geburtstag war die Masse der Arbeiter zwar längst tot, aber es gab Witwen, und die kriegten ein Witwengeld. Ein Vierteljahrhundert später, in der Mitte des Ersten Weltkrieges, 1916, wurde, um das deutsche Volk bei Kriegslaune zu halten, das Rentenalter von 70 runtergesetzt auf 65. Da ist es heute offiziell immer noch. Die Sozialdemokratie selber hat dann nach dem ersten Krieg die Arbeitslosenversicherung eingeführt, sie hat den Sozialstaat ausgebaut und vertieft und ihn auf finanzielle Beine gestellt. Ich sehe nicht, dass die Unterbrechung durch die zwölf Nazijahre eine Rolle spielte, wohl aber sehe ich deutlich, dass Adenauer diese Tradition 1957 wiederaufgenommen hat – ich sage noch mal: gegen den Willen von Erhard und anderen ordoliberalen Bannerträgern.
Es bleibt dabei, dass ohne die sozialdemokratischen und andere linksdemokratische Parteien in Europa der Sozialstaat in Gefahr gerät durch die Überalterung unserer Gesellschaft. Infolgedessen ist es die verdammte Pflicht und Schuldigkeit der sozialdemokratischen Parteien und der linken Volksparteien, die Anpassung des Arbeitsmarkts und die Anpassung der Sozialversicherung an die sich ändernde Gesellschaftsstruktur

zustande zu bringen, aber bitte dabei nicht dem Irrtum zu verfallen, dass dies schon die ganze Politik ausmacht. Die traditionelle Konzentration der linksdemokratischen Volksparteien auf die soziale Sicherung hat in der Vergangenheit dazu geführt, dass sie die anderen Felder nicht mit der gleichen Sorgfalt beackert haben. Das muss anders werden.

Steinbrück: Da haben wir ein weiteres Beispiel für das reformpolitische Paradoxon, dass erkennbar nur eine sozialdemokratische oder linksdemokratische Kraft in der Lage ist, die Sozialsysteme an die Demographie anzupassen. Nur Sozialdemokraten können das, denn wenn es von rechts kommt, ist es endlosen Widerständen und dem Verdacht ausgesetzt, der Sozialstaat solle der Abrissbirne anheimfallen. Nur eine mutige Sozialdemokratie ist in der Lage, die Finanzierungsgrundlagen des Sozialstaates dem demographischen und ökonomischen Wandel anzupassen und damit seine Funktionsfähigkeit zu erhalten. Nur eine Sozialdemokratie wird erkennbar erfolgreich darin sein können, zum Beispiel das Renteneintrittsalter auf 67 zu erhöhen, weil sie die Gegenwehr aus dem Bereich der organisierten Arbeitnehmerschaft und weit darüber hinaus auffängt.

Deshalb habe ich es für falsch gehalten, dass nach der Einführung des Rentenalters mit 67 durch die große Koalition die SPD-Führung das Ganze wieder in Frage stellte und dabei übrigens den fehlerhaften Eindruck vermittelte, als ob das Renteneintrittsalter übermorgen um 17.35 Uhr auf 67 Jahre angehoben werden soll – in Wirklichkeit geschieht das stufenweise bis 2029. Ich komme zwar zu demselben Ergebnis: Wenn keine Jobs für Leute mit 66 oder 67 da sind, wird das höhere Renteneintrittsalter faktisch zu einer Rentenkürzung führen – diese Analyse auch des Parteivorsitzenden der SPD ist richtig. Aber die Antwort kann nicht eine Suspendierung der Erhöhung des Renteneintrittsalters sein, sondern die Antwort muss lauten, dass wir auch ältere Arbeitnehmer befähigen müssen, in diesem Lebensabschnitt einen Job wahrnehmen zu können. Sie haben das Stichwort bereits genannt: eventuell eine Berufsschule im Alter.

Im Sommer 2010 wurde ich von Sigmar Gabriel gebeten, auf dem Parteitag der SPD im September zu reden. Ich war sehr zurückhaltend, denn ich wäre um einige unbequeme Bemerkungen nicht herumgekommen. Nach meinem Rücktritt als stellvertretender Parteivorsitzender nach der Bundestagswahl im September 2009 hätte mein Auftritt auch missverstanden werden können nach dem Motto: Was will der denn? Aber Gabriel hat mich weiter bearbeitet, und so habe ich auf dem Parteitag geredet. Dort habe ich absichtsvoll kritisch gesagt, dass sich die SPD – in der damaligen Phase – allein auf zwei Themen reduzieren würde: Renteneintrittsalter und Hartz IV. Aber das reiche nicht. Insbesondere jüngere Menschen würden fragen: Welche inhaltlichen Angebote hat die SPD für meine Generation? Was sagt sie zur Bildungspolitik? Wie steht es um meine Berufsperspektiven? Was sagt sie zu Bürgerfreiheiten? Welche Vorstellungen hat sie europapolitisch? Aber die SPD reduzierte sich damals auf zwei oder drei Themen und machte die böse Erfahrung, dass dies für eine Volkspartei nicht ausreicht, um attraktiv zu erscheinen und neugierig zu machen.

Schmidt: Ich habe den Sozialstaat einmal die herausragende kulturelle Leistung der Europäer im 20. Jahrhundert genannt. Daran halte ich fest. Und ich bleibe dabei, dass er ohne die Sozialdemokratie gefährdet sein könnte. Was im Übrigen die Felder künftiger sozialdemokratischer Politik angeht, so ist auch in meinen Augen ein ganz wichtiger Punkt die Veränderung des gegenwärtigen Hochschulsystems in Deutschland. Wir haben fast überall Massenuniversitäten. Es ist ausgeschlossen, dass eine Massenuniversität wie die in Hamburg mit 40 000 Hörern gleichzeitig eine Elite-Universität sein kann. Das kann nur im Ausnahmefall mal glücken. Was mir missfällt, ist, dass an diesen Massenuniversitäten von hundert Studenten dreißig ihr Studium irgendwann abbrechen – aber bis dahin hat der Staat sie finanziert. Und was mir ebenso missfällt, ist, dass die Masse der Studenten, die erfolgreich abschließen, auch schon akademische Eltern haben. Oder anders ausgedrückt: Einerseits fehlt die gleiche Chance des Zugangs zu höherer Bildung für jedermann, und andererseits fehlt ein System von Zwischenprüfungen, das die Leute, die es nun wirklich nicht schaffen, rechtzeitig auf das Erlernen eines anderen Berufes verweist. Es muss ja nicht jeder ein Politologe werden.

Ich habe übrigens nichts einzuwenden gegen Studiengebühren, vorausgesetzt, dass erstens der Staat das Studium mit Bafög finanziert und dass zweitens der Empfänger von Bafög später, wenn er mal ein schönes Einkommen hat, zurückzahlt. Das ist das Prinzip, nach dem die Bucerius Law School in Hamburg funktioniert: die Studierenden später zurückzahlen zu lassen. Diejenigen allerdings, die bei den Zwischenprüfungen zweimal durchfallen, gehören exmatrikuliert. Dass wir sie durchschleppen und uns damit letztlich eine Schicht schaffen von Studierten, die im Grunde unzufrieden sind mit dem weiteren Verlauf ihres Lebens, halte ich für eine ziemlich teure – für die Steuerzahler ziemlich teure – und psychologisch für die Gesellschaft abträgliche, in Einzelfällen sogar gefährliche Entwicklung.

Steinbrück: Es fängt früher an. In Deutschland gehen pro Jahr ungefähr 60 000 bis 70 000 Jugendliche ohne Abschluss von der Schule. Sie sind die wahrscheinlichen Verlierer auf dem Arbeitsmarkt. Wir haben viele, die keinen Berufsabschluss erzielen – sie sind die künftigen Empfänger von Sozialleistungen. Die Studienabbrecher und Bummelstudenten – von denen einige allerdings gezwungen sind, neben dem Studium ihren Lebensunterhalt zu verdienen – belasten zweifellos Steuerzahler und Abgabenzahler. Das Problem ist, dass die SPD in allen Landtagswahlkämpfen mit der Abschaffung der Studiengebühren auch zur Beseitigung sozialer Nachteile geworben hat. Das von Ihnen skizzierte System der Studiengebühren, das sogenannte nachgelagerte System, hat eine gewisse Attraktivität, wenn es funktioniert. Ich halte es in der Tat nicht für abwegig, denjenigen, die ihr Einkommen dank eines öffentlich finanzierten Studiums erzielen, einen gewissen Beitrag abzuverlangen, der zur Hochschulfinanzierung herangezogen wird. Die Erhebung von Gebühren im laufenden Studium hat einen sozial ausgrenzenden Charakter.

Schmidt: Wir sollten auch die andere Seite in die Pflicht nehmen. Alle möglichen Industrieverbände klagen zurzeit darüber, dass sie kein Fachpersonal auf dem Arbeitsmarkt finden. Und sie plädieren öffentlich hörbar dafür, dass man die Leute aus dem Ausland holt. Was mir völlig fehlt, ist die Einsicht der Unternehmer – insbesondere ihrer Arbeitsdirektoren und Personalchefs –, dass sie selber die Leute ausbilden müssen. Es steckt in den heutigen drei Millionen Arbeitslosen eine ganze Menge an Intelligenz und Fähigkeiten, die nicht ausgeschöpft werden. Ich will mich nicht damit abfinden, dass man diese Menschen als Prekariat abschreibt, ein neues Schlagwort, das ich ablehne, weil es so tut, als wäre das unabänderlich.
Und da muss ich meinen Sozialdemokraten doch noch einen Satz ins Stammbuch schreiben: Wir müssen aufpassen, dass wir aus dem Sozialstaat nicht eine allgemeine soziale Hängematte werden lassen. Wenn Sie in Dänemark arbeitslos sind – das nehme ich als Beispiel – und gehen zum Arbeitsamt und die Frau im Arbeitsamt sagt: Ich habe hier einen Job für Sie, und der da vor ihr sitzt, sagt: Nein, das möchte ich nicht, das habe ich nicht gelernt, oder er sagt: Das möchte ich nicht, das

ist ja in einem anderen Ort, oder er sagt: Das möchte ich nicht, da verdiene ich ja weniger als in meinem alten Beruf – dann schickt sie ihn nach Hause und sagt: Kommen Sie in vier Wochen wieder. Wenn er sich in vier Wochen wieder so verhält, kriegt er weniger Geld. Infolgedessen haben wir in Dänemark eine relativ geringe Arbeitslosigkeit. Vier Prozent hätten wir früher für Vollbeschäftigung erklärt; laut John Maynard Keynes waren vier Prozent Arbeitslosigkeit gleich Vollbeschäftigung.

Steinbrück: Das dänische Beispiel spiegelt sich wider in der Philosophie der Agenda 2010, die da lautet: Fördern und Fordern. Es kann sein, dass wir im Fördern nicht gut genug und im Fordern nicht konsequent genug sind. Was in keinem Fall geht, ist, dass man über die Addition von Transfereinkommen ein höheres Familieneinkommen haben kann, als wenn man Vollzeit arbeitet. Ich plädiere stark dafür, dass das Lohnabstandsgebot in jedem Fall zu erfüllen ist; das heißt, diejenigen, die auf einem Vollzeitjob arbeiten, müssen mehr in der Tasche oder auf dem Konto haben als diejenigen, die soziale Transfers der Solidargemeinschaft beziehen. Die Haltung der SPD dazu ist mir manchmal zu indifferent. Ich möchte da eine ganz klare Haltung einnehmen. Damit nicht im achten Stock irgendwo in Dortmund-Huckarde einer morgens um 7 Uhr auf Maloche geht und angemacht wird nach dem Motto: Du bist ja bescheuert, dass du arbeiten gehst, ich guck mir jetzt Frühstücksfernsehen an – und hab trotzdem mehr Cash in de Täsch als du. Damit würden falsche Anreize gesetzt.
Etwas vorsichtiger wäre ich mit dem Bild von der sozialen Hängematte. Schon deshalb, weil man damit auch Leute trifft, die überhaupt nicht da hinwollen und da auch nicht hingehören. Dass in Deutschland heute wieder von einer sozialen Unterschicht gesprochen wird, halte ich für eine schlimme Entwicklung. Sie haben gerade den Ausdruck »Prekariat« auf-

gegriffen. Darunter versteht man nicht nur schwerstvermittelbare Arbeitslose, sondern zunehmend auch »atypisch« über Leiharbeit, Zeitarbeit und befristete Verträge schlecht bezahlte Beschäftigte. Ihr Anteil wächst, und da droht die Spaltung des Arbeitsmarktes. Darin liegt sozialer Sprengstoff, meines Erachtens sogar eine Gefahr für die Demokratie, weil sich die Betroffenen abwenden.

Schmidt: Das Ganze hängt natürlich auch zusammen mit der Einwanderung aus fremden Zivilisationen. Die Einwanderung aus uns vergleichbaren, ähnlichen Zivilisationen wie Polen, Kroatien oder Slowenien oder Portugal verläuft ohne sonderliche Komplikationen. Die Einwanderung von Menschen aus dem östlichen oder dem kurdischen Teil Anatoliens oder aus Algerien verläuft oft sehr viel schwieriger. Das Problem kulminiert in Großstädten, insbesondere in Berlin. Es ist ein Irrtum gewesen, von »Gastarbeitern« zu reden. Ludwig Erhard, der die Anwerbung in Gang gesetzt hat, wollte den deutschen Lohnanstieg bremsen. Das Motiv war nachzuvollziehen, wenngleich es in meinen Augen ein schlechtes Motiv war. Aber Erhard hat sich geirrt: Viele waren keine Gastarbeiter, sondern sie blieben hier und ließen sich von ihren Eltern eine junge Frau aus Ost-Anatolien vermitteln, und die kriegten zusammen Kinder, und zwar mehr Kinder als nebenan die deutsche Familie. Inzwischen haben wir sieben Millionen Ausländer, alle mit sogenanntem Migrationshintergrund. Ein erheblicher Teil hat keinen Beruf gelernt – und ist deswegen schwer vermittelbar. Und wird deswegen zur sozialen Unterschicht gerechnet.
Wir müssen begreifen und dann bekennen und dann die Konsequenzen ziehen aus der Tatsache, dass wir Deutschen als Gesamtgesellschaft in Bezug auf die Integration eines erheblichen Teils der Zuwanderer unzureichend geantwortet haben. Wir sind nicht die Einzigen, die unzureichend geantwortet haben; die gleichen Probleme gibt es in Norwegen, in Dänemark,

in Schweden, in Holland, in Frankreich sowieso, aber das erleichtert die Sache nicht. Es gehört zu den wichtigsten innenpolitischen Aufgaben der nächsten Jahrzehnte, diese Zuge-
wanderten wirklich in die Gesellschaft zu integrieren; und
dazu gehört der Kindergarten, dazu gehören die Schule und
die Lehre, dazu gehört die höhere Schule, und dazu gehört die
Hochschule. Sie müssen die Chancen bekommen, die sie zurzeit nicht haben.

Steinbrück: Das gilt allerdings nicht nur für Menschen mit
Migrationshintergrund. Vor ein paar Jahren habe ich irgendwann zwischen Weihnachten und Neujahr einen Radiobericht
im WDR gehört, in dem es um einen Libanesen ging, der die
deutsche Staatsbürgerschaft erlangen wollte und offensichtlich durch die Sprachprüfung geflogen war. Der Libanese
sprach wie wir: Subjekt, Prädikat, Objekt. Er hatte, glaube ich,
drei Kinder, zwei auf der Realschule, eines im Gymnasium,
aber er bekam die deutsche Staatsbürgerschaft nicht. Die sehr
findige Reporterin hat sich nach dem Interview mit ihm auf-
gemacht und versucht herauszufinden, wie Deutsche denn
so reden und wie sprachgewandt sie sind. In einem Zoo im
Ruhrgebiet traf sie eine deutsche Mutter mit ihrer vier- oder
fünfjährigen Tochter und nahm folgenden Satz auf: »Jakke-
line, mach dem Mäh ma ei.« Die Übersetzung lautet: Jacque-
line, streichle mal das Schaf. Ein kleines Mädchen mit dieser
Sprachkompetenz ist bereits in der ersten Schulklasse die Ver-
liererin. Das heißt, das Thema Integration, Bildungsöffnung
stellt sich in meinen Augen nicht vor irgendwelchen rassi-
schen oder religiösen Hintergründen, sondern erstreckt sich
genauso auf jenen Teil der deutschen Bevölkerung, der ganz
ähnlichen Schwierigkeiten beim Zugang zu Bildungseinrich-
tungen ausgesetzt ist wie Menschen mit Migrationshintergrund. Das ist der Fehler an dem Sarrazin-Buch. Seine Analyse
der Integrationsprobleme wird von Fachleuten weitestgehend

geteilt. Wenn er es bei dieser Analyse belassen hätte, dann hätte sein Buch einen sehr viel stärkeren Glaubwürdigkeitscharakter gehabt.

Schmidt: Er hätte vor allem die Gene beiseitelassen müssen.

Steinbrück: Da wir schon bei den heißen Themen sind, Helmut, würde ich an dieser Stelle gern etwas zum Mindestlohn sagen. Hier habe ich unter dem Eindruck der zunehmenden Spaltung des Arbeitsmarktes meine Haltung in den letzten Jahren geändert. Ich war vorher ein Skeptiker gegenüber dem Mindestlohn – inzwischen bin ich ein Befürworter eines gesetzlichen Mindestlohnes. Ich war früher durchaus aufgeschlossen für weitere Flexibilisierungen des Arbeitsmarktes gerade auch bei Dienstleistungen – und bin heute skeptisch gegenüber Versuchen, die in einer sich ohnehin rasant verändernden Welt zu immer weiterer Auflösung von Strukturen und Regeln beitragen. Es muss ein paar Konstanten geben, es kann nicht sein, dass gerade Menschen am unteren Einkommensrand immer weiter verunsichert werden. Was dort stattfindet an Unsicherheit, nimmt in einem Ausmaß zu, das die demokratische Substanz dieser Gesellschaft verändert. Inzwischen bekommen ungefähr 40 Prozent der 18- bis 24-Jährigen nur noch einen Job über den Umweg eines Praktikums, das überwiegend unbezahlt ist, und einige absolvieren sogar mehrere Praktika. Was heißt es für diese Generation von jungen Männern und Frauen, die gut qualifiziert sind, dass sie sich erst einmal ausbeuten lassen müssen über Praktikumsplätze, um dann – möglicherweise – einen befristeten Arbeitsvertrag zu bekommen?

Schmidt: Peer, haben Sie nur die jugendlichen Praktikanten im Auge, oder haben Sie zugleich im Auge die sogenannten

Leiharbeiter, die von einer Beschäftigungsfirma an die Firmen X und Y und Z ausgeliehen werden?

Steinbrück: Auch die. Ich habe im Prinzip durchaus nichts gegen Leiharbeit, aber die Möglichkeit der Leiharbeit ist zunehmend missbraucht worden; und zwar breitet sie sich nicht nur in den Unternehmen selbst aus, sondern große Unternehmen gründen auch juristisch unabhängige Tochterfirmen, in die sie einen Teil ihrer Belegschaft versetzen; damit gehen sie aus dem Tarifvertrag raus und beschäftigen ihre Leute fortan entweder außerhalb des Tarifvertrages oder als Leiharbeiter zu teilweise skandalösen Konditionen. Wenn sich das fortsetzt, werden die Abstiegsängste noch viel stärker zunehmen. Und diese Menschen sind für den Staat verloren, sie erwarten von der Politik nichts mehr, sie erwarten von staatlichen Einrichtungen nichts mehr, sondern sie sagen sich nur: Wir sind die Verlierer in diesem Prozess der Flexibilisierung und Auflösung aller Strukturen. Und das wird eine Gesellschaft irgendwann, wie ich glaube, zerreißen.

Ich will Leiharbeit als Instrument, Spitzenlasten auszugleichen, nicht verbieten, aber ich will, dass zwei Bedingungen eingezogen werden. Erstens: Jedes Unternehmen darf nur einen bestimmten Prozentsatz seiner Gesamtbelegschaft über Leiharbeit beschäftigen. Zweitens: Equal Pay – gleiche Bezahlung. Leiharbeiter sollen in kürzester Zeit dieselben Löhne bekommen wie die Stammbelegschaft. Es wird immer einige geben, die über Leiharbeit beschäftigt sein wollen, und den Unternehmen hilft die Leiharbeit, Auftragsspitzen und konjunkturelle Täler auf diese Weise auszugleichen. Deshalb bin ich nicht im Prinzip gegen Leiharbeit, aber nahezu die Hälfte einer Belegschaft als Leiharbeiter zu beschäftigen, das halte ich für völlig unverantwortbar.

Schmidt: Das Prinzip des Mindestlohns und das Prinzip der tarifarisch, obrigkeitlich festgelegten, aber in Wirklichkeit zwischen zwei Monopolisten, nämlich Arbeitgeberverband und Gewerkschaft, ausgehandelten Löhne beißen sich gegenseitig. Insgesamt tragen beide Prinzipien zur Unbeweglichkeit der Löhne bei. Es ist ein paar Jahre her, dass ich mich mit dem Thema Mindestlohn beschäftigt habe. Denn ich fühlte mich da ganz unsicher. Der Mindestlohn muss einerseits deutlich höher sein als Hartz IV, er darf andererseits nicht allzu weit entfernt sein von der niedrigsten Klasse des Tariflohns.

Steinbrück: Einverstanden.

Schmidt: Das heißt, es ist eine sehr schmale Marge, in der er sich bewegt.

Steinbrück: Ja, wahrscheinlich zwischen 7,50 und maximal 9 Euro pro Stunde. Sie haben völlig recht, er darf nicht in der untersten Tariflohngruppe Metall oder Chemie sein. Und er darf zweitens, bezogen auf die Produktivität, nicht so hoch sein, dass letztlich die Kosten nicht verdient werden können. Er muss also in etwa sich orientieren an der durchschnittlichen Produktivität einer Branche, weshalb ein branchenspezifischer, vielleicht sogar regionalspezifischer Mindestlohn eigentlich besser wäre als ein allgemeiner gesetzlicher Mindestlohn. Das wäre die Optimallösung. Aber da es darüber enorme Abgrenzungsprobleme, Unsicherheiten und ein hohes Streitpotenzial gäbe, ergo keine Fortschritte, bin ich für den gesetzlichen Mindestlohn. Zwar ist der Hinweis, dass von den 27 EU-Ländern 22 oder 23 Mindestlohnbestimmungen haben, noch nicht erkenntnisfördernd, weil sich die Mindestlohnsysteme international deutlich unterscheiden. Aber er ist immerhin ein Argument, das Thema zu enttabuisieren. Es wird ja von einigen so getan, als ob mit Einführung des Mindestlohns die Wirtschaft zusammenbricht und eine Entlassungswelle übers Land rollt. Das ist alles Blödsinn!

Schmidt: Ich habe noch ein anderes Problem, was den Arbeitsmarkt angeht, ein grundsätzliches. Ich bezweifle, dass es vernünftig ist, den beiden Monopolisten – sprich: Arbeitgeberverband und Gewerkschaft – von Gesetzes wegen eine Monopolposition einzuräumen.

Steinbrück: Das wäre die Aufhebung der Tarifautonomie.

Schmidt: Ich bin für die Tarifautonomie, aber ich zweifle an der gesetzlichen Bestimmung, dass der Bundesminister für Arbeit und Soziales das Recht und die Pflicht hat, einen geschlossenen Tarifvertrag nachträglich für allgemeinverbindlich zu erkennen. Das ist der Gegenstand meines Zweifels. Und dann diese Sucht, alles zu regulieren! Als ich mich einmal – das liegt einige Jahre zurück – mit Lohntarifverträgen und Manteltarifverträgen beschäftigt habe, fand ich durch Zufall heraus, dass im Land Niedersachsen allein vier verschiedene Tarifverträge für das Friseurhandwerk für allgemeinverbindlich erklärt worden waren, für vier verschiedene Tarifbezirke vier verschiedene Löhne. Daraufhin habe ich mich erkundigt, ob es auch für Hamburg so einen Tarifvertrag gab. Ja, gab es. Dann habe ich die Friseure gefragt, den einen in der Hermannstraße und den anderen, bei dem ich heute bin. Der eine hat gesagt, für das Geld kriege ich hier überhaupt keinen, ich muss viel mehr zahlen. Der andere hat gesagt: Wie komme ich dazu, einen solch riesenhaften Lohn zu zahlen? Keiner hat den für allgemeinverbindlich erklärten Tarif befolgt. Diese Sucht, alles und jedes zu regulieren, lädt dazu ein, den Tarifeur, der den Tarif zum Gesetz macht, zu hintergehen.

Steinbrück: Da ist was dran. Aber die angestellten Friseure sind kein gutes Beispiel. Weil sie schlecht verdienen, sollten sie entsprechend viel Trinkgeld kriegen. Bei meinem steht ein dickes Sparschwein neben der Kasse, und was ich da reinschmeiße, wird an die Mitarbeiter verteilt.

Schmidt: Um es noch einmal klar zu sagen, ich bin keineswegs gegen die Tarifautonomie, im Gegenteil. Aber das Schlagwort wird auch dazu benutzt, die Monopolstellung der Gewerkschafts- und der Arbeitgeberzentralen zu untermauern. Weil ich für die Tarifautonomie bin, bin ich auch dafür, dass es Unternehmenstarife geben darf.

Steinbrück: Tut es ja auch.

Schmidt: Nicht durchgängig. In der Chemie zum Beispiel gibt es keine Unternehmenstarife.

Steinbrück: Das ist nun allerdings die vernünftigste Gewerkschaft der Welt, die IGBC.

Schmidt: Ja, das unterschreibe ich.

Steinbrück: Ich war früher in der IG Metall, und dann habe ich eines Tages den Kanal voll gehabt – für sozialdemokratische Positionen immer wieder von denen verbal verprügelt zu werden! Teile der IG Metall haben massiv gegen uns Dampf gemacht und einige ihrer Verwaltungsstellen der Linkspartei geöffnet.

Schmidt: Dass die Gewerkschaftszentrale und einige Unterzentralen der IG Metall sich für politisch berufen gefühlt haben, zum Beispiel die Partei der Linken ins Leben zu rufen, zum Beispiel die Politik der Regierung, der Sie angehört haben, zu unterminieren, war in meinen Augen skandalös. Teile der IG Metall haben da einen politischen Einfluss ausgeübt, der ihnen nicht zustand.

Steinbrück: Dem widerspreche ich nicht. Das war einer der Gründe, warum ich da ausgetreten und in die IGBC eingetreten bin.

Schmidt: Ja, ein Einfluss, der ihr wirklich nicht zustand. Zu dem sie auch nicht legitimiert war durch irgendeine Volksabstimmung oder eine Parlamentsabstimmung. Ich habe Zweifel, was die IG Metall angeht. Wir haben Glück, dass wir in Berthold Huber zurzeit jemanden haben, der Augenmaß hat und über die Interessen seiner Gewerkschaftskollegen hinausdenkt. Da kommt demnächst allerdings wieder ein Wechsel. Man kann sich nicht vorstellen, was auf den Gewerkschaftsschulen der IG Metall an Klassenkampfparolen verbreitet worden ist. Da ist eine Machtposition entstanden, die einen mit Besorgnis erfüllen kann.

Steinbrück: Ich habe mitgekriegt, wie die IG Metall und die ver.di-Leute 2003, 2004, 2005 gegen uns mobilgemacht haben –

Schmidt: Ich bin immer noch Mitglied bei ver.di, ich zahle Rentnerbeiträge –

Steinbrück: Das hätte ich nicht gedacht!

Schmidt: Es besteht gar kein Zweifel, Peer, dass die Gewerkschaften eine stabilisierende Rolle gespielt haben im Laufe der letzten sechzig Jahre, gar kein Zweifel. Aber! Zum Beispiel heute vor 35 Jahren, etwas mehr, habe ich erlebt, wie ein Gewerkschaftsboss – damals ein Freund von mir, Heinz Kluncker – den Willy Brandt genötigt hat, und zwar mit Erfolg. Die tatsächliche Lohnerhöhung für den öffentlichen Dienst von einem Jahr zum anderen lag, richtig ausgerechnet, über 13 Prozent, völlig verrückt. Ich war Finanzminister und musste das ertragen, musste es auch bezahlen. Ein Jahr später war ich Regierungschef, und Heinz Kluncker kam zu mir und sagte: »Helmut, ich verlange 15 Prozent.« – Und ich sagte gleich zu ihm: »Du kannst mich am Arsch lecken!« So drastisch haben wir uns unterhalten. Wir kannten uns seit 1946. Und dann sagte er: »Dann lass ich die Mülltonnen ungeleert auf den Straßen stehen.« Da habe ich gesagt: »Dann gehe ich ins Fernsehen und sage dem deutschen Volk, dass du das Oberschwein bist, das für diese Sauerei auf den Straßen verantwortlich ist. Dann wollen wir mal sehen, wer sich durchsetzt.« Ich habe mich unnachgiebig verhalten, er hat nachgegeben. Wenn er nicht nachgegeben hätte, weiß der Kuckuck, was daraus entstanden wäre. Das heißt, die Machtposition eines Gewerkschafters an der Spitze von ver.di oder IG Metall geht über das hinaus, was die Verfassung, was das deutsche Grundgesetz unter dem Gesichtspunkt der Rechte des Einzelnen den Bürgern zubilligt.

Steinbrück: Das sind die zwei Seiten einer Medaille. Erstens: Sie haben recht, dass die Gewerkschaften und Betriebsräte in den letzten Jahren enorm stabilisierend gewirkt haben; sie haben es knurrend sogar hingenommen, dass darüber die reale Lohnentwicklung für einen bestimmten Teil der Arbeitnehmerschaft negativ gewesen ist. Ich komme deshalb zu dem Ergebnis, dass die Gewerkschaften mit Blick auf die jetzige Lage jede Unterstützung verdienen, ihren Arbeitnehmerinnen und Arbeitnehmern höhere Löhne zu verschaffen, die den tatsächlichen Produktivitätsfortschritt in der jeweiligen Branche plus einen Inflationsausgleich widerspiegeln müssen. Das ist vollkommen in Ordnung. Das ist ihre Forderung, mit der sie antreten müssen und die ich für meinen Teil – unter Anerkennung der Tarifautonomie – auch immer unterstützen würde.

Aber auf der anderen Seite verträgt es sich nicht mit meinen Vorstellungen von einer stolzen SPD, dass sie als Verwandte von manchen Gewerkschaftsvertretern nicht selten stärker angegriffen oder kritisiert wird als die CDU/CSU. Ich bin Leidtragender gewesen, ich habe mitgekriegt, wie sie uns 2003 und in den darauffolgenden Jahren bei 1.-Mai-Veranstaltungen angegangen sind. Ich werde nie vergessen, wie sie mobilisiert haben gegen Schröder und Clement und mich und mir meinen Landtagswahlkampf in Nordrhein-Westfalen aufgemischt haben. Ich habe erlebt, wie manche Gewerkschaftsvertreter in den SPD-Gremien und im Gewerkschaftsrat massiv das Wort erhoben – und dann im Kanzleramt gegenüber Frau Merkel von einer ausgesuchten Höflichkeit und fast nicht zu verstehen waren. Zu dieser Zeit haben sich auf einem DGB-Bundeskongress einige Delegierte demonstrativ mit dem Rücken zur Bühne gestellt, als Franz Müntefering sprach.

Schmidt: Was ich auch nicht vergessen kann – wie gesagt, ich zahle immer noch meine Gewerkschaftsbeiträge –, was ich auch nicht vergessen kann, ist der Umstand, wie einige hochgestellte Gewerkschaftsfunktionäre die ihnen anvertrauten Unternehmen ruiniert haben: zuerst die Bank für Gemeinwirtschaft, dann die Neue Heimat, zuletzt die Großeinkaufsgesellschaft GEG und die Spitzenorganisation der Konsumgenossenschaften.

Steinbrück: Damit sind wir wieder bei einem Mann, über den wir schon gesprochen haben. Derjenige, der den Laden gerade noch gerettet hat, nämlich die Holding der Gewerkschaftsunternehmen, war kein anderer als Hans Matthöfer. Ohne ihn wäre die BGAG völlig abgeschmiert. Übrigens ein alter IG-Metaller.

Schmidt: Auf den Hans Matthöfer konnte man sich verlassen, ein wunderbarer Kerl. – Ich muss noch eine Anmerkung zu der stabilisierenden Bedeutung der Gewerkschaften machen. Unser sozialer Friede hängt auch damit zusammen, dass sich ein deutscher Bundeskanzler natürlich mit den Gewerkschaftern und den Unternehmern und Arbeitgebern an den gemeinsamen Abendbrottisch setzt und man sich auf gleicher Augenhöhe gegenübersitzt. Es hängt auch damit zusammen, dass wir ein Betriebsverfassungsgesetz und Betriebsräte haben. Es hängt auch damit zusammen, dass wir ein Mitbestimmungsgesetz haben, das die Besetzung der Aufsichtsräte von Kapitalgesellschaften regelt. All das hat eine Atmosphäre geschaffen, die im Vergleich zu Amerika oder England unvergleichlich viel friedlicher ist. Dazu kommt die soziale Sicherung durch die verschiedenen Zweige der Sozialversicherung.

Und es kommt noch etwas hinzu, was man von außen nicht so leicht erkennt. Das ist der Umstand, dass, wenn es um Existenzfragen eines Unternehmens oder eines Teils des Unternehmens geht, in aller Regel der gewählte Betriebsrat besser Bescheid weiß und die Interessen seiner Belegschaft und damit seines Unternehmens besser beurteilen kann als der zuständige hauptamtliche Gewerkschaftsfunktionär, der neben ihm im Aufsichtsrat sitzt. Der Gewerkschaftsfunktionär hat eine wesentlich bessere Ausbildung, was das Reden angeht. Der Betriebsrat kann meistens nicht so gut reden wie der Gewerkschaftsvorsitzende, aber in der Sache hat er meistens viel mehr recht. Und wenn irgendwo ein Konflikt entsteht zwischen dem Vorstand einer Aktiengesellschaft und seinem Betriebsrat, dann hat in 75 Prozent der Fälle der Betriebsrat recht und nicht der Vorstand.

Steinbrück: Ich habe drei oder vier Fälle erlebt, wo Unternehmen abzustürzen drohten und als Erste die Betriebsräte bei mir waren – und dann erst der Vorstand. Die Betriebsräte waren vor dem Vorstand da und sagten mir: Das Unternehmen droht kaputtzugehen, was können wir tun? Besonders ein Fall hat mich emotional mitgenommen, das war eine kleinere Werft in Kiel. Da kam der Betriebsrat zu mir und sagte: Wir sind in vier oder fünf Monaten illiquide, und dann folgt ziemlich schnell die Insolvenz. Wir wollen unsere Arbeitsplätze retten, wir brauchen eine Kapitalzufuhr; wir haben unsere Belegschaft gefragt, und die ist bereit, von ihren Sparkonten Geld bereitzustellen, um das Unternehmen mit Liquidität zu versorgen. Da habe ich fast Tränen in den Augen gehabt. Ich habe dringend abgeraten. Ich habe gesagt: Ihr seid wohl verrückt, stellt euch vor, ihr gebt eure Spareinlagen, um die Liquiditätszufuhr eures Unternehmens zu fördern, und anschließend klappt das nicht, und alle eure Spareinlagen sind weg. Das waren Betriebsräte!

Schmidt: Ich habe einen Riesenrespekt vor der Leistung der Betriebsräte im Laufe der letzten fünfzig Jahre. Ich habe durchaus Respekt vor der Leistung der Gewerkschaften, aber die Betriebsräte, die sind für mich unendlich viel wichtiger.

■ ■ ■

Steinbrück: Ich habe mir für diese Gesprächsrunde ein Stichwort notiert: die Parteiaktivitas. Es geht – lassen Sie uns das Wort gelassen aussprechen – um Parteifunktionäre. Solche Funktionäre, die in der Lage sind, die eigene Partei zu mobilisieren, sind eine notwendige Bedingung, um die Partei buchstäblich am Laufen zu halten und zum Beispiel einen Wahlkampf zu gewinnen – eine notwendige Bedingung, eine hinreichende sind sie nicht. Ich habe dieses Stichwort deshalb notiert, weil ich nach manchen kritischen Bemerkungen über die Mentalitäten und Interessen dieser Funktionärsebene gescholten wurde, was ich akzeptiere.

Ich will nicht dahingehend missverstanden werden, dass ich die Arbeit der Parteifunktionäre nicht zu würdigen weiß, dass ich auf Distanz gehe, geschweige denn in eine Geringschätzung falle. Mir ist sehr bewusst, dass man erhebliche Kräfte braucht, um die eigene Partei hinter sich zu scharen und eine Kampagne zu gestalten mit einer hohen Durchschlagskraft. Der Punkt ist nur, dass manche Teile der SPD darüber das Ziel aus den Augen verlieren, nämlich über die Grenzen der SPD hinaus in Wählermilieus und Gesellschaftsschichten vorzustoßen, die sich nicht überzeugen lassen durch sozialdemokratische Korrektheit oder gar Rechthaberei. Man ist in einem Spagat: Diejenigen, die der Partei am engsten verhaftet sind, können sie auch am besten mobilisieren, haben aber eine geringere Reichweite in breite Wählermilieus. Und diejenigen, die umgekehrt eine größere Reichweite in die Wählerschaft haben, scheinen weniger in der Partei verhaftet und verwirren sie vielleicht sogar mit der einen oder anderen intern schwer verdaulichen, aber extern positiv registrierten Stellungnahme. Hier liegt für mich eine Schlüsselfrage für den nächsten Bundestagswahlkampf.

Schmidt: Ich weiß, wovon Sie sprechen, Peer. Es liegt einige Jahrzehnte zurück, dass ich als Regierungschef mich weniger auf die Delegiertenkörper unserer Partei stützen konnte – zumal sie zunehmend in Flügel zerfielen – als vielmehr auf die öffentliche Meinung des wählenden Publikums und auf die eigene Bundestagsfraktion. Beide waren stärker auf das gemeinsame öffentliche Wohl orientiert; die Funktionäre waren zum Teil stärker auf das Wohl der Partei und ihre persönliche Stellung innerhalb der Partei ausgerichtet.

Ich will in diesem Zusammenhang auf ein Phänomen aufmerksam machen, das es in früheren Jahrzehnten in diesem Ausmaß nicht gegeben hat: Die Finanzierung der politischen Parteien spielt leider Gottes für das Ergebnis eines Wahlkampfs heute eine größere Rolle als früher, und die Finanzierung ist in viel höherem Maße als früher eine aus der Kasse des Staates und des Steuerzahlers – die sogenannte Wahlkampfkostenerstattung. Ungefähr achtzehn oder zwanzig Parteien haben im letzten Bundestagswahlkampf ihre Wahlkampfkosten aus der Steuerkasse erstattet bekommen, obwohl sie keinen einzigen Abgeordneten in den Bundestag haben entsenden können. Letzteres schadet nichts, nur um das Geld des Steuerzahlers ist es schade.

Was schlimm ist: dass die Wahlkampfkostenerstattung in die Kasse der Parteizentralen fließt. Alle Parteizentralen sind heutzutage große Think-Tanks geworden – übrigens nicht mit erstklassigem Personal besetzt. Sie haben eine ganz große Einflussmacht auf die Politik – zum Beispiel des Landes Schleswig-Holstein oder des Landes Hamburg oder des Landes NRW. Die Macht der Parteizentralen ist heute unendlich viel größer als etwa zu Zeiten von Erich Ollenhauer und Konrad Adenauer oder auch noch zu Zeiten von Willy Brandt und Rainer Barzel – weil sie über Geld und über Stellen verfügen. Es kommt hinzu, dass auch die sogenannten parteinahen Stiftungen – Adenauer-Stiftung, Ebert-Stiftung und so weiter – aus der Steuerkasse finanziert werden. Sie sind in Wirklichkeit Dependancen der Parteizentralen. Dagegen ist nichts zu sagen, wohl aber ist zu fragen, ob die Finanzierung der politischen Parteien aus der Staatskasse Sinn macht.

Wir haben in Amerika eine ähnliche Entwicklung, aber da spielt immer noch die private Finanzierung – übrigens ziemlich korrupt – eine riesenhafte Rolle. In Deutschland, muss ich sagen, wäre mein Ideal ein ganz anderes. Mein Ideal wäre: Erstens: Parteien leben von den Beiträgen ihrer Mitglieder –

Steinbrück: Dann sind sie kaputt.

Schmidt: Zweitens: Spenden sind nicht steuerlich absetzbar, und drittens, Spenden durch juristische Personen, also Vereine, Verbände oder Firmen, sind unzulässig.

Steinbrück: Dann können Sie keine Partei mehr finanzieren, Helmut.

Schmidt: Dann kann man keine Partei mehr finanzieren, dann muss jede Partei von ihren Parteibeiträgen, vor allem aber aus ihrer geistigen Substanz leben –

Steinbrück: Wie soll das denn funktionieren? Wenn sich Parteien ausschließlich –

Schmidt: Nicht plötzlich, nicht von heute auf morgen. Nun lassen Sie doch auch mir einmal eine Vision!

Steinbrück: Gut. Aber die Vorstellung, dass die Parteien sich ausschließlich aus ihren Mitgliederbeiträgen finanzieren sollen, führt zum Zusammenbruch des Parteiensystems, zumal die Parteien Mitglieder verlieren, und zwar nicht nur, weil sich die Leute empört davonmachen, sondern auch, weil die Demographie dazu beiträgt, dass ihnen die Mitglieder wegsterben. Ich kann nicht erkennen, dass eine reine Mitgliedsbeitragsfinanzierung funktioniert. Was die Machtposition der Parteiapparate, der Parteizentralen betrifft, kann ich Ihren Standpunkt nachvollziehen. Mir wäre es lieber, wenn die Fraktionen in den Parlamenten gegenüber den Parteizentralen aufgewertet werden würden, weil sie gewählte Vertreter sind.

Schmidt: Richtig. Nun sind allerdings die Fraktionen heutzutage finanziell auch ganz gut ausgestattet. Das erlaubt es ihnen auch, einen erheblichen, aber notwendigen Apparat an Hilfspersonal, Assistenten und dergleichen aufrechtzuerhalten.

Steinbrück: Auch Ihre Vorstellung, dass Parteispenden nicht steuerlich absetzbar sein sollten, stößt bei mir auf tiefe Skepsis. Dann sind die Parteien umso mehr von großen Spenden abhängig, mit denen natürlich ein Lobbyeinfluss verbunden ist, den ich für hochproblematisch halte. Im Übrigen würden davon die Parteien profitieren, die eine größere Affinität zu finanzkräftigen Spendern haben, und dazu gehört garantiert nicht die SPD, sondern dazu gehören CDU/CSU und – völlig unverhältnismäßig – die FDP. Ich bin jedes Mal aufs Neue geschockt, wenn ich die Summen der ausgewiesenen Spenden für die Parteien sehe, die ja ab einer Summe von 10 000 Euro veröffentlichungspflichtig sind, und feststelle, dass diese kleine FDP, die im Augenblick bei fünf Prozent ums Überleben kämpft, mindestens im Jahr 2009 ein höheres Spendenaufkommen hatte als die gesamte SPD. Dann weiß ich, welche Abhängigkeiten wirtschaftlicher Art entstehen können, wenn es nicht eine Art Grundfinanzierung des Parteiensystems gibt.

Schmidt: Die großen Spender sind meistens juristische Personen, Aktiengesellschaften oder sogenannte Vereinigungen und Verbände. Deshalb war ja meine dritte Forderung, solche Spenden zu verbieten. Ich gebe zu, ich habe meine Bemerkungen eingeleitet mit den Worten, das sei mein Ideal, aber ich bleibe bei dem Ideal. Das Ideal war verwirklicht in den fünfziger Jahren, bis in die sechziger. Die Sozialdemokratische Partei Deutschlands wurde in den fünfziger Jahren fast ausschließlich finanziert durch Mitgliedsbeiträge.

Steinbrück: Ja, aber da schwankte die Mitgliederzahl auch zwischen 600 000 und 800 000. In Ihrer Zeit als Kanzler gelang dann sogar der Sprung über eine Million Mitglieder. Aber Parteien sind zunehmend auch zu Unternehmen mit gestiegenem Aufwand geworden, so wie Bundesligaklubs inzwischen auch

Unternehmen sind – die müssen wirtschaften. Es ist mir ein Buch mit sieben Siegeln, wie denn schrittweise ein Weg zu Ihrem Ideal gefunden werden könnte.

Schmidt: Heutzutage richten sich die Parteizentralen bequem ein, jede hat ihre eigene Meinungsforschungsinstitution, jede beschäftigt ihre eigenen Werbefirmen. Früher haben wir Plakate selbst gemalt. Ich weiß noch, wie wir 1946 auf dem Fußboden knieten, Loki und ich, und Plakate gemalt haben für Veranstaltungen meiner Partei in Hamburg-Neugraben und Hamburg-Hausbruch. Junge Leute haben Plakate geklebt und Pamphlete ausgetragen von Hausbriefkasten zu Hausbriefkasten. Heutzutage wird das alles gewerblich gemacht und wird bezahlt.

Steinbrück: Mir hat mal ein älteres Parteimitglied geschildert, worauf es beim Plakatekleben ankam. Er hat seine sechs- oder siebenjährige Tochter mitgenommen und sie sich auf die Schultern gepackt; die hat die Plakate so hoch kleben müssen, dass der politische Gegner sie nicht runterreißen konnte.

Schmidt: Fragen Sie mal Frau Loah, die hat 1957 und 1961 hier in Hamburg für mich Wahlkampf mitgemacht. Das war genau so, wie Sie es eben geschildert haben. Dabei bin ich beinah mal in eine Prügelei geraten. Die Kommunisten in Hamburg-Nord rissen unsere Plakate ab. Wir hörten davon und fuhren alle hin; Peter Schulz war dabei – ein ganz junger Mann damals, später wurde er Senator und Bürgermeister in Hamburg –, der hat mich daran gehindert, mit diesen Kommunisten eine Prügelei anzufangen. Ich war drauf und dran.

Steinbrück: Sind Sie damals eigentlich immer zwischen Hamburg und Bonn gependelt? Am Beginn einer Sitzungswoche nach Bonn und am Ende der Woche wieder zurück?

Schmidt: Richtig, und zwar meistens mit dem Auto, wegen des Kilometergeldes.

Steinbrück: Aber damals gab es doch diese Autobahnverbindungen noch nicht. Da müssen Sie sechs Stunden mindestens gefahren sein oder mehr –

Schmidt: An die sieben Stunden. Ich hatte einen Mercedes 170 D, der fuhr 100 km/h.

Steinbrück: Der hatte noch diese aufgesetzten Scheinwerfer vorne auf dem Kotflügel und das Reserverad hinten außen. Der sah klasse aus.

Schmidt: Einmal hatte ich einen Ford Taunus. Der sah aus wie ein kranker Hund.

Steinbrück: Mein erstes Auto war ein VW-Käfer. Mein Vater hatte mir den zum Abitur geschenkt. Der war acht Jahre alt und fiel dann bald auseinander. Auch danach hatte ich –

Schmidt: Noch mit der Brezelscheibe?

Steinbrück: Nein, mit dem Klofenster. Der rostete aber sauber durch.

Schmidt: Von unten?

Steinbrück: Von unten. Aber wenn es regnete, kam das Wasser durch die Heizlüfter, und deshalb hatte ich für den Beifahrer immer einen Mauerstein dabei, auf den er die Füße stellen konnte, damit sie nicht nass wurden.

Schmidt: Bei meinem war auch das Bodenblech durchgerostet, und wenn man durch eine Pfütze fuhr, kam ein Wasserstrahl durch den Boden.

Steinbrück: Ich will noch mal zurück zu jenen Berufspolitikern, für die eine stetige Absicherung in ihrer Partei wichtiger ist als die Bestätigung durch den Wähler. Da liegt für mich ein nicht geringes Problem. Es gibt Abgeordnete der SPD, deren Erststimmenergebnis bis zu sieben, acht, neun Prozent schlechter ist als das Zweitstimmenergebnis der Partei, und gerade einige von denen reißen den Schnabel in den Sitzungen am weitesten auf. Das persönliche Ergebnis in der Direktwahl des Abgeordneten sollte eigentlich ein Gradmesser sein für erfolgreiche politische Arbeit. Aber statt mal die Frage zu stellen, ob das denn die richtigen Kandidaten sind, werden sie von einer festgeschweißten Delegiertenkonferenz zum dritten und vierten Mal wieder aufgestellt. Die Parteien sollten dazu übergehen, sehr viel breiter Kandidaten auszusuchen und zu fördern. Das interessiert mich: Wie kommen die Parteien aus ihrer Binnenfixierung heraus und präsentieren Kandidaten und Kandidatinnen, deren Profil nicht nur die eigenen Delegierten, sondern vor allem die Wählerinnen und Wähler überzeugt?

Schmidt: Ich stimme Ihnen zu, Peer. Wenn jemand für sich weniger Stimmen erhält als seine Partei, dann ist er als Kandidat nicht geeignet. Man sollte ihn beim nächsten Mal nicht wieder aufstellen – aber ihn auch nicht hoch auf die Landesliste setzen. Und man sollte nach neuen Kandidaten Ausschau halten.

Steinbrück: Eine Möglichkeit, junge Kandidaten zu fördern, sehe ich in den sogenannten Kommunalakademien. Ich habe da mit jungen Kommunalpolitikern aus Nordrhein-Westfalen und Rheinland-Pfalz gern debattiert und ihnen auch anschließend zur Verfügung gestanden. Da kommen junge Mitglieder der SPD zusammen, die kommunalpolitisch interessiert sind oder auch dabei sind, auf kommunaler Ebene ein Mandat anzustreben, was ich außerordentlich begrüße. Wenn wir diese jungen Leute nicht heranführen an die Ausübung solcher Mandate in ihrem Stadtrat oder in ihrem Gemeinderat, sind wir eines Tages nur noch eine AG 65plus und alte Säcke in der Kommunalpolitik. Natürlich müssen sich die jungen Leute ein gewisses Handwerkszeug aneignen. Sie müssen eingeführt werden in die Fragen des kommunalen Haushaltsrechts, sie müssen eingeführt werden in die Aufgaben, die sich aus der Schulträgerschaft oder dem öffentlichen Nahverkehr ergeben. Die Kommunalakademien, die diese jungen Leute schulen, sind deshalb in meinen Augen eine wichtige Einrichtung. Sie sind übrigens eine Erfindung von Franz Müntefering.

Schmidt: Ich finde es lobenswert, dass Sie sich nach Ihrem Ausscheiden aus dem Finanzministerium –

Steinbrück: Während meiner Zeit als Ministerpräsident habe ich mich dort regelmäßig engagiert und konnte manche erfreuliche Entwicklung verfolgen. Ich gebe ein Beispiel. Die Kölner SPD lag völlig danieder, in sich zerstritten zwischen links und rechts, völlig paralysiert von einem Korruptionsfall, und kam aus diesem Sumpf überhaupt nicht raus. Die CDU gewann mit Pauken und Trompeten, die SPD taumelte im Ring. Dieser Zustand ist überwunden worden, indem schlicht und einfach eine Generation übersprungen wurde; eine junge Riege von Dreißigern mit einem neuen Parteivorsitzenden und einem neuen Fraktionsvorsitzenden, die rissen das Ding wieder raus. Die habe ich alle kennengelernt vor zehn Jahren in der Kommunalakademie in Stenden. Sie haben meine vollständige Bewunderung, zumal sie in der Lage sind, mit ihrer

Ausstrahlung auch andere wieder zu begeistern. Das heißt, die Kölner SPD-Führung ist erstaunlich jung, offen, nicht mehr zerrissen in Flügel. Sie ist nicht mehr mit sich selbst beschäftigt in ideologischen Grabenkrämpfen, die den Revisionismusstreit zwischen Kautsky und Bernstein nachvollziehen, sondern steht mit beiden Beinen in der kommunalpolitischen Verantwortung – mit viel Common Sense, viel Pragmatismus, aber auch mit Überzeugung und sozialdemokratischer Leidenschaft. Diese Kölner SPD stimmt mich ausgesprochen positiv für die Zukunft.

Schmidt: Mit begeisterten jungen Leuten zieht man jedenfalls lieber in den Wahlkampf als mit Heulsusen!

Steinbrück: Gut, dass Sie daran erinnern, Helmut. Im Sommer 2007 habe ich aus Frust über das Selbstmitleid und den Hader der Partei mit sich selbst dieses Wort mal aufgegriffen und bin dafür natürlich fulminant kritisiert worden. Ich hatte diese Stimmung bei einigen SPD-Vertretern einfach satt, sich selber zu beweinen, sich selber zu bemitleiden wegen der angeblich so schlimmen Auswirkungen der Agenda 2010 – und was sonst alles schiefgelaufen ist. Solche Leute scheinen immer eher am Scheitern orientiert zu sein als am Gelingen. Es gibt eine zweite Tendenz, die darin besteht, sich zum Orakel darüber zu erheben, was und wer politisch korrekt und wer nicht korrekt ist in der Partei.

Schmidt: Apropos Wahlkampf. Ich bin heute noch innerlich stolz darauf, dass ich an der Spitze einer Koalition zwei Bundestagswahlkämpfe gewonnen habe, in denen die Sozialdemokratische Partei beide Male beinahe 43 Prozent der Stimmen erreicht hat. Das soll die heutige SPD gefälligst mal nachmachen.

Steinbrück: Muss man einen Wahlkampf gewonnen haben, um erfolgreich Politik machen zu können? Einige sagen, ja – nach dem Motto: Du musst mal irgendwann den Lackmustest gemacht haben, dass du auch gewinnen kannst. Es ist möglicherweise das Manko sowohl von Frank-Walter Steinmeier mit einer verlorenen Bundestagswahl als auch von mir mit einer verlorenen Landtagswahl. Das steckt mir in den Kleidern. Man muss aber die Umstände sehen.

Es gab damals eine herrliche Karikatur: Herr Rüttgers und ich als Jockeys kurz vor der Zielmarke; ich ziehe das Pferd SPD hinter mir her, und nebendran zieht das Pferd CDU an seinem Schwanz den Rüttgers hinter sich her. Die Unterschrift lautete: Gewonnen hat, wessen Pferd als erstes im Ziel ist. Das beschrieb genau die Situation. Trotzdem war die verlorene Landtagswahl 2005 natürlich meine größte politische Niederlage, schon deshalb, weil ich derjenige war, der nach 39 Jahren diese SPD-Regentschaft verlor. Ich gebe zu, ich war psychologisch schon im Wahlkampf darauf eingestellt, weil ich wusste, dass es kaum möglich war, diese Wahl zu gewinnen. Insofern hat es mich seelisch nicht aus den Angeln gehoben. Dass die CDU-Ära unter Rüttgers dann nur fünf Jahre dauerte, hat mich positiv überrascht.

Schmidt: Jetzt sind wir doch bei der Kandidatenfrage gelandet. Ich gehe davon aus, Peer, dass Sie sich zu dieser Frage nicht äußern wollen.

Steinbrück: Ich will daran erinnern, wie das die letzten beiden Male gelaufen ist. Der Kanzlerkandidat 1998 wurde ein halbes Jahr vor der Bundestagswahl von der SPD präsentiert – Gerd Schröder, und zwar nach seinem grandiosen Sieg in der niedersächsischen Landtagswahl im März 1998. Der Kanzlerkandidat der SPD für die Wahlen 2009 wurde mit Frank-Walter Steinmeier ein Jahr vorher präsentiert, auf der berühmten, etwas entwürdigenden Veranstaltung am Schwielowsee im September 2008. Wenn dieses Buch erscheint, sind es noch zwei Jahre bis zur nächsten Bundestagswahl.

Niemand kann verhindern, dass es dennoch bereits eine Debatte um die sozialdemokratische Kanzlerkandidatur gibt. Sie wird geführt – und zwar unabhängig vom Erscheinen dieses Buches. Von mir weiß man, dass ich mich Aufgaben stelle, wenn der Parteivorsitzende dies für richtig hält, die SPD dem zustimmt und ich selbst die Chance sehe, ihnen gewachsen zu sein. Nur: Bezogen auf die Bundestagswahl 2013 ist dafür die Zeit nicht reif. Mitten in der Legislaturperiode braucht die SPD keine Personaldebatten. Wir haben politische Probleme zu lösen, und wir müssen das Angebot entwickeln, mit dem wir Deutschland und Europa in einer schwierigen und krisengeprägten Zeit in eine gute Zukunft führen können. Wenn uns das gelingt – und dafür sollten wir uns anstrengen –, dann finden auch Personalfragen zum geeigneten Zeitpunkt überzeugende Antworten. Was mich betrifft: Ich werde mich dann zur Kanzlerkandidatur äußern, wenn mich der SPD-Vorsitzende danach fragen sollte. Ihm allein steht es zu, einen Vorschlag zu machen – und die Mitglieder der SPD sollten nach meinem Dafürhalten die Möglichkeit bekommen, über Person und Programm zu entscheiden. Sigmar Gabriel, Frank-Walter Steinmeier und ich haben kein Interesse daran, dass diese Personalfrage die wichtigen Sachfragen überlagert. Wir wollen nicht das Bild einer Selbstbeschäftigung liefern, sondern das einer kompetenten SPD, die über die besseren Lösungsansätze verfügt. In einer solchen Verabredung fühlen wir uns gut aufgehoben.

Schmidt: Im Prinzip kann ich diese Verabredung erstens gut verstehen, und zweitens halte ich sie durchaus für richtig. Es ist ja auch in anderen Demokratien, zum Beispiel in Frankreich oder zum Beispiel in Amerika, so, dass die Kandidatur des Spitzenmannes nicht Jahre im Voraus festgelegt wird. Das muss mich aber persönlich überhaupt nicht hindern, meine Meinung zu sagen. Und ob Ihnen das nun sonderlich in den Kram passt oder nicht, Peer, ich bin aus zwei Gründen der Auffassung, dass die SPD gut beraten wäre, Sie als den Kandidaten für das Amt des Bundeskanzlers zu nominieren.

Der eine Grund ist, dass Sie offensichtlich in besonderem Maße die Fähigkeit haben, das Vertrauen und damit die Stimmen von Menschen an sich zu binden, die sich nicht notwendigerweise für sonderlich links halten, die sich wohl aber eigentlich zur Mitte der Gesellschaft zählen. Ihre Reichweite übertrifft die Reichweite der Sozialdemokratischen Partei, wie sich in den letzten Wahlen zum Bundestag und zu verschiedenen Landtagen gezeigt hat. Der andere Grund ist, dass Sie bewiesen haben, dass Sie regieren können und dass Sie verwalten können. Das Regierenkönnen hat sich in vielerlei Stationen Ihres Lebens gezeigt, das Verwaltenkönnen desgleichen. Es hat sich insbesondere gezeigt in der souveränen Art, wie Sie als Finanzminister umgegangen sind mit den Konsequenzen der im Jahr 2007 ausgebrochenen, dann sich über die ganze Welt verbreitenden Finanzkrise. Deutschland ist da relativ gut durchgekommen, besser als manche andere, und das ist zu einem großen Teil – das weiß auch das Publikum – Ihr Verdienst. Deswegen steht meine Meinung heute schon fest, auch wenn die Führungsgremien der Sozialdemokratischen Partei noch ein weiteres Jahr Zeit brauchen.

Steinbrück: Ihr Urteil ehrt mich, Helmut. Mein Eindruck ist aber, dass die Republik heute keine schlaflosen Nächte hat über der Frage, wer Kanzlerkandidat der SPD wird. Sehr viel wichtiger wird es sein, dass die SPD Positionen, Lösungsangebote und Kompetenzen entwickelt, die sie für diese Wahl attraktiv machen, und dann wird zum richtigen Zeitpunkt zu entscheiden sein, wer die besten Chancen hat.

Schmidt: Ich verstehe Ihren Standpunkt, füge aber als Fuß-
note hinzu, dass man gar nicht sicher sein kann, dass es bis zur
nächsten Wahl noch zwei Jahre dauert. Die gegenwärtige Regierung kann durchaus auseinanderbrechen, dann können
Wahlen auch früher stattfinden.

Steinbrück: Dann muss man vorbereitet sein. Aber es macht
keinen Sinn, sich auf die Wahrscheinlichkeit oder Unwahr-
scheinlichkeit eines vorzeitigen Endes der Legislaturperiode
jetzt mit einer Personaldebatte einzustellen.

Schmidt: Ich habe durchaus Verständnis für den Standpunkt,
bei dem Sie bleiben wollen. Ich will aber noch einen Zusatz
machen, Peer: Mir ist das nicht so furchtbar wichtig, wer das
Land regiert. Mir ist es wichtig, dass das Land anständig und
wirksam regiert wird.

Steinbrück: Dem muss man zustimmen, wenn der Satz »Erst
das Land, dann die Partei« nicht zur Floskel verkommen soll.

Schmidt: Das finde ich eine wunderbare Schlussbemerkung.
Lassen Sie uns jetzt eine Partie Schach spielen.

Gewinnen wollen

Schmidt: Ich muss Ihnen noch gratulieren, Peer.

Steinbrück: Wozu?

Schmidt: Zur deutschen Meisterschaft. Und ich verbinde damit eine Frage: Als Sie in den Aufsichtsrat von Borussia Dortmund eingetreten sind, war da schon absehbar, dass Dortmund Meister wird?

Steinbrück: Das war vor der Winterpause, und Dortmund stand schon auf Platz 1. Ich kann also leider nicht in Anspruch nehmen, dass es zwischen meiner Mitgliedschaft im Aufsichtsrat von Borussia Dortmund und dem Tabellenplatz oder auch dem Aktienkurs eine kausale Beziehung gibt.

Schmidt: Beim HSV wären Sie vielleicht nötiger gewesen.

Steinbrück: Ja, der BVB spielt zwar in derselben Liga, aber in einer anderen Welt als der HSV. Das liegt an mehreren Faktoren, zu denen auch die innere Geschlossenheit und der Umgang miteinander gehören. Das ist beim HSV anders, soweit ich das in den letzten Jahren verfolgen konnte. Ich will aber bekennen, dass ich mein erstes Spiel am Hamburger Rothenbaum gesehen habe, ein Spiel der damaligen Oberliga Nord, das war 1959, da war ich zwölf. Die Namen kenne ich noch heute: Uwe Seeler, Dieter Seeler, Gerhard Krug – von dem ich höre, dass er gerade gestorben ist –, der junge Charly Dörfel, Jürgen Werner, Piechowiak, Jochen Meinke als Kapitän. Ich

fand das Stadion am Rothenbaum faszinierend; es gab keine
Aschenbahn, die ersten Bänke standen vielleicht anderthalb
Meter hinter der Außenlinie, Zäune gab es auch nicht. Die
Leute waren noch nicht so verrückt, hinterher auf das Spiel-
feld zu stürmen, Hooligans waren unbekannt. Da bin ich bei
jedem Heimspiel gewesen. Die Borussia aus Dortmund war
bis zum Pokalendspiel 1963 ein Angstgegner des HSV.

Schmidt: Sie haben eben einen Namen erwähnt: Piechowiak.
Der erinnert mich an Ihre Tätigkeit bei Borussia Dortmund,
und Borussia erinnert mich an Schalke.

Steinbrück: Als gelernter Dortmunder darf ich Ihnen diesen
Vergleich nicht durchgehen lassen! Die können sich nicht rie-
chen. Aber egal, ich höre zu.

Schmidt: Der Name erinnert mich an Schalke, in Schalke gab
es nämlich besonders viele Beispiele dafür, wie wunderbar die
Integration von Zuwanderern aus vergleichbaren Zivilisationen in Wirklichkeit funktioniert. Niemand hat sich schöner
und leichter in die deutsche Gesellschaft integriert als die
Polen.

Steinbrück: Soll ich Ihnen mal die Fußballnationalmann-
schaft der fünfziger Jahre aufzählen? Nicht die berühmte von
1954, sondern die Ende der fünfziger, Anfang der sechziger
Jahre: Tilkowski, Koslowski, Kwiatkowski, Cieslarczyk, Szy-
maniak, Juskowiak – ausnahmslos Spieler, deren Familien irgendwann mal aus Polen rübergekommen sind und im Ruhrgebiet heimisch wurden. Fußball bot Aufstiegschancen. Wenn
ich länger nachdenke, finde ich noch mehr Namen. Erich
Juskowiak ist 1958 nach einem Foul gegen den schwedischen
Stürmer Hamrin im Halbfinale der Fußballweltmeisterschaft
leider (selbstredend völlig ungerechtfertigt!) vom Platz gestellt

worden. Daraufhin verloren wir 3:1. Da habe ich am Radio-
apparat geheult.

Schmidt: Sie haben auch meinen Freund Uwe Seeler erwähnt.
Der ist irgendwann zu ein bisschen Geld gekommen im Laufe
der sechziger Jahre. Da habe ich ihm geholfen, eine Tankstelle
einzuweihen, die ihm gehörte.

Steinbrück: Es muss damals ein Ansinnen eines italienischen
Vereins gegeben haben, Uwe Seeler abzuwerben, und da muss
der damalige Hauptpastor des Hamburger Michel – hieß der
Thielicke?

Schmidt: Er war nicht Hauptpastor, sondern er war Professor
der Theologie und spielte als Prediger eine große Rolle in der
Stadt.

Steinbrück: Der muss sich sogar dieser Frage angenommen
haben, mit dem Ergebnis, dass Uwe Seeler in Hamburg geblieben ist.

Schmidt: Uwe Seeler hat, wenn ich das richtig erinnere, in
den fünfziger Jahren für den Schmidt Plakate geklebt im
Wahlkampf. Als ich anfing, mich für Fußball zu interessieren
– das war noch vor der Nazizeit –, war der Vater Seeler eine
Größe, Erwin Seeler, und natürlich Tull Harder.

Steinbrück: Für St. Pauli hatten Sie aber keine Sympathien?

Schmidt: Das habe ich Hans Apel überlassen.

Steinbrück: Ich war voriges Jahr zum ersten Mal im Stadion
am Millerntor, beim Spiel gegen den HSV. Das war ein Lokal-
derby, das zu gewalttätigen Auseinandersetzungen führte. Nach

meinem Eindruck waren die Hooligans, die für den HSV waren, deutlich übler als die St.-Pauli-Anhänger. – Gut, das war ein Abgleiten in die Fußballwelt. Wir halten aus diesem Teil des Gespräches fest, dass die Integration über den Sport wahrscheinlich am besten gelingt, und das gilt natürlich für den Mannschaftssport Fußball ganz besonders, weshalb die Arbeit der Vereinsführungen auch kleiner Vereine besonders zu würdigen ist.

Schmidt: Sie gelingt im Sport. Sie gelingt übrigens auch in der Musik.

Steinbrück: Völlig richtig. Viele Orchester sind heute international besetzt. Wir waren ja beide mal engagiert, auf unterschiedliche Art und Weise, beim Schleswig-Holstein-Musikfestival. Da gibt es die Orchesterakademie im Schloss Salzau, und es war faszinierend, diese jungen Menschen aus zwanzig oder dreißig Ländern zusammenspielen zu sehen. Das ist in den neunziger Jahren gewesen, da war ich Aufsichtsratsvorsitzender, hatte allerdings große Schwierigkeiten mit Justus Frantz, weil uns der Etat explodierte.

Schmidt: Das Schleswig-Holstein-Festival haben drei Leute erfunden, und zwar in dem Urlaubshaus auf Gran Canaria, das damals Justus Frantz und Christoph Eschenbach gemeinsam gehörte. Ich kannte die beiden aus der Zeit, als sie noch Studenten an der Musikhochschule waren, und ich war Senator. Der eine war Justus, der Zweite war ich, der Dritte war Uwe Barschel: Wir drei haben vor Jahrzehnten das Schleswig-Holstein-Festival erfunden.

Steinbrück: Leonard Bernstein kam später dazu?

Schmidt: Bernstein und Frantz kannten sich gut. Es bestand der gleiche Generationsunterschied zwischen ihnen wie zwischen Frantz und mir – er hätte der Sohn von Leonard Bernstein sein können. Leonard Bernstein lieh dem Schleswig-Holstein-Festival seine Unterstützung dadurch, dass er als Dirigent auftrat. Übrigens haben damals im Gründungsstadium des Schleswig-Holstein-Musikfestivals Lenny Bernstein und ich eine gemeinsame Fernsehdiskussion über Musik aufgenommen, nur wir zwei, ohne Moderator, ich glaube, in Lübeck. Einige Passagen habe ich später in meinem Buch *Weggefährten* verwendet.

Steinbrück: Sie haben auch eine Platte aufgenommen mit Justus Frantz und Christoph Eschenbach.

Schmidt: Ja, sogar zwei, eine mit Bach und die andere mit Mozart. Unter uns gesagt: Ich habe natürlich jeweils den leichtesten Part bekommen. Ich dachte, das hilft den beiden Jungs, wenn ich auf ihren Wunsch eingehe, ein gemeinsames Konzert aufzunehmen, und habe gesagt: Gut, das machen wir. Und habe auch ein bisschen geübt, soweit die Zeit das zuließ – nicht viel, ich war ja noch Regierungschef. Und plötzlich erzählten sie mir, das wird aber in London aufgenommen. Ich habe erst mal gezuckt, bin aber trotzdem bei meiner Zusage geblieben. Und dann sind wir nach London, und das London Philharmonic Orchestra spielte die Sachen doppelt so schnell, wie ich sie geübt hatte. Mensch, was habe ich für einen Schreck gekriegt! Es war entsetzlich.

Steinbrück: Das glaube ich. Mir ist es mal ähnlich ergangen, als ich einen leichten Ausritt in die Kulturszene unternommen habe. Da wurde ich gebeten, aus dem Briefwechsel zwischen Martin Heidegger und Hannah Arendt zu lesen; die damalige Leiterin des Bonner Literaturhauses, die inzwischen leider verstorbene Karin Hempel-Soos, las die Briefe von Hannah Arendt, ich sollte die Heidegger-Briefe lesen. Ich habe mir die Texte angeguckt, übrigens mit dem Ergebnis, dass ich diesen Heidegger für einen ziemlichen Schuft gegenüber Hannah Arendt hielt. Ich habe trotzdem zugesagt. Und dann komme ich rein in diesen Saal, und da sitzen plötzlich 500 Leute – ich hatte mit 50 oder 60 gerechnet. Wer als Minister im Amt sich auf einem solchen Feld versucht, unterliegt natürlich besonderer Beobachtung, erst recht, wenn es um delikate Texte geht. Da empfand ich durchaus leichten Stress.

Schmidt: Ich habe mal eine Frage. Wenn Sie sich mit Heidegger beschäftigt haben, können Sie heute ein Urteil abgeben über die Bedeutung seines großen Buches *Sein und Zeit*?

Steinbrück: Nein, kann ich nicht.

Schmidt: Bei Heidegger hat mich ein Vorurteil davon abgehalten, mich näher mit ihm zu beschäftigen. Das war seine begeisterte Nazibegrüßung 1933. Das hat bei mir zu einem nachhaltigen Vorurteil geführt.

Steinbrück: Ja, deshalb habe ich ihn ja auch als Schuft bezeichnet, weil er so lange liiert gewesen ist mit Hannah Arendt, 1933 dann bei den Nazis mitlief und nach dem Krieg wieder versuchte, die Emigrantin in die Arme zu nehmen, und zwar buchstäblich.

Schmidt: Das heißt, Sie bestätigen mein Vorurteil?

Steinbrück: Ja.

Schmidt: In dem Zusammenhang, da wir über deutsche Philosophen reden: Was denken Sie über Jürgen Habermas? Ich lese mit Interesse, was er an Kommentaren zu politischen Problemen schreibt, und finde manches davon sehr vernünftig und nachdenkenswert. Von seiner Philosophie verstehe ich gar nichts. Und ich gebe zu: Auch gegenüber Habermas habe ich ein leichtes Vorurteil gehabt, weil er zur Frankfurter Schule gehörte, die mir unheimlich gewesen ist.

Steinbrück: Na, so unheimlich ist mir die nicht gewesen. Ich habe Marcuse, Adorno, Horkheimer in den sechziger Jahren gelesen. Aber am meisten hat mich damals die Arbeit von Habermas interessiert, *Strukturwandel der Öffentlichkeit.* Die Frankfurter Schule war zwar weiter links orientiert als ich, aber ich fand es ganz interessant, sich damit auseinanderzusetzen. Mehr fasziniert als solche Philosophen haben mich allerdings die Renegaten und Konvertiten, insbesondere Manès Sperber, Arthur Koestler, André Gide oder Ignazio Silone, die sich in den zwanziger und dreißiger Jahren für die Kommunistische Partei begeistert haben, dann aber eine tiefgreifende Enttäuschung erlebten – auch ausgelöst durch die Moskauer Schauprozesse – und später teilweise ganz andere Wege gegangen sind. Die waren in meiner politischen Auseinandersetzung wichtiger als Philosophen. *Wie eine Träne im Ozean* halte ich bis heute für einen der besten Romane in der Auseinandersetzung mit dem Totalitarismus des 20. Jahrhunderts. Manès Sperber – später Friedenspreisträger des Deutschen Buchhandels – zieht einen Bogen von der Paranoia des Kommunismus über das Versagen des Bürgertums bis zur Brutalität des Faschismus.

Schmidt: Sie sagen, dass diese Autoren Sie mehr beeindruckt haben als die Philosophen. Aber sicher haben Sie sich auch mit Karl Popper beschäftigt?

Steinbrück: Ich habe *Die offene Gesellschaft und ihre Feinde* Ende der sechziger Jahre gelesen. Die damit verbundene Schule des kritischen Rationalismus fand ich immer faszinierender als die holistischen Philosophien oder Denkgebäude, die den Anspruch erheben, alles erklären zu können oder gar das Gesetz der Geschichte auf ihrer Seite zu haben. Ein Satz von Popper, der mich sehr beeindruckt hat, lautet: Lasst Thesen sterben statt Menschen.

Schmidt: Popper hat mich endlich begreifen lassen, warum mir die marxistische Vorstellung vom Klassenkampf und von der Diktatur des Proletariats immer zutiefst unheimlich vorgekommen war. Ich hatte eine gefühlsmäßige Abneigung gegen diese beiden Schlagworte, und Popper hat mich gelehrt, warum diese gefühlsmäßige Abneigung auch vernunftmäßig absolut begründet war. – Ich habe Popper übrigens persönlich gut gekannt. Da unten neben dem Klavier liegt eine Komposition von ihm, mit der Hand geschrieben, die hat er mir geschenkt, als ich ihn einmal besuchte. Er wohnte in einem Haus außerhalb Londons und hatte sehr schön gebundene griechische Klassiker in seinem Bücherschrank stehen. Was ich bei ihm nicht begriffen habe, ist die Falsifikationstheorie. Die hat mir nicht wirklich eingeleuchtet.

Steinbrück: Mir wohl. Es gibt keinen absoluten Erkenntnisfortschritt, das ist die These. Ich erlange Erkenntnisfortschritt nur durch Widerlegung. Das Falsifikationskriterium von Popper hat mir immer eingeleuchtet. Das empfand ich sogar als den wichtigsten Bestandteil dieser Schule des kritischen Rationalismus. Und genau das Gegenstück zu solchen Philosophien oder Gedankengebäuden, die sich immunisiert haben gegen jede Falsifikation, wie der dialektische Materialismus, der ja eine Art allumfassende geschichtliche Wahrnehmungsdeutung für sich in Anspruch nimmt.

Ich komme noch mal auf Habermas. Sie sagten, dass Sie seine öffentlichen Stellungnahmen zu politischen Themen mit Interesse verfolgen. Ich will da gar nicht kokettieren, aber auch ich habe diese Artikel in der *Zeit* oder auch in der *FAZ* oder früher in der *Frankfurter Rundschau* mit Aufmerksamkeit gelesen, ohne ihnen immer zuzustimmen. Ich glaube jedoch nicht, dass sich die Berliner politische Klasse heute von solchen Beiträgen nachhaltig beeindrucken oder gar beeinflussen lässt. Andererseits vermisse ich einen stärkeren Auftritt von Leuten, die bei den Amerikanern und Engländern Public Intellectuals heißen. Ich würde mir wünschen, dass Intellektuelle insgesamt – ob Schriftsteller, Künstler, Historiker, Professoren – sich sehr viel häufiger öffentlich einmischen und dass es darüber auch zu intellektuell streitigen Debatten kommt: Wo geht diese Gesellschaft hin? Wo liegen die Probleme? Wie ist es um die innere Friedfertigkeit der Gesellschaft bestellt? Nehmen Eliten ihre Vorbildfunktion wahr? Ich würde mir auch wünschen, dass aktuelle gesellschaftliche Probleme sich sehr viel stärker in Theaterstücken wiederfinden, aber meistens gibt es im Theater nur Beziehungsprobleme.

Schmidt: Das ist ein wunderschönes Stichwort: Public Intellectual. Es gab mal eine Zeit, wo die Public Intellectuals auch in Deutschland eine sehr viel größere Rolle gespielt haben –

Steinbrück: In der zweiten Hälfte der sechziger und in den frühen siebziger Jahren –

Schmidt: Eine noch viel größere Rolle in den zwanziger Jahren. Das reichte vom *Fackel*-Kraus auf der einen Seite bis zu Thomas Mann auf der anderen Seite.

Steinbrück: Aber ein ebenso spannungsreiches wie spannendes intellektuelles Klima, das in einem scharfen Kontrast zur

Biederkeit der jungen Bundesrepublik stand, gab es auch in den sechziger Jahren. Ich denke an Beiträge von Eugen Kogon, Hannah Arendt, Axel Eggebrecht, Joachim Fest oder auch Johannes Gross, an den Journalismus von Hans Zehrer bis Rudolf Augstein und Gräfin Dönhoff. Ich erinnere an die Gruppe 47, aus der mit Heinrich Böll und Günter Grass zwei Nobelpreisträger für Literatur hervorgegangen sind, die eine enorme politische Ausstrahlung entwickelten. Die Frankfurter Schule mit Adorno und Herbert Marcuse war ein Stachel im Fleisch der Republik, jedenfalls in dem Teil der Republik, der noch immer der Losung folgte: »Ruhe ist die erste Bürgerpflicht.«

Schmidt: Es waren nicht nur die ruhigen Bürger und Kleinbürger, sondern auch politisch denkende Menschen – und keinesfalls wenige! –, die die Rückkehr der Gewalt auf die Straßen der Bundesrepublik mit Entsetzen, mit Ablehnung betrachteten. Es gab auch einige – dazu gehörte beispielsweise ich –, welche die Entwicklung bis hin zum Mord und bis hin zur Rote-Armee-Fraktion vorausgeahnt haben. Ich rede jetzt allerdings nicht von 1968, sondern von 1970/71. Ich weiß noch wie heute, wie Ulrike Meinhof, die ich kannte, 1970 im *Spiegel* schrieb: »Wir sagen, der Typ in der Uniform ist ein Schwein, das ist kein Mensch … Wir haben nicht mit ihm zu reden … Und natürlich kann geschossen werden.«

Steinbrück: Schreckliche Sätze! Aber ich würde mich davor hüten, die Philosophie der Frankfurter Schule als Wegbereiter des Terrorismus zu bezeichnen. Lassen Sie mich kurz ausführen, wie sich das intellektuelle Klima der sechziger Jahre nach meiner Erinnerung darstellte. Der originelle Sebastian Haffner provozierte und wechselte Positionen. Im Fernsehen brillierten die Moderatoren von *Panorama* wie beispielsweise Peter Merseburger, und Günter Gaus schuf mit *Zur Person* die bis heute beste Dialogsendung im Fernsehen. Die Auseinandersetzungen im Zuge der Auschwitz-Prozesse, über den Vietnamkrieg, die Notstandsgesetzgebung und später die Ostverträge prägten die innenpolitische Atmosphäre. Gelesen habe ich damals unter anderem *Der SS-Staat* von Eugen Kogon, die Erinnerungen von Axel Eggebrecht, Hannah Arendts *Elemente und Ursprünge totaler Herrschaft*, das Theaterstück von Peter Weiss *Die Ermittlung* oder Arthur Koestlers *Der Yogi und der Kommissar.*

Schmidt: Sicherlich hat auch Hochhuths *Stellvertreter* für Sie eine große Rolle gespielt.

Steinbrück: Das stimmt. Und Jahrzehnte später war ich von einer Verfilmung dieses Stückes schwer beeindruckt. Den SS-Mann Gerstein spielt nach meiner Erinnerung der glänzende Schauspieler Ulrich Tukur. – Demonstriert habe ich in den Sechzigern gegen den Vietnamkrieg, für Israel im Sechstagekrieg 1967 und dann gegen die Hochschulgesetzgebung in Schleswig-Holstein. Ich erwähne das alles nur, um anzudeuten, welche Bandbreite und Tiefenschärfe die intellektuelle Diskussion in den sechziger Jahren in unserem Land hatte.

Schmidt: Trotzdem sind die Debatten dieser Jahre nicht zu vergleichen mit dem geistigen Klima der zwanziger Jahre in Berlin.

Steinbrück: Wir waren bei der Frage stehengeblieben, warum wir heute solche öffentlichen Debatten nicht haben. Ich nähere mich mal auf einem Umweg. Als ich 1981 an die Ständige Vertretung nach Ost-Berlin ging, hatte ich – so lautete das hochgestochene Wort – Residenzpflicht. Man musste im Osten wohnen, bekam aber einen Diplomatenausweis und konnte an bestimmten Übergängen leicht nach West-Berlin wechseln.

Das Erste, was ich mir besorgte, war ein alter Baedeker der zwanziger Jahre. Weil ich dieses Berlin entdecken wollte, nicht nur Ost, nicht nur West, sondern das ganze Berlin, das Berlin der zwanziger Jahre.

Schmidt: War der Baedeker aus der Zeit, wo Wilmersdorf und Charlottenburg und Köpenick schon nach Berlin eingemeindet waren?

Steinbrück: Ja. Übrigens sammle ich inzwischen alte Baedeker und habe zwei über Berlin, einen von 1910 und einen von 1927. Mit diesem Baedeker bin ich alte Wege abgegangen, und was ist da passiert? Ich stellte fest, dass Politik, Presse, Theater, Kabarett, Kunst und Kultur im weitesten Sinne viel stärker zusammengebunden waren in diesem Berlin und der Austausch sehr viel stärker gewesen ist, als ich es heute wahrnehme. Allein schon aufgrund der räumlichen Nähe muss es eine viel höhere Dichte an Begegnungen gegeben haben zwischen diesen verschiedenen Sphären. Denken Sie nur an Max Liebermann, der wohnte direkt am Brandenburger Tor. Sein Schwiegersohn, Kurt Riezler, war persönlicher Referent des Reichskanzlers Bethmann Hollweg. Die Riezler-Tagebücher waren dann Anfang der sechziger Jahre eine heftig umkämpfte Hauptquelle in der Fischer-Kontroverse um die deutsche Kriegsschuldfrage 1914.

Schmidt: Dies war der erste Historikerstreit, ausgelöst von Fritz Fischer.

Steinbrück: *Griff nach der Weltmacht* war der Titel des Buches von Fischer. Das Entsetzen, das seine Enthüllungen über die deutsche Kriegszielpolitik auslöste, war gewaltig. Ich erinnere mich, dass der damalige Bundestagspräsident Gerstenmaier in die Debatte eingriff, um Deutschland freizusprechen von jeder

Verantwortung für den Ersten Weltkrieg. Das müssen Sie eigentlich mitgekriegt haben als Parlamentarier.

Schmidt: Herr Gerstenmaier hat nicht nur einmal seine Kompetenz überschätzt.

Steinbrück: Wir haben dann den zweiten Historikerstreit gehabt über die Einmaligkeit der Verbrechen von Auschwitz, das war nach einer Veröffentlichung des Historikers Ernst Nolte. Und dann gab es eine dritte, allerdings weniger heftige Auseinandersetzung über die deutsche Wiedervereinigung. Einer der Skeptiker war nach meiner Erinnerung kein Geringerer als Günter Grass.

Schmidt: Ich habe damals versucht, Christa Wolf in den Senat der Nationalstiftung hineinzuschwatzen. Mir war ihre Bedeutung als deutsche Schriftstellerin absolut gewärtig, und ich meinte, so jemand sollte dazugehören. Ist mir nicht gelungen, weiß der Kuckuck, welche Gründe sie hatte. Sie wollte das nicht. – Deshalb habe ich vorhin auf Habermas verwiesen. In meinen Augen ist er einer der wenigen Intellektuellen, die sich ihrer gesellschaftlichen Verantwortung bewusst sind.

Steinbrück: Die Frage ist ja, warum dieser universitäre, akademische oder auch künstlerische und literarische Bereich sich so wenig einmischt. Je länger ich darüber nachdenke, desto weniger habe ich eine Antwort. Vielleicht scheuen manche davor zurück, sich zu exponieren, weil sie dabei in publizistische Frontstellungen geraten, deren Folgen sie nicht überblicken. Aber vielleicht täusche ich mich auch.

Schmidt: Ich fürchte, dass es einen banalen Grund gibt: Fernsehen und Internet. Es wird weniger gelesen heutzutage als zu der Zeit, wo es das Fernsehen noch nicht gab. Natürlich haben

die Skatspieler damals auch Skat gespielt, statt zu lesen; aber
der des Lesens fähige, der lesewillige Teil der Gesellschaft hat
eben nicht in die Glotze geguckt, sondern hat wirklich gelesen.
Und deswegen hatten Bücher auch einen größeren Einfluss
auf die öffentliche Meinung, als sie es heute haben. Heutzutage werden vielleicht genauso viele Bücher verkauft wie damals, aber sie werden verkauft, um verschenkt zu werden, und
der Beschenkte stellt sie ins Regal. Ich lege mir zum Einschlafen immer ein Buch auf meinen Nachttisch. Gestern Abend,
nein vorgestern, war das Franz Mehring, ein Marxist –

Steinbrück: Darüber kann man aber auch einschlafen.

Schmidt: Ich habe ihn mit Interesse gelesen, all diese zum Teil
ziemlich brachialen Polemiken gegen sämtliche Philosophen
der Weltgeschichte. Und dann habe ich geguckt, wie hoch war
die Druckauflage: 5000 Exemplare. Das fand ich bemerkenswert, dass eine so dicke Geschichte der Philosophie in der
Sozialdemokratie und Arbeiterbewegung einmal mit solcher
Aufmerksamkeit rezipiert worden ist.

Steinbrück: Jetzt wissen wir, woher Sie Ihre Urteile über die
Philosophen beziehen: von Franz Mehring.

Schmidt: Das weise ich mit dem Ausdruck der Empörung
zurück!

Steinbrück: Nicht nur die Bereitschaft zur Lektüre längerer
Texte schläft ein. Auch die Kunst der Korrespondenz verküm-
mert, weil viele auf E-Mails und SMS ausweichen. Stattdessen
nimmt die Enthemmung im Internet deutlich zu; das Internet
ist in erschreckender Weise zum öffentlichen Forum für Be-
schimpfungen und Herabwürdigungen und Verdächtigungen
geworden. Ich muss das hier jetzt loswerden. Ich war im Juni

auf der Bilderberg-Konferenz in St. Moritz. Die war wie immer hochkarätig besetzt: Jean-Claude Trichet, zwei oder drei EU-Kommissare, eine führende Vertreterin der Volksrepublik China, Manager der amerikanischen Internetwirtschaft – ein glänzender Auftritt des schwedischen Außenministers Carl Bildt. Diskutiert wurde unter anderem über den Nahen Osten, Afghanistan, die europäische Währungsunion und die Auswirkungen moderner Kommunikations- und Informationstechnologien auf Bürgerfreiheiten. Die Konferenz wurde von lautstarken Demonstrationen begleitet. Auf einem Spaziergang durfte ich mich als Kriegsverbrecher beschimpfen lassen. Andere Teilnehmer klärten den Neuling auf: Diese regelmäßig stattfindenden Konferenzen würden von einigen Leuten entweder als kapitalistische Verschwörung oder als jüdische Verschwörung – weil Henry Kissinger auch dabei war – angesehen. In einer kranken Phantasie wird die Bilderberg-Konferenz als Ausgangspunkt für kapitalistische Exzesse und Personalentscheidungen wahrgenommen. Mein Ausflug wurde filmisch festgehalten und hinterher mit allen Diffamierungen bei YouTube ins Netz gestellt. Meine Internetadresse wurde mit Empörungen überflutet. Ich habe das als ungeheuerlich empfunden.

Schmidt: Lassen Sie uns noch einen Moment bei den Büchern bleiben. Man kann von Politikern nicht erwarten, dass sie Bücher schreiben. Was man von ihnen verlangen muss, ist, dass sie Bücher lesen.

Steinbrück: Ich würde mir wünschen, dass Politiker – jedenfalls mit einer gewissen Durchdringungstiefe – auch darüber Bescheid wissen, was in der Kunst- und Kulturszene oder literarisch läuft. Sie müssen sich ja nicht gleich als Experten aufspielen, aber in etwa mitzukriegen, welche Debatten in der Historikerzunft geführt werden, oder zu verfolgen, womit sich zeitgenössische Literatur, Film und Theater beschäftigen, das gehört schon zur – fast hätte ich gesagt – Allgemeinbildung eines Politikers. Wie weit solche Kenntnisse und Interessen unter Politikern wirklich verbreitet sind, weiß ich nicht. Ich bin jedenfalls immer freudig überrascht, wenn ich einen Gleichgesinnten treffe, einen Theaternarren oder einen Büchermenschen. Der größte Bibliomane, den ich in der SPD kenne, ist Reinhard Klimmt; er besitzt eine wahnsinnige Bibliothek und kauft ganz gezielt bestimmte Ausgaben und hat darüber auch ein Buch veröffentlicht. Er hat übrigens eine der besten Charakterisierungen von Oskar Lafontaine gegeben, die ich kenne – in einem Interview mit der *Süddeutschen Zeitung* im Oktober 2008. Ohne seine alte Freundschaft darüber aufzukündigen oder in Frage zu stellen, hat er trotzdem kritisch über seinen langjährigen Weggefährten gesprochen – und wie er das gemacht hat, war eine Meisterleistung.

Schmidt: Ich wusste nicht, dass Klimmt ein Buch übers Büchersammeln geschrieben hat. Meistens handelt es sich bei Büchern von Politikern um Erinnerungsbücher, die sie geschrieben haben, nachdem sie aus dem Amt waren.

Steinbrück: Eine Ausnahme ist natürlich Churchill. Dabei denke ich nicht einmal an seine Geschichte des Zweiten Weltkrieges, sondern an seine Darstellung des Ersten Weltkrieges, an seine Geschichte der englischsprachigen Völker und vor allem an seine Marlborough-Biographie. Mindestens in der Marlborough-Biographie schreibt er ja nicht über sich selbst, sondern »nur« über einen seiner Vorfahren. Literarisch war er ebenso hochgradig begabt wie als Politiker. Übrigens auch als Maler alles andere als ein bloßer Amateur. Dann wird man natürlich noch Henry Kissinger erwähnen müssen –

Schmidt: Henry Kissinger hatte im Vergleich zu Churchill den großen Vorzug: Er brauchte nie gewählt zu werden. Er war zwar politisch tätig und auch in höchstem Maße einflussreich, aber ein Politiker in dem Sinne, wie wir hier von Politikern reden, war er nicht.

Steinbrück: Trotzdem, sein Buch *Das Gleichgewicht der Groß- mächte*, eine Geschichte der europäischen Diplomatie nach dem Wiener Kongress, hat mich fasziniert. Am liebsten wäre er in die Haut von Metternich geschlüpft, vielleicht auch in die von Talleyrand – wegen dessen Liaison mit seiner angeheirateten Nichte Dorothée.

■ ■ ■

Schmidt: Mir geht noch einmal das Thema Karriere durch den Kopf. Ein Politiker will unbedingt an der Spitze stehen, so lautet eine landläufige, aber irrige Meinung. Da muss ich Ihnen aus meinem eigenen Leben mal eine Geschichte erzählen. 1968 wurde ich 50 Jahre alt. Seit 1953 – damals war ich 35 – war ich de facto Berufspolitiker, ich hatte keine Berufsausbildung, und ich war ohne Pensionsansprüche. Ich sagte mir, ich werde ja noch ein paar Jahre leben, aber wovon soll ich denn leben? Die heutigen Parlamentarierpensionen sind ja erst langsam im Laufe der Jahrzehnte aufgebaut worden. Das heißt, mit fünfzig war ich entschlossen, aus der Politik auszusteigen. Und ein Jahr später bin ich dann überredet worden und bin Verteidigungsminister geworden. Und drei Jahre später war ich fest entschlossen, nun wirklich auszuscheiden. Aber dann schied Karl Schiller aus, und Willy Brandt bekniete mich, als Minister für Wirtschaft und Finanzen an Schillers Stelle zu treten. Aus Loyalität gegenüber Brandt und aus Loyalität gegenüber meiner Partei habe ich das akzeptiert.
Und dann gab es ein Gespräch zwischen Brandt und Schmidt

im Frühsommer 1972, und Brandt war dankbar und sagte: Du weißt ja, wir wollen im Herbst vorgezogene Wahlen herbeiführen. – Ja, ja, ich weiß das. – Und dann machen wir beide anschließend zusammen die nächsten vier Jahre. – Da habe ich gesagt: Nein, Willy, nicht die nächsten vier Jahre, nur die nächsten vier Monate bis zum Wahltag, ich will raus. – Und als der Wahltag vorbei war – es gab einen wunderbaren Wahlerfolg der SPD –, bin ich wieder in die Pflicht genommen worden und habe mich in die Pflicht nehmen lassen. Ich wollte nicht nach oben, ich wollte auch nicht anderthalb Jahre später Regierungschef werden. Das glaubt zwar keiner, aber es ist wahr. Ich bin da reingerutscht. Natürlich hat es Leute gegeben, die gern Bundeskanzler werden wollten. Ich wollte das nicht. Ich hatte Angst – nein, Angst ist der falsche Ausdruck. Ich hatte ganz große Hemmungen vor der Verantwortung.

Steinbrück: Das haben Sie sich aber nicht anmerken lassen. Ich finde das Bild vom Reinrutschen gar nicht so verkehrt. Ich benutze das Bild vom Trichter: In diesem Trichter rutscht man immer weiter, bis man dann eines Tages an einer Position ist, wo man sich entscheiden muss. Bei einem kritischen Blick auf meinen bisherigen politischen Werdegang muss ich sagen, dass es keine typische Politikerkarriere gewesen ist. Ich habe mich nicht hochgedient innerhalb der SPD, sondern bin in der Ministerialverwaltung gelandet. Irgendwann mit Anfang vierzig bin ich, zu meinem eigenen Erstaunen, Staatssekretär geworden, und zu meinem noch größeren Erstaunen bin ich drei Jahre später Wirtschaftsminister eines kleinen Bundeslandes geworden. Von da an geriet ich immer tiefer in diesen Trichter. Ich wurde Wirtschaftsminister eines großen Bundeslandes, dann wurde ich sein Finanzminister, dann sein Ministerpräsident, dann fiel ich auf die Nase bei einer Landtagswahl und war eigentlich draußen. Und sechs Monate später war ich wieder drin als Bundesminister.

Schmidt: Jedenfalls haben Sie während dieses Werdegangs nicht angestrebt, Bundesfinanzminister zu werden und möglicherweise eines Tages noch eine Etage höher zu landen. Das war nicht Ihr Ziel. Und ich halte das, was Sie eben vorgetragen haben, für glaubwürdig und für richtig.

Steinbrück: Zu glauben, das seien alles geradlinige Politikerkarrieren, ist eine Unterstellung. Da spielen auch Zufälle und spezifische Konstellationen eine Rolle, in denen man gefragt wird, in denen man auch mal bearbeitet wird, etwas gegen die eigene Lebensplanung zu tun. Ich habe mir 2005, nach der Wahlniederlage in NRW, nicht vorgestellt, wieder ein politisches Amt zu übernehmen. Ich habe mir vorstellen können, an eine Hochschule zu gehen; ich habe mir vorstellen können zu publizieren; ich habe mir vorstellen können, in der einen oder anderen Stiftung tätig zu werden. Dass mein politischer Werdegang weitergehen würde, war nicht zwingend.

Ich will in diesem Zusammenhang noch einmal unterstreichen, was Sie eben angedeutet haben – ich nenne es das Prinzip Zweifel. Ich glaube, es gibt in der Öffentlichkeit das falsche Bild, dass es diese Zweifel, auch Selbstzweifel bei Politikern, die in der Verantwortung stehen, kaum gäbe. Mit Blick auf das, was man kann und was man nicht kann, ist ein Politiker aber nicht anders als andere, von denen Entscheidungen verlangt werden. Ich gebe freimütig zu, ich schätze all diejenigen Kollegen oder Kolleginnen am meisten – egal, welcher Partei sie angehören –, die offen zugeben, dass sie morgens im Dialog mit ihrem Rasierspiegel oder Schminkspiegel auch Zweifel haben. Mit diesen Zweifeln sollen sie nicht kokettieren, mit diesen Zweifeln sollen sie nicht auf den Markt gehen – das wäre politischer Selbstmord. Aber morgens vor dem Spiegel, den man über die eigenen Stärken und Schwächen nicht anschwindeln kann, sollten sie sich mit diesen Zweifeln beschäftigen.

Schmidt: Die Erwähnung des Zweifels an dem, was man denkt und tut, finde ich richtig und notwendig. Ein anderes Element ist auch notwendig; es hängt mit dem Zweifel zusammen und muss hier genannt werden: die Freundschaft zu Menschen in der gegnerischen Partei. Zum Beispiel war ich herzlich befreundet mit jemandem, mit dem ich mich im Bundestag auf das Schlimmste öffentlich auseinandergesetzt habe, das war der Großvater des heutigen Guttenberg. Oder mit Rainer Barzel, auf dessen Wort ich mich immer habe verlassen können, oder sehr viel später mit Theo Waigel oder Gerhard Stoltenberg. Vielleicht ist Freundschaft ein falscher Ausdruck. Es gab eine Reihe von Politikern, von denen man wusste: Ich kann mich auf sein Wort verlassen, und er kann sich auf mein Wort verlassen. Man kann das Freundschaft nennen. Jedenfalls ist es nicht so, dass Politiker prinzipiell keine belastbaren menschlichen Beziehungen hätten zu Leuten außerhalb des eigenen Lagers.

Steinbrück: Ich würde eher von sehr kollegialen oder besser von vertrauensvollen Beziehungen zu Politikern anderer Parteien reden. Ich hätte Mühe zu sagen, da haben sich Freundschaften herausgebildet. Aber dieselben Erfahrungen, von denen Sie berichten, habe ich auch gemacht, und sie wurden von manchen fast etwas irritiert verfolgt, etwa wenn ich an die Zusammenarbeit denke, die ich mit dem früheren hessischen Ministerpräsidenten Roland Koch hatte. Übrigens auch zur Verwunderung meiner eigenen Frau, die sagte, diese Geschichte mit den »jüdischen Vermächtnissen« würde sie bei einer Charakterbeurteilung ziemlich deutlich auf der Passivseite ansiedeln. Aber ich habe mit Roland Koch viele Projekte sehr vertrauensvoll und sehr verlässlich bearbeitet und dabei auch einen Zugang zu ihm gefunden. Ein ähnlich entspanntes Verhältnis empfinde ich zu Friedrich Merz. Und ich täusche nicht darüber hinweg, dass in den vier Jahren, in denen ich im Kabinett von Frau Merkel saß, es auch eine sehr vertrauensvolle, diskrete Zusammenarbeit und einen entsprechenden Dialog mit der Bundeskanzlerin gab – was mich nicht hindert, ihre gegenwärtige Politik zu kritisieren.

Schmidt: Ich will noch ein paar Namen hinzufügen, weil ich eben nur Leute aus der CDU/CSU genannt habe. Zu einigen Politikern der FDP gab es ähnlich freundschaftliche Verhältnisse. Wolfgang Döring – den Namen erinnern Sie wahrscheinlich nicht mehr –

Steinbrück: Doch, ja.

Schmidt: Einer der in Düsseldorf damals, in den frühen sechziger Jahren, so genannten Jungtürken; dem habe ich vertraut, und der hat mir vertraut. Das Gleiche gilt für Hilde Hamm-Brücher, das Gleiche gilt für Wolfgang Mischnik, das Gleiche gilt für den damaligen Agrarminister Josef Ertl – ein ganz eigenartiger, eigenwilliger Vertreter der Interessen der Landwirtschaft, aber ein absolut geradliniger, zuverlässiger Mensch. Was den Döring angeht, muss ich eine kleine Geschichte erzählen. Während der fälschlich so genannten *Spiegel*-Affäre – in Wirklichkeit war es eine Strauß-Affäre, wo übrigens die Bundesanwaltschaft mich wegen angeblicher Beihilfe zum Landesverrat mit einem Verfahren überzogen hat – haben Döring und ich bisweilen miteinander telefoniert. Wenn Döring anrief und ich sagte, ja, was gibt es, dann sagte er: Helmut, ehe wir anfangen zu reden, wollen wir erst mal die kleinen Schweinchen begrüßen, die hier alle mithören. Werde ich nie vergessen. Hat übrigens mein Verhältnis zu den deutschen Geheimdiensten dauerhaft geprägt.

Steinbrück: Hat er von Schweinchen geredet?

Schmidt: Ja, Schweinchen.

Steinbrück: Wir haben die immer Schlapphüte genannt. – Aber noch mal zurück zu den Zweifeln. Da gibt es auf der einen Seite den Gestaltungsanspruch, den Anspruch an sich selbst, eine Sache jetzt durchzuziehen. Auf der anderen Seite wird man in die Pflicht genommen. Und aus beidem entwickelt sich dann die Vorstellung: Ja, mit Unterstützung von anderen und mit Rückenwind könntest du das hinkriegen. Aber die Betonung des Konjunktivs ist wichtig. Nicht »kannst du es hinkriegen«, sondern »könntest du es hinkriegen«. Wenn man diese Entscheidung einmal getroffen hat, dann allerdings gibt es kein Zaudern mehr, dann kann man nicht lauwarm antreten und abwarten, wie sich das alles entwickelt, sondern dann wird der Aggregat auf volle Kraft gestellt, dann will man sich durchsetzen und gewinnen. Das ist das, was mir nach einem Interview mit dem Hessischen Rundfunk um die Ohren geflogen ist, als ich sagte: Wenn man sich entschieden hat, dann will man gewinnen.

Schmidt: Viele Leute denken, dass es vor allem darum geht, Rivalen wegzubeißen. Das ist, glaube ich, nicht richtig. In meinem Leben bin ich ein einziges Mal gegen einen sogenannten Rivalen angetreten – und das war ein Fehler. Es ging um ein Ehrenamt, um den Landesvorsitz in der hamburgischen SPD. Die hamburgische SPD hatte kurz vorher den ehrenwerten Ersten Bürgermeister der Stadt, Paul Nevermann, zum Rücktritt veranlasst, weil seine Ehe nicht gut funktionierte und weil da irgendwas war, was den ehrpusseligen Hamburgern nicht gefiel. Jetzt wollten sie das wiedergutmachen und wollten ihn zum Landesvorsitzenden ernennen. Ich habe dagegenkandidiert, und das war ein schwerer Fehler. Das war das einzige Mal, dass ich Rivalität erlebt habe. Später habe ich natürlich Franz Josef Strauß und Helmut Kohl als Rivalen empfunden.

Und da galt, was Sie eben gesagt haben: Da wollte ich auch wirklich gewinnen.

Steinbrück: Haben Sie gegen Strauß einen anderen Wahlkampf geführt als gegen Kohl?

Schmidt: Strauß habe ich in höherem Maße respektiert als Kohl, das muss ich bekennen. Ihn habe ich auch intensiver bekämpft, aber das war notwendig. Was das Publikum gar nicht gemerkt hat, war, dass Strauß und Schmidt sich wohl dreimal privat getroffen haben. Er ging, wenn er mich besuchte, immer durch den Hintergarten des Bundespräsidenten und dann durch meinen Hintergarten; das hat keiner gemerkt. Die Begrüßungsformel war eigentlich immer dieselbe. Ich sagte zu ihm: Na, Sie alter Gauner, wie geht es Ihnen? Und er sagte zu mir: Na, Sie alter Lump. Dann haben wir uns eine Stunde oder anderthalb unterhalten. Er war ein ernstzunehmender Gegner, eine wirkliche politische Potenz, außerdem eine rhetorische Begabung sondergleichen, leider aber ohne ausreichende Selbstkontrolle. Das war seine entscheidende Schwäche.

Steinbrück: In meiner Zeit als Büroleiter bei Johannes Rau habe ich manchmal zusammen mit anderen versucht, den Chef gegen Strauß in Stellung zu bringen, wenn er zu den Aufsichtsratssitzungen der Lufthansa fuhr; damals hatten Nordrhein-Westfalen und Bayern noch Anteile bei der Lufthansa. Dann unterbrach uns Johannes Rau jedes Mal und sagte: Was glauben Sie denn, was da passiert? Da bin ich mit dem Strauß in einem Seitengespräch und rede mit ihm über Politik zum Nutzen des Landes. Das ist ein Vollblutpolitiker, mit dem ich darüber reden muss. Also versuchen Sie nicht, mich hier immer zu agitieren gegen den Strauß, ich kann das nicht mehr ab.

Schmidt: Stichwort Lufthansa. Ich war 1952/53 Verkehrsdezernent des hamburgischen Senats und habe die Gründung der neuen Lufthansa mitgemacht. Es gab bis dahin das sogenannte Büro Bongers. Bongers war der Kaufmann, der übrig geblieben war von der alten Lufthansa; von ihm und einem Ingenieur namens Höltje ging die Initiative zur Gründung der Lufthansa aus. Die Bundesländer – an der Spitze NRW, Hessen, Bayern, Baden-Württemberg und Hamburg – taten sich zusammen, und jeder wollte einen Teil der neuen Fluggesellschaft für sein Land haben. Das Ergebnis war: Baden-Württemberg bekam nichts, Bayern bekam nichts, NRW bekam die Hauptverwaltung – die ging nach Köln –, und dass Frankfurt das Verkehrszentrum wurde, war zwangsläufig. Hamburg aber kriegte die technische Basis und hat heute 14000 Mann Belegschaft. So ist die heutige Lufthansa entstanden, und den Strauß hat das mit Recht gewurmt. Später hat er – das ist eine ganz große Leistung – aus diesem peripheren Flughafen München einen Weltflughafen gemacht mit ich weiß nicht wie viel tausend Arbeitsplätzen. Hamburg hatte auch eine Chance, hat aus Kleinkariertheit der Hamburger und der Schleswig-Holsteiner aber Kaltenkirchen nicht fertiggebracht. Stattdessen ist Kopenhagen das große Zentrum geworden.

Steinbrück: Im Zusammenhang mit Franz Josef Strauß haben Sie eben darauf hingewiesen, dass Politik auch eine Charakterfrage ist. Wo es um Führungsstärke, um Belastbarkeit, um Verantwortungsbewusstsein geht, hängt vieles in der Tat von der charakterlichen Disposition des Betreffenden ab. Ein Mensch, der kein intaktes Selbstbild hat, hat in der Politik nichts zu suchen.

Schmidt: Es ist nicht so ganz leicht für ein großes Publikum, den Charakter eines Menschen, der da oben, ganz weit weg von uns lebt, einigermaßen richtig einzuschätzen. Wenn zum

Beispiel die Wähler in Italien immer wieder den Herrn Berlusconi zum Premierminister machen – ich glaube, inzwischen zum dritten Mal –, dann liegt dem offensichtlich zugrunde, dass eine große Zahl von Italienern die charakterlichen Defizite dieses Herrn nicht begriffen hat. Die Leute in Paris oder in Berlin oder die Leute in Luxemburg können Herrn Berlusconi offenbar besser beurteilen als die Leute in Rom, aber inzwischen wachen die auch auf.

Steinbrück: Das Rätsel im Fall Berlusconi ist, dass er ja ganz offensichtlich Eigenschaften besitzt, die aus unserer Sicht nicht positiv besetzt sind, aber aus der Sicht einer breiten italienischen Wählerschaft schon. Sein Umgang mit jungen Frauen ist kein Geheimnis, und auch die Berichte, wonach er seinerzeit der sogenannten Geheimloge P2 nahegestanden haben soll und von denen eventuell sogar eine Art Anfangsfinanzierung bekommen hat, um darüber einen Medienkonzern aufzubauen, sind kein Geheimnis. Das wird aber offenbar nicht als störend empfunden, jedenfalls nicht in der Wahrnehmung vieler Wähler. Im Gegenteil, ich habe Kommentare in Erinnerung, dass Berlusconi etwas widerspiegele, was zumindest im maskulinen Teil der italienischen Wählerschaft gut ankommt.

Schmidt: Ja, nicht nur beim maskulinen Teil! Für mich ist, was den Charakter dieses Herrn angeht, eigentlich viel wichtiger, dass er sich in einer Reihe von Fällen in rechtsstaatswidriger Weise der Justiz entzogen hat.

Steinbrück: Ja, bis hin zur Beugung des Rechtssystems.

■■■

Schmidt: Ich komme noch mal auf unser Ausgangsthema zurück, die politische Karriere. Ich habe gesagt, dass Karriere

mich in Wirklichkeit nicht gereizt hat. Was mich gereizt hat,
war die Verantwortung für das öffentliche Wohl, für die Salus
publica – das war unausgesprochen und ausgesprochen für
mich immer die oberste Regel. Karriere hat mich nicht sonderlich interessiert, muss ich wirklich sagen. Kein Journalist
glaubt das, weil er es in seinem Politologiestudium anders
gelernt hat. Aber es ist so. Natürlich ist jeder Mensch – und
das gilt auch für mich – begabt mit Geltungsbedürfnis. Mein
Geltungsbedürfnis war befriedigt, wenn meine Bücher gelesen
wurden und wenn das Publikum, das meiner Rede zuhörte,
damit weitgehend einverstanden war. Das reichte vollständig
aus. Unbedingt an die Spitze zu kommen, auf diese Schnaps-
idee bin ich niemals gekommen. Ich habe Willy Brandt be-
schimpft, als er zurücktrat – in Wirklichkeit, ich sage es klipp
und klar, aus Schiss vor der Verantwortung.

Steinbrück: Hatten Sie nicht doch das Gefühl, Helmut, dass es
Herausforderungen gab, die Sie besser bewältigen konnten als
andere?

Schmidt: Es war aber kein anderer da. Als Brandt zurückgetreten war, war überhaupt keiner da, der beansprucht hätte
oder dem die anderen zugetraut hätten –

Steinbrück: Das unterliegt doch wieder dem Zweifel – dem
Zweifel, es könnte sein, dass du es besser machst als andere,
es könnte sein … Ich habe hier eine etwas andere Wahrnehmung, indem ich die Ämter, die ich ausfüllen durfte, zwar als
Last empfunden habe, aber auch als Privileg. Als Privileg, Erfahrungen zu sammeln, Menschen kennenzulernen, Sichtwei-
sen eröffnet zu bekommen, die ein »normaler« Bürger nicht
bekommt. Ohne die Ämter, die ich innegehabt habe, hätte ich
die Welt so nicht kennengelernt.
Das ist, wenn man so will, die »Rendite« eines hohen poli-

tischen Amtes. Das ist dem breiten Publikum nur wenig glaubhaft zu vermitteln, weil der Begriff »Macht« in Deutschland negativ besetzt ist. Den Politikern wird unterstellt, sie seien – da nehme ich den Begriff von Richard von Weizsäcker – machtversessen, sie seien süchtig nach Macht.

Schmidt: Richard Weizsäcker wusste genau, wen er meinte.

Steinbrück: Ich halte Macht an sich nicht für negativ – wenn sie demokratisch kontrolliert wird. Da geht es um eine auf Zeit verliehene Macht, die einem wieder entzogen werden kann durch einen demokratischen Wahlakt –

Schmidt: Und die kontrolliert und eingeschränkt wird durch tausend Faktoren. Sie ist eingeschränkt durch das eigene Parlament, durch die Notwendigkeit, für jeden Beschluss eine Mehrheit zustande zu bringen. Sie ist eingeschränkt durch die Rücksichtnahme auf die Nachbarn, auf Polen, auf Frankreich, sie ist eingeschränkt durch die Rücksichtnahme auf das mächtige Russland auf der einen, das mächtige Amerika auf der anderen Seite. Die sogenannte Macht ist eine Metapher, die verbirgt, dass es sich in Wirklichkeit um ein sehr kompliziertes System handelt, zumal in einer parlamentarischen Demokratie. In einer Präsidialdemokratie ist man nicht ganz so eingeschränkt, aber auch der amerikanische Präsident braucht für jedes Gesetz eine Mehrheit im Kongress, und außerdem braucht er noch die Zustimmung des Supreme Court, die in manchen Fällen verweigert wird. Unumschränkte Macht hatte vielleicht der Tyrann von Syrakus heute vor 2500 Jahren, das mag so sein, aber in einer Demokratie hat der Mann oder die Frau an der Spitze keine unumschränkte Macht, im Gegenteil, die Macht ist auf tausenderlei Weise eingeschränkt.

Steinbrück: Man könnte hinzufügen, auch durch Gewerk-schaften, Verbände, Medien, Kirchen, andere Vetomächte, die es in dieser Gesellschaft gibt und die, wie ich glaube, zuneh-mend an Einfluss gewinnen.

Schmidt: Ich selber habe eine Verführung durch Macht je-denfalls nie empfunden, zu keinem Zeitpunkt. Natürlich kann man das eine und andere durchsetzen, vor allem kann man manches verhindern. Ich habe eine Sache verhindert, die mir sehr am Herzen lag. In der zweiten Hälfte der sechziger Jahre war hinter dem Rücken des Kabinetts und hinter dem Rücken des Bundestages die Errichtung eines Gürtels von atomaren Landminen vorbereitet worden. Diese insgesamt rund hun-dert atomaren Landminen sollten entlang der innerdeutschen Grenze, praktisch von der Ostsee bis zum Bayerischen Wald, verlegt werden; die Löcher waren gebohrt, die Minen lagen bereit, um in die Löcher gesteckt zu werden. Auf diese Weise wäre unmittelbar bei Übertreten der Grenze durch Truppen des Warschauer Paktes ein atomarer Krieg ausgelöst worden. Im Jargon der obersten Generalität hießen diese Dinger Trett-ner-Minen – Trettner war der damalige Generalinspekteur der Bundeswehr.

Als ich in das Amt des Verteidigungsministers kam, fand ich dieses Vorhaben vor und beschloss, es aus der Welt zu schaf-fen. Ich hatte einen verständnisvollen Partner in dem ameri-kanischen Verteidigungsminister Melvin Laird, der mit mir darin übereinstimmte, dass das Wahnsinn war und auch gar keinen Abschreckungseffekt hatte, denn es war ja geheim. Wir waren uns aber auch darin einig, dass es geheim bleiben musste, denn wenn es öffentlich würde, dann würde in Ame-rika eine Empörung losbrechen über die Feigheit der Deut-schen, die Angst haben vor Atombomben und die nicht wol-len, dass ihr Land Schlachtfeld wird in einem atomaren Krieg. In Deutschland würde eine Welle der Ängstigung ausgelöst werden. Das Vorhaben zu beenden und die Landminen mitsamt den Löchern zu beseitigen hat uns insgesamt drei Jahre gekostet. Niemand hat davon erfahren, aber ich habe etwas verhindert, was lebensgefährlich war für die Nation. Darauf war ich stolz, und darauf bin ich heute noch innerlich stolz.

Steinbrück: Meine Kinder haben mich mal gefragt: Was, glaubst du, wird aus vier Jahren Bundesfinanzminister bleiben? Und erzähl uns jetzt nicht etwas über das Krisenmanagement der Jahre 2008/2009, da haben wir schon die Noten, das können wir alles singen. Und meine Antwort war: die Schuldenbremse im Grundgesetz auch gegen Widerstände und Missverständnisse mit durchgesetzt zu haben. Und mir fällt etwas Zweites ein, worüber ich einen gewissen Stolz empfinde: Ich habe ein ziemlich hoch dotiertes Programm zur Förderung des Ehrenamtes und des Stiftungswesens durchgesetzt. Alle haben sich gefragt, warum ausgerechnet derjenige, der auf der Kasse sitzt, bereit gewesen ist, für das Stiftungswesen und für das Ehrenamt in Deutschland Gelder bereitzustellen beziehungsweise auf Einnahmen zu verzichten.

Schmidt: Was die Schuldenbremse im Grundgesetz angeht, war ich nicht von Anfang an überzeugt.

Steinbrück: Sie müssen es im Vergleich zu dem sehen, was vorher dastand. Es stand vorher in den beiden Artikeln 109 und 115 eine Formel im Grundgesetz, die spielend übergangen werden konnte durch eine Regierung. Sie musste nur die Abwehr des sogenannten gesamtwirtschaftlichen Ungleichgewichts ausrufen, und schon konnte sie sich neu verschulden. Die meisten Regierungen, sozialdemokratische eingeschlossen, sind zwar vielleicht Anhänger von Keynes, aber sie haben Keynes immer nur halb verstanden. Sie haben Keynes richtig verstanden, wo er sagt: Einem Konjunktur- und Wachstumseinbruch muss man ein Deficit Spending entgegensetzen, um den Motor wieder anzukurbeln. Aber den zweiten Teil von Keynes, wo er nämlich sagt, dass in den besseren Zeiten diese Schulden wieder zurückzuzahlen sind, den haben sie nicht begriffen – und das gilt durchgängig für Regierungen jedweder Couleur in den letzten dreißig bis vierzig Jahren. Neulich las ich, dass konservative Regierungen zwar noch mehr Schulden angehäuft haben als sozialdemokratische, dass aber der Verdacht sich erstaunlicherweise immer gegen die Sozialdemokratie richtet.

Im Grundgesetz einen Mechanismus zu verankern – der übrigens dem Mechanismus des Stabilitäts- und Wachstumspakts auf europäischer Ebene folgt –, der einen konjunkturellen Impuls in schlechten Zeiten durchaus erlaubt, aber anschließend einen Zwangsmechanismus ausübt, dass die darüber aufgenommenen Schulden beglichen werden, und dann einen sehr begrenzten Rahmen für eine *strukturelle* Verschuldung setzt – das ist neu. Ich gebe zu: Mit Vorsatz kann man natürlich selbst das versuchen auszuhebeln, deshalb will ich gar nicht so tun, als ob das eine hundertprozentig und lupenrein abgesicherte Lösung ist, die Flucht vor Verteilungskonflikten durch eine Neuaufnahme von Schulden zu verhindern. Aber es ist allemal besser als das, was der Status quo ante war.

Schmidt: Wann wurde die Gesetzesänderung beschlossen?

Steinbrück: Sommer 2009.

Schmidt: Für mich war im Jahre 2009 absolut undurchsichtig, was in der Welt insgesamt an Konsequenzen zweiter und dritter Kategorie sich noch ergeben würde aus der Finanzkrise in Manhattan, die sich buschfeuerartig über die ganze Welt ausgebreitet hatte. Was Sie eben gesagt haben über die zweite Hälfte Keynes und über die Schuldenbremse, ist alles richtig, kann ich alles unterschreiben. Es sind aber auch heute, 2011, weltweite oder jedenfalls europaweite Entwicklungen nicht unvorstellbar, die dazu führen könnten, dass Staaten sich über ihre eigene Finanzverfassung hinwegsetzen. Ob es zum Beispiel eine solche Schuldenbremse gegeben hat in der spanischen Verfassung, weiß ich nicht – in der griechischen, in der portugiesischen, in der irischen Verfassung, weiß ich nicht. Aber ganz gewiss weiß ich: Wenn es solche Vorschriften dort gegeben hat, dann haben diese vier Staaten ihre Vorschriften übertreten. Die Vorstellung, dass Deutschland allein eine Insel der Solidität darstellen kann, die allerdings halte ich für illusionär.

Steinbrück: Die Schuldenregel sieht ja durchaus die Möglichkeit vor, bei einem massiven ökonomischen Einbruch – die Rede ist von sogenannten Notsituationen – den Staat handlungsfähig zu halten. Eine solche Notsituation wäre übrigens eingetreten, wenn die Patronatserklärung, die damals die Bundeskanzlerin und ich für die Spareinlagen abgegeben haben, hätte erfüllt werden müssen. Mein Standpunkt bis heute ist, wir hätten sie erfüllen müssen, sonst hätte es den größten Vertrauensriss in der deutschen Bevölkerung gegenüber der Politik gegeben.

Schmidt: Ihr hättet sie erfüllen müssen und hättet damit wahrscheinlich das Grundgesetz und andere Gesetze brechen müssen. Die Patronatserklärung zugunsten der Sparguthaben war eine Glanzleistung, sie war richtig, sie war notwendig, aber sie implizierte den potenziellen Verfassungsbruch.

Steinbrück: Der Auftritt selber war vielleicht verfassungsrechtlich noch nicht ein Bruch, aber rechtlich legitimiert war er in keinster Weise. Wir hatten keine Rechtsgrundlage, wir hatten keine Beschlusslage des Deutschen Bundestages, der

uns für eine Aussage von so weitreichenden Konsequenzen
hätte legitimieren müssen. Der Problemdruck, unter dem wir
standen, die Vorstellung, dass sich am Montag Schlangen vor
deutschen Banken, Sparkassen, Genossenschaftsbanken bilden könnten, die das historische Gedächtnis dieser Republik
aktivieren und alle Vermögensverluste des 20. Jahrhunderts in
Erinnerung rufen würden, zwang aber zum Handeln.

Schmidt: Richtig, richtig. – Apropos Verfassungsbruch. Ein
einziges Mal habe ich bewusst gegen das Grundgesetz verstoßen. Das war zur Zeit der vorhin erwähnten Flugzeugent-
führung nach Somalia; Hanns Martin Schleyer war als Geisel noch in der Hand der mörderischen RAF-Leute, und ein
Amateurfunker in Tel Aviv oder in Jerusalem hatte die Telefonate zwischen mir und dem Diktator Siad Barre in Mogadischu mitgehört – oder Telefonate zwischen Wischnewski und
Siad Barre, das weiß ich nicht mehr. Der Amateurfunker hatte
das gesendet, und die Redaktion einer Tageszeitung in Westdeutschland hatte das mitbekommen. Es war die Redaktion
der *Welt*, der diensthabende Chefredakteur hieß Hertz-Eichenrode.
Als ich davon hörte, dass die *Welt* mit einer dicken Balken-
überschrift rauskommen wollte: Bundesregierung versucht,
mit Gewalt das Flugzeug zu entsetzen – was natürlich sogleich
in Mogadischu zu einer Katastrophe geführt hätte –, rief ich
den Hertz-Eichenrode an, den ich nicht kannte, und habe ihm
gesagt: Was Sie hier machen, ist absolut strafwürdig, und ich
garantiere Ihnen, ich vernichte Ihre Zeitung anschließend, es
sei denn, dass Sie alle Zeitungen wieder einsammeln, die am
Bahnhofskiosk in Bonn bereits heute Abend ausliegen. Da hat
er seine Redakteure ausgeschickt und hat im Großraum Bonn
die bereits ausgelieferten Exemplare wieder einsammeln lassen. Keiner von den RAF-Leuten und niemand in Mogadischu
hat von der Sache etwas erfahren.

Mir war völlig klar, dass meine Drohung an sich bereits eine Verletzung des Grundgesetzes war und dass sie schwer zu verwirklichen gewesen wäre. Habe ich mich von der Macht verführen lassen? Ich habe das damals ganz anders empfunden, ich habe gehandelt aus Fürsorge für die neunzig Leute, die in diesem Flugzeug saßen. Das hatte mit Macht oder Missbrauch der Macht überhaupt nichts zu tun.

Steinbrück: Ob einer den Versuchungen der Macht erliegt oder sogar zu einer missbräuchlichen Ausübung von Macht tendiert, hängt sehr stark davon ab, ob es eine Umgebung gibt, die ihn warnen und korrigieren kann – dazu zähle ich auch die private Umgebung, die Ehefrau oder der Lebenspartner spielen dabei keine unwichtige Rolle. Was meine Mitarbeiter betrifft, so habe ich als Verhaltensregel immer gern ein chinesisches Sprichwort zitiert, wie wir *nicht* miteinander umgehen sollten. Und dieses chinesische Sprichwort lautet: Kommst du zu deinem Herrn oder deiner Herrin und sagst die Wahrheit, dann brauchst du ein schnelles Pferd. – Ich habe ihnen zu vermitteln versucht, dass nichts, was sie mir sagen, was gegebenenfalls meinen Unwillen hervorruft, vielleicht sogar meine Ungeduld, vielleicht sogar meinen Zorn, dazu führen kann, dass sie ein schnelles Pferd brauchen.

Schmidt: Sie haben mit dem Hinweis auf die Ehefrau unser Thema um einen nicht unwichtigen Aspekt erweitert. Der Lebenslauf eines Berufspolitikers – sei es, dass er Regierungsmitglied ist, sei es, dass er im Parlament eine Rolle spielt – ist in aller Regel familienschädlich. Und das ist in Wirklichkeit eine schlimme Sache. Ich will ein Beispiel geben. Es gab Entführungspläne gegenüber meiner Frau, gegenüber mir, gegenüber meiner Tochter, und infolgedessen liefen wir alle mit Sicherheitsbeamten herum.
Die Deutsche Bank, die gerade meiner Tochter versprochen

hatte, sie wird Filialleiterin in Lüneburg – eine kleine Stadt, aber immerhin eine erste Stufe in der Karriere einer Bankerin –, die Deutsche Bank kam jetzt zu dem Ergebnis: Wir können uns das nicht leisten, dass die Filialleiterin der Deutschen Bank von zwei Polizisten links und rechts flankiert ihre Kunden empfängt, das geht leider nicht. Wir schlagen Ihnen vor, gehen Sie in unsere Filiale nach London, da sind Sie aus dem Blickfeld. Das hat sie gemacht, hat sich dort verliebt und ist nicht wiedergekommen. So etwas nimmt das Publikum nicht zur Kenntnis, es bleibt aber eine tragische Geschichte. Hat dazu geführt, dass dann 35 Jahre lang Tochter und Mutter fast jeden Abend miteinander telefoniert haben, weil sie beide diese Bindung brauchten.

Ich habe selten mit ihr telefoniert, muss ich gestehen. Ich hatte einfach keine Zeit. Als Politiker steht man von morgens um halb neun bis nachts um halb eins unter Druck und hat vielleicht zwischendurch mal Zeit, zu Hause anzurufen und zu sagen: Ich will bloß mal Uhu sagen. Das sind dann zwei, drei Minuten, und dann kommt der nächste Besucher, der steht schon draußen vor der Tür, die Sekretärin hat schon gesagt: Der nächste Besucher ist da. Und ich habe geantwortet: Ich muss noch mal schnell meine Frau anrufen, halt den doch zwei Minuten fest, gib ihm eine Tasse Kaffee. So ist das Leben.

Steinbrück: Welche tiefen Spuren ein Politikerleben in den Familienbeziehungen, insbesondere im Verhältnis des Vaters zu den Kindern hinterlässt, wird ja gerade ziemlich deutlich in den Interviews der beiden Söhne von Helmut Kohl und in dem Buch des älteren Sohnes.

Schmidt: Und in dem Buch über Frau Kohl, das in meinen Augen eine schlimme Entgleisung ist.

Steinbrück: Ja, das geht auch mir zu sehr ins Private. Bei meinen eigenen Kindern –

Schmidt: Dass dieser Autor den Abschiedsbrief von Hannelore Kohl an ihren Mann abdruckt, geschrieben am Tag vor ihrem Selbstmord, finde ich absolut disgusting, unerhört!

Steinbrück: Stimme ich vollständig zu. – Für meine eigenen Kinder habe ich diese Gefahr genauso gesehen, wie Walter Kohl sie schildert. Ich habe sie unter anderem dadurch zu bannen versucht, dass gemeinsame Spiele hoch im Kurs standen und ich mit meinen Kindern gelegentlich Städtereisen über drei oder vier Tage unternommen habe, und zwar immer nur mit einem der Kinder – wir haben drei –, um zu signalisieren, das ist eine Zuwendung, die ausschließlich dir gilt. Das habe ich ein paarmal sowohl mit meinen beiden Töchtern wie mit meinem Sohn gemacht. Aber ich muss meiner Frau das große Kompliment machen, dass sie für einen guten Start dieser drei Kinder weit mehr getan hat als ich.

Schmidt: Das kann ich gut verstehen. Das ist mit meiner einzigen Tochter ganz genauso.

Steinbrück: Es ist natürlich zu respektieren, wenn die Frau oder der Mann oder insgesamt die Familie sagt, wir tragen dein Politikerleben nicht mit, und es ist auch zu respektieren, wenn Politiker wie der neue Wirtschaftsminister sich vornehmen, mit 45 auszusteigen – nur würde ich das nicht öffentlich sagen. Das wäre für mich eine Entscheidung, die ich im Stillen treffe, aber ich würde damit nicht öffentlich herumwedeln. Natürlich gehen einem bei der Bewerbung um ein politisches Amt mancherlei Gedanken durch den Kopf, Fragen nach den Auswirkungen auf die Familie und das Privatleben. Die spielen eine erhebliche Rolle, und sie spielen eine umso größere

Rolle, je älter man ist. Die Frage etwa: Wie stellst du dir eigentlich den letzten Abschnitt deines Berufslebens vor? Seit ich einfacher Abgeordneter bin, mache ich neue wunderbare Erfahrungen: Was ich da an Freiheit gewonnen habe, an Zeitsouveränität, das habe ich über die letzten zwei Jahrzehnte nicht gekannt.

Schmidt: Das fällt unter die Zweifel, von denen schon die Rede war.

Steinbrück: Richtig, und meine Antwort ist zweigeteilt. Da ist zum einen die Frage, ob man sich in die Pflicht nehmen lassen muss oder ob man ausweichen darf. Ich habe mal an anderer Stelle gesagt, man macht sich auch nicht einfach vom Acker. Zum andern spielt natürlich auch die Herausforderung eine Rolle, oder besser im Konjunktiv: Könntest du diese Herausforderung meistern, ja oder nein? Der Anspruch, den ich an jeden Bewerber um ein politisches Amt richten würde, hat übrigens weniger mit seinen Visionen zu tun. Was mich viel mehr interessiert, ist, ob er einen Kompass hat und gutes politisches Handwerkszeug mitbringt.

Schmidt: Wir spielen ja nun schon seit vielen Jahren miteinander Schach. Sie haben von fünf Spielen vier gewonnen, und einmal haben Sie mich gewinnen lassen –

Steinbrück: Das stimmt nicht. Wenn Sie gewonnen haben, Helmut, haben Sie sauber gewonnen.

Schmidt: Was ich sagen will, ist, dass im Schachspiel natürlich jeder von beiden gewinnen will. Das spielt auch eine Rolle in der Politik. Das hat mit Macht noch gar nichts zu tun, sondern Gewinnenwollen ist zunächst einmal eine allgemein menschliche Eigenschaft – wie im Fußballspiel oder im Schachspiel.

Allerdings ist die Politik viel mehr dem Fußballspiel zu vergleichen als dem Schachspiel, denn die Politik ist ein Mannschaftssport und nicht ein Sport, wo es allein auf das eigene,
sehr persönliche Können und die eigene Kraft ankommt. Alle
Politiker sind auf ihre Mannschaft angewiesen.

Steinbrück: Man will zusammen gewinnen. Deshalb fand ich
ja diesen Satz der Grünen-Politikerin Claudia Roth zum Krin-
geln blöd, die während der Fußballweltmeisterschaft 2006 in
Deutschland sagte, sie freue sich ja so sehr, wenn auch mal die
anderen gewinnen. So was käme mir nicht in den Sinn. Ich
will, dass *unsere* Mannschaft gewinnt, dass *wir* gewinnen.

Im Strudel der internationalen Finanzkrise

Schmidt: Ich möchte das Thema Finanzkrise gern mit drei positiven Bemerkungen über die Europäische Zentralbank, über ihren Präsidenten Jean-Claude Trichet und über den Euro eröffnen. Erstens: Wenn ich die zehn Jahre, seit der Euro greifbar ist, vergleiche mit den letzten zehn Jahren, in denen die D-Mark gegolten hat, dann ist der Euro in jeder Hinsicht stabiler, als es die D-Mark in ihren letzten zehn Jahren war, sowohl im Hinblick auf die Preissteigerungs- oder Inflationsrate im Euroraum als auch mit Blick auf die äußere Kaufkraft, sprich: den Wechselkurs. Das heißt, die populäre Hausfrauenmeinung, der Euro sei ein Teuro, ist ganz abwegig, und viele der heutigen Journalisten und Politiker, die darüber schreiben oder schwatzen, sind im Irrtum. Zweitens: Der Euro ist inzwischen die zweitwichtigste Reservewährung der Welt geworden. Von 100 Prozent Weltwährungsreserven sind knapp 60 Prozent denominiert in Dollar, knapp 30 Prozent in Euro; die restlichen 10 oder 12 Prozent verteilen sich auf Yen und Schweizer Fränkli und Sterling und was weiß ich. Dritter Punkt: Die Vorwürfe, die man der Europäischen Zentralbank heute macht, dass sie Staatsanleihen des griechischen Staates oder des portugiesischen oder des irischen Staates aus dem Markt genommen hat, also praktisch Geld geschöpft hat, um auf diese Weise die Neuverschuldung dieser drei Länder zu ermöglichen, diese Vorwürfe sind deswegen ungerechtfertigt, weil die Regierungen nichts zustande gebracht haben, obwohl sie hätten handeln müssen. Die Europäische Zentralbank war die einzige europäische Instanz, die handlungsfähig war. Und zum Ärger des damaligen Bundesbankpräsidenten Axel Weber hat sie in

kleinem Umfang gemacht, was die amerikanische Zentralbank in riesenhaftem Umfang gemacht hat. Wer als regierender Politiker der Europäischen Zentralbank Vorwürfe machen
will, der muss sich an die eigene Nase fassen.

Steinbrück: Ich teile Ihre Auffassung, dass die Europäische
Zentralbank wegen des politischen Versagens zu einem Er-
satzakteur gemacht worden ist. Und dieser Fehler ist gemacht
worden Anfang Mai 2010, als der erste Rettungsschirm von
den Staats- und Regierungschefs zwar in Aussicht gestellt worden ist, aber das Gesamtergebnis viel zu mager war, um die
Lunte auszutreten. Daraufhin musste die Europäische Zentralbank einspringen. Sie war dazu nicht genötigt, aber sie hat
es getan. Der Punkt ist, dass sie damit über ihre geldpolitische
Funktion hinaus eine fiskalpolitische Aufgabe übernommen
hat, und die steht nirgends in ihren Statuten. Die EZB war damit nicht mehr in der neutralen Ecke, sondern hat seither sogar italienische und spanische Anleihen dazugekauft, womit
sie noch mehr Risiken als die bisherigen 75 Milliarden Euro
auf ihre Bilanz gezogen hat. Im Vergleich zur amerikanischen
Zentralbank ist das zwar weniger als ein Zwanzigstel, die Fed
dürfte an die 2,4 Billionen Dollar Staatsanleihen auf ihrer
Bilanz haben. Aber wenn nun passiert, was in meinen Augen
eines Tages passieren muss, nämlich eine Umschuldung Griechenlands mit einem Schnitt, dann sind die 40 bis 45 Milliarden griechischer Staatsanleihen in den Büchern der EZB davon betroffen. Meine Wahrnehmung ist, dass die EZB diese
Staatsanleihen zwar nicht zu 100 Prozent Nennwert führt,
sondern zu einem Kurs von vielleicht 50 bis 60. Aber nehmen
wir darüber hinaus einmal an, es müssten 40 Prozent wertbe-
richtigt werden, dann dürfte davon das Eigenkapital der EZB
berührt sein – mit eventuellen Nachschussforderungen an die
nationalen Zentralbanken, womit wir es längst mit einer Haf-
tungsgemeinschaft zu tun haben. Das ist die Folge von bösen

politischen Unterlassungen, prägt aber die augenblickliche Lage der EZB, weshalb es in meinen Augen zwingend erforderlich ist, die EZB wieder zurückzuführen auf ihre ausschließlich geldpolitische Funktion. Ich halte es für notwendig, sie von diesen Staatsanleihen wieder zu entlasten und diese auf den derzeit aufgespannten und ab 2013 permanenten Rettungsschirm zu überführen.

Schmidt: Was aber nur möglich ist, wenn die Regierungen handeln. Solange die Regierungen nicht handeln, werde ich der EZB keinen Vorwurf machen. Man muss übrigens auch in den Blick nehmen, dass das Aufkaufen zum Beispiel griechischer oder portugiesischer Staatsanleihen durch die EZB natürlich Geldschöpfung bedeutet. Diese Geldschöpfung hat aber bisher nicht dazu geführt, dass wir eine höhere Inflationsrate im Euroraum haben, als wir für möglich und wünschenswert halten – weil die EZB bisher einen Teil der Geldvermehrung am Geldmarkt wieder sterilisiert hat. Wir haben eine deutlich niedrigere Inflationsrate als zum Beispiel im Dollarraum. Und deswegen ist ein volkswirtschaftlicher Schaden bisher nicht eingetreten.
Was nun die Vermögensbilanz der Europäischen Zentralbank angeht, so stimme ich Ihnen zu: Von dort gesehen sind ganz erhebliche Abschreibungen notwendig, es sei denn, dass ein zukünftiger, von den Regierungen beschlossener europäischer Mechanismus diese Anleihen der Europäischen Zentralbank abnimmt. Und zuletzt: Das Ding heißt Europäische Zentralbank. In Wirklichkeit handelt es sich aber nicht um eine Bank, sondern um eine Behörde. Weil das schon immer so war, hat man die zentrale Geldbehörde der europäischen Staaten Europäische Zentralbank genannt. Sogar die Chinesen haben ihre Einrichtung eine Bank genannt, in Wirklichkeit ist sie eine Unterabteilung des chinesischen Finanzministeriums. Es war so Usus.

Es war aber absolut nicht notwendig, dass diese sogenannte Bank, die eigentlich eine Behörde ist, wie eine Geschäftsbank eine Bilanz, eine Vermögensbilanz und eine Gewinn- und Verlustrechnung, aufmacht. Das Ausmaß der Ausweitung ihrer Geldmenge, das Tempo des Geldmengenzuwachses und die Inflationsrate: Das ist entscheidend für die Funktion dieser Zentralbank, nicht ihre Vermögensbilanz. Ich setze einmal einen theoretischen Fall: Selbst wenn eine Zentralbank, die eine Währung zu managen hat, in ihrer Vermögensbilanz ins Minus gerät, muss diese Währung überhaupt keinen Schaden erleiden – wenn ansonsten ihre Geldpolitik zweckmäßig verläuft. Das ist etwas, was natürlich Herrn Starbatty, Herrn Nölling und wie die Leute heißen, die da in Karlsruhe klagen, auf die Palme treiben wird, aber ich möchte es stehenlassen.

Steinbrück: Sie haben eingangs Axel Weber erwähnt. Weber war von dem Risiko abgeschreckt, dass die EZB zu einer Art Bad Bank für Staatsanleihen werden könnte und dass darüber eines Tages ihr Eigenkapital aufgefressen würde und die nationalen Zentralbanken, die dieses Eigenkapital liefern – die Bundesbank ist mit 27 Prozent beteiligt –, dieses Eigenkapital dann nachschießen müssten. Das hätte ihn als Präsidenten der Bundesbank unmittelbar betroffen. Abgesehen von anderen Gründen, hat er auf eine Kandidatur für das Amt des EZB-Präsidenten im Wesentlichen wohl verzichtet, weil er mit seiner Skepsis gegenüber dem Ankauf von Staatsanleihen im Rat der EZB weitgehend isoliert war. Wenn er das Amt übernommen und sich dann in einer Minderheitsposition immer hätte überstimmen lassen müssen, wäre das Amt des EZB-Präsidenten und damit die EZB insgesamt sicherlich beschädigt worden. Das ist wohl einer der wesentlichen Gründe gewesen, warum er, für viele überraschend, gesagt hat: Ich stehe als Kandidat nicht zur Verfügung. Ein weiterer Grund scheint mir gewesen zu sein, dass es an einem klaren Bekenntnis der Bundesregierung zu seinen Gunsten gefehlt hat.

Schmidt: Axel Weber ist, was die Aufgaben einer Zentralbank angeht, ein erstklassiger Fachmann. Daran kann nicht gezweifelt werden. Er ist aber nicht jemand, der das politische Umfeld und das internationale – oder in diesem Fall das europäische – Umfeld in ausreichender Weise mit ins Kalkül nimmt. Er ist das typische Ergebnis von sechzig Jahren Bundesbanktradition; gelernt hat er das an der Universität. Wir haben das ja viele Male erlebt. Ich erinnere an eine Situation irgendwann in den siebziger Jahren, da war Italien in einer Krise, die zur Zahlungsunfähigkeit des italienischen Staates hätte führen können. Und zwischen dem damaligen Bundesbankpräsidenten Karl Klasen und mir – ich war damals Regierungschef – entstand der Gedanke, wir müssen den Italienern helfen. Wir kamen zum Ergebnis, den Italienern einen Kredit von – das war damals eine Riesensumme – fünf Milliarden Deutsche Mark zu geben. Und weil Klasen Bundesbankpräsident war, konnte er das in seinem Zentralbankrat durchsetzen. Damit wir den Bundestag und somit die Schwierigkeiten im Parlament umgehen konnten, haben wir es nämlich als Kredit seitens der Bundesbank ausgegeben. Die alten Bundesbanker haben gesagt: Ja, aber! – und haben durchgesetzt, dass die Italiener für fünf Milliarden Gold zum damaligen offiziellen Goldpreis als Pfand gegeben haben. Übrigens ist das alles gutgegangen, die Italiener haben bedient und haben zurückgezahlt, und kein Mensch redet mehr darüber. Aber es ist ein Vorgang, der zeigt, dass eine Zentralbank natürlich auch das politische Umfeld – in diesem Fall das europäische politische Umfeld – ernst nehmen muss.

Steinbrück: Die EZB wird bei Mario Draghi in guten Händen sein. Ich habe ihn über Jahre erlebt, insbesondere als Vorsitzenden des Financial Stability Forum – jetzt heißt es Financial Stability Board – und als einen sehr kenntnisreichen Mann, auch mit politischem Gespür, sehr gut vernetzt in den wichtigen Ländern, auch in außereuropäischen Ländern, ein Mann mit hoher Reputation – und, wenn man so will, der deutschen Stabilitätskultur durchaus nahestehend. Ich habe es für einen enormen politischen Fehler gehalten, dass sich die Bundesregierung nach dem Rückzug von Axel Weber nicht schnell zu seinen Gunsten erklärt hat, was übrigens auch unter dem Gesichtspunkt zukünftiger deutscher Personalinteressen nicht sehr klug gewesen ist. Zu einem frühen Zeitpunkt Mario Draghi zu favorisieren und dies öffentlich zu machen hätte es der Bundesrepublik erleichtert, bei der Besetzung von europäischen oder außereuropäischen Spitzenpositionen an anderer Stelle auf Entgegenkommen zu setzen. Ich will noch hinzufügen: Ich habe durchgängig die Erfahrung gemacht, dass die Italiener in Gestalt von Tommaso Padoa-Schioppa, Mario Monti, Mario Draghi, Alessandro Profumo und Carlo Ciampi glänzende Experten auf den Feldern Geld, Kredit und Finanzen haben, was sich leider auf der Regierungsebene nicht widerspiegelt, wenn man von dem redlichen Bemühen des italienischen Finanzministers gegenüber Herrn Berlusconi absieht.

Schmidt: Ich stimme Ihrem Urteil über die italienischen Zentralbanker, die wir im Laufe der letzten dreißig Jahre erlebt haben, uneingeschränkt zu. Das gilt insbesondere für den neuen EZB-Präsidenten Mario Draghi.

Steinbrück: In der Tat, Draghi hat Berlusconi eine Rede ins Stammbuch geschrieben, wie sie in Italien selten gehalten wurde, mit sehr viel Courage und in aller Deutlichkeit – übrigens nicht zum ersten Mal. Draghi war so explizit, wie das nach den politischen Regeln in Italien sonst nicht üblich ist.

Ich halte ihn uneingeschränkt für die beste Besetzung, die wir bekommen können für die Europäische Zentralbank, und verbinde das mit einem hohen Kompliment für die Arbeit von Jean-Claude Trichet.

Schmidt: Richtig! Und einem Kompliment für Padoa-Schioppa, der inzwischen leider gestorben ist, und einem zusätzlichen Kompliment für den Staatspräsidenten Napolitano, einen ehemaligen Kommunisten.

Steinbrück: Das wusste ich nicht, dass er KPI-Mann war.

Schmidt: Ja, sieht man ihm heute nicht mehr an.

■ ■ ■

Steinbrück: Sie haben das Gespräch über Ursachen und Folgen der Finanzkrise mit einem dicken Lob für die Europäische Zentralbank und den Euro eröffnet; dem kann ich mich im Großen und Ganzen nur anschließen. Je mehr ich mir die Unabhängigkeit der EZB und ihre Geldpolitik vor Augen führe, desto mehr bedrückt mich aber der Kurs, den die amerikanische Zentralbank fährt. Seit etwa zehn Jahren pumpt sie enorm viel Liquidität in die Märkte, weil sie, anders als die Europäische Zentralbank, ein doppeltes Mandat hat. Sie hat erstens das Mandat der Geldwertstabilität, und sie hat das zweite Mandat, für die Stabilisierung des Arbeitsmarktes und für Wachstumsunterstützung zu sorgen. Im Augenblick legt sie den Akzent eindeutig auf das zweite Mandat. Sie wiederholt die Politik des extrem billigen Geldes, die unter Alan Greenspan schon in der Folge des 11. September 2001 gemacht worden ist, in der Fehlannahme, dass über diese Liquiditätsschwemme der Konjunkturmotor wieder anspringt und ebenso der Arbeitsmarkt. Das Hauptproblem der US-Wirtschaft ist aber nicht, an billiges Geld zu kommen, sondern es sind strukturelle Probleme. Nun schwappt diese Liquidität über die Grenzen der USA hinaus, auf Rohstoffmärkte, auf Immobilienmärkte, auf Finanzmärkte außerhalb der USA, und setzt, wie ich glaube, eine weltweite inflationäre Entwicklung in Gang.

Schmidt: Wobei diese weltweite inflatorische Entwicklung mit zeitlicher Verzögerung eintreten wird, aber ich stimme Ihnen zu.

Steinbrück: In den USA selbst liegt die Inflation im Augenblick bei 3,9 Prozent. In China ist sie Mitte des Jahres auf über 4,5 Prozent gesprungen. Was mich in diesem Zusammenhang zusätzlich beschäftigt – das schließt noch einmal an das erste Kapitel an –, ist die Frage, was passiert, wenn die Inflation in den USA ebenfalls auf 4,5 Prozent und höher geht und die Werthaltigkeit der Anlagen ausländischer Investoren davon betroffen ist. Wie verhält sich ein chinesischer Staatsfonds, bezogen auf die Werthaltigkeit seiner Anlagen, wenn er den Eindruck hat, dass diese Anlagen pro Jahr einer solchen Entwertung unterliegen? Welche Konsequenzen werden mit Blick auf die Anlagestrategien dann gezogen?

Schmidt: Wie lange die Chinesen bei ihrer vorsichtigen Zurückhaltung bleiben, erscheint mir als offene Frage. Mir scheint die inflatorische Entwicklung weltweit das größere Problem. Es ist einfach zu viel Geld da. Beispiel Dubai: Da sind ein paar Leute am Persischen Golf auf die Idee gekommen, sich ihr eigenes Manhattan aufzubauen und gleichzeitig ein eigenes Kalifornien oder ein eigenes Florida. Dubai ist ein typisches Beispiel für die weltweiten Konsequenzen der Geldschöpfung durch die amerikanische Zentralbank.
Die Ausweitung der Geldmenge als unmittelbare Reaktion auf

den 11. September war damals übrigens ganz vernünftig, das hat mit der heutigen Finanzkrise nichts zu tun. Erst die jetzige Liquiditätsschöpfung, die nun anhält seit 2007 und die in der Tat von Alan Greenspan vorbereitet worden ist, hat insgesamt die Konsequenzen unausweichlich gemacht, die Sie eben geschildert haben.

Steinbrück: Na, es gibt da schon einen Zusammenhang. Ich glaube, dass damals, nach dem 11. September, die Politik von Greenspan nachvollziehbar gewesen ist. Aber sie ist dann nicht korrigiert worden, sondern hat über 2002/2003 hinaus so viel Liquidität in die Märkte gepumpt, dass die amerikanischen Banken buchstäblich Drückerkolonnen von Tür zu Tür gejagt haben, um Hypothekenkredite zu verkaufen nach dem Motto: Wir bieten Ihnen eine hundertprozentige oder sogar hundertzwanzigprozentige Abdeckung bei einem Hauskauf. Das ist ziemlich risikolos für Sie, selbst dann, wenn Sie eines Tages mit Zinsen und Tilgung Schwierigkeiten haben sollten. Warum? Weil Sie mit steigenden Immobilienpreisen rechnen können. Im Zweifelsfall, so wurde suggeriert, ist der Wiederverkaufswert höher als das, was Sie haben zahlen müssen, und damit kommen Sie ökonomisch unbeschädigt heraus. Das stand am Anfang der Krise auf dem amerikanischen Hypothekenmarkt, und es war eine unmittelbare Auswirkung der Politik des extrem billigen Geldes.
Es kam etwas Zweites dazu, das zu tun hat mit der zunehmenden Spreizung der Einkommens- und Vermögensentwicklung. Weil die realen Löhne und Gehälter in den USA entweder rückläufig waren oder stagnierten und auf der anderen Seite riesige Vermögen entstanden, köderte man die Einkommensbezieher in den unteren Kategorien mit billigen Zinsen und der Perspektive eines günstigen Hauskaufs. Der staatlich propagierte und über die Geldpolitik geförderte Eigentumserwerb war auch eine Kompensation für die zunehmenden

Ungerechtigkeiten in der Einkommens- und Vermögensentwicklung.

Schmidt: Was den Hypothekenmarkt in den USA angeht,
muss man wissen, Peer, dass der Hypothekenschuldner persönlich nicht haftet, ganz anders als in Deutschland. Wenn ich
in Deutschland ein Haus baue und nehme eine Hypothek auf,
dann bin ich persönlicher Schuldner, und mein Haus dient als
Pfand. In Amerika schuldet nicht der Eigentümer des Hauses,
sondern nur das Pfand schuldet. Deswegen kann jemand, der
seine Hypothek im Zuge der Krise nicht mehr bedienen kann,
das Haus aufgeben. Er gibt den Schlüssel bei der Bank ab. Die
Bank hat jetzt das Pfand, das sie allerdings wegen der Flaute
am Hypothekenmarkt gegenwärtig nicht verwerten kann, und
er ist frei von Schulden. Das ist ein ganz wichtiger Unterschied, den man im Kopf haben muss, wenn man verstehen
will, wie diese Hypothekenfinanzierung in den USA wirkt.
Ich möchte zurückkommen auf die Geldschöpfung durch
die amerikanische Zentralbank unter meinem Freund Alan
Greenspan. 1998 hatte ich eine Auseinandersetzung mit Bill
McDonough; er war ein Freund und Kollege von Greenspan
und leitete die Zentralbank in New York. Die beiden hatten
damals die Rettung eines großen Hedgefonds beschlossen, der
hieß LTCM – Long-Term Capital Management (ich füge gerne
hinzu, dass das ein falscher Name war, hätte heißen müssen:
Short-Term Capital Mismanagement). Ich war der Ansicht:
Lasst sie pleitegehen. Aber die beiden Herren meinten, die
Konsequenzen seien zu schrecklich, denn der Fonds reiße
soundso viele Leute, die diesen Managern Geld geliehen haben, mit in den Konkurs. Mein Argument war: Lasst sie in
Konkurs gehen, das wird eine Lehre sein für all die übrigen
Leute, die ähnliche Geschäfte machen. Aber für Greenspan
und McDonough galt das Prinzip: Too big to fail. Da fing der
Fehler an. Das war heute vor 13 Jahren.

Steinbrück: Diesen Fehler habe ich letztlich auch gemacht. Denn vor der gleichen Frage stand ich bei einer ganz kleinen Bank in Düsseldorf, die hieß IKB. Die waren die Ersten, die erwischt wurden von der Subprime-Krise. Da hatte ich eine Telefonkonferenz, die ich mein Leben lang nicht vergessen werde; zugeschaltet waren der Bundesbankpräsident Weber, Herr Sanio von der BaFin, die Präsidenten der drei großen Bankenverbände für die öffentlich-rechtlichen Kreditinstitute, für die Genossenschaftsbanken und die privaten Geschäftsbanken sowie Spitzenvertreter einzelner Banken wie auch Mitglieder des Aufsichtsrates der KfW. Ich stellte früh die Frage: Warum lassen wir die nicht pleitegehen? Das war eine meiner ersten Reaktionen, nach dem Motto: Das ist Marktwirtschaft. Die versammelte Auffassung aller Beteiligten lautete: Wenn Sie die pleitegehen lassen, Herr Steinbrück, dann haben Sie es mit Ansteckungsgefahren zu tun, die unabsehbar sind, weil eine Reihe von institutionellen Anlegern bis hin zu der Sparkasse in Entenhausen oder eine Berufsgenossenschaft oder eine Krankenkasse dann entsprechende Abschreibungen und Wertberichtigungen vornehmen müssen und damit Dominoeffekte ausgelöst werden. Außerdem wäre es fatal, wenn ausgerechnet in Deutschland der erste Fall einer Bankenpleite eintreten würde; das würde auf den gesamten europäischen Bankensektor abfärben, nach dem Motto: So gehen die Deutschen mit dieser Bankenkrise um.

Schmidt: In welchem Jahr war das?

Steinbrück: Das war Ende Juli 2007, also mehr als ein Jahr vor Lehman, und das Ergebnis war genau das, was Sie gerade beschrieben haben am Beispiel von LTCM. Das Ergebnis war, dass wir die IKB gerettet haben. Heute beschäftigt mich die Frage, ob das am Anfang nicht hätte anders gemacht werden müssen, und zwar getreu einem chinesischen Sprichwort, das da lautet: Wenn du die Affen warnen willst, schlachte ein Huhn. Das Huhn wäre die IKB gewesen, und die Affen wären andere Banken gewesen.

Schmidt: Das heißt, Sie haben damals so gehandelt, wie eigentlich alle Staaten der Welt anschließend gehandelt haben. Und insgesamt stellt es sich als ein Fehler heraus.

Steinbrück: Ob die Rettung der IKB damals ein Fehler war, darüber lässt sich streiten. Der einmütige Rat aller Beteiligten der deutschen Bankenszene war, sie zu retten. In jedem Fall haben die USA mit der Insolvenz von Lehman Brothers einen Riesenfehler gemacht.

Schmidt: Also, ich vermute mal, wenn der Finanzminister – das war damals Larry Summers?

Steinbrück: Nein, das war Hank Paulson.

Schmidt: Richtig, es war Paulson. Nachdem die USA bis dahin alle möglichen Finanzinstitute gerettet hatten, hat niemand damit gerechnet, dass Washington die große Investmentbank Lehman Brothers pleitegehen lassen würde. Der davon ausgehende Schock hat dann die globale Bankenkrise ausgelöst. Wenn der Paulson das nicht gemacht hätte, dann wäre allerdings ein halbes Jahr oder ein Jahr später bei einer anderen Bank der gleiche Fehler dann doch gemacht worden.

Steinbrück: Da bin ich nicht sicher. Der größte Versicherungskonzern der Welt AIG hing nur 36 Stunden später in den Seilen. Wir reden über das Datum 15. September 2008 – Lehman – und Mittwoch, 17. September 2008 – AIG. Der Punkt ist, dass die Amerikaner AIG im Gegensatz zu Lehman stabilisiert haben. Das Problem für politisch Verantwortliche ist, dass sie zwischen relativen Nachteilen wählen müssen – in diesem Fall: Soll eine Bank pleitegehen oder stabilisiert werden? – und erst hinterher wissen, auf welcher Seite die größeren Nachteile gelegen haben. Sie müssen innerhalb kürzester Zeit entscheiden, bei unvollständigen Informationen, und dafür die Verantwortung übernehmen. Das ist der Unterschied zwischen Politikern und Journalisten, die anschließend über Untersuchungsausschüsse berichten.

Schmidt: Journalisten wissen auch erst hinterher alles besser. Aber warum halten Sie Ihre IKB-Entscheidung im Rückblick nicht für richtig? Wurde sie nicht durch die Folgen der Lehman-Pleite gerechtfertigt?

Steinbrück: Na ja, die IKB hatte eine Bilanzsumme vielleicht von 60 Milliarden Euro – da konnten die Erschütterungen und die damit verbundenen Abschreibungen nicht so überwältigend sein. Die Summe wussten wir aber erst hinterher. Alle – Josef Ackermann von der Deutschen Bank, der damalige Vorstandsvorsitzende der Commerzbank und Präsident des Bundesverbands deutscher Banken, Klaus-Peter Müller, oder insbesondere auch Axel Weber, dessen Urteilsfähigkeit ich immer Tribut gezollt habe –, sie alle kamen zu dem Ergebnis, dass eine Insolvenz der IKB sehenden Auges unverantwortlich wäre, weil Sparkassen, Berufsgenossenschaften, Genossenschaftsbanken, Versicherungen Einlagen in der Größenordnung von vielleicht 20 oder 25 Milliarden Euro bei dieser Bank hätten und die Wertberichtigung eine Erschütterungsdynamik auslösen würde. Der Rat war, dass ich dafür nicht die politische Verantwortung übernehmen sollte.

Schmidt: Worin hatte die IKB sich verspekuliert?

Steinbrück: In verbrieften Produkten vornehmlich mit US-Hypotheken, bis zur Halskrause – und zwar außerhalb der Bilanz.

Schmidt: Ich habe damals die Meinung vertreten – das war im Jahr 2007 –, dass es dringend notwendig wäre, den Banken zu verbieten, sogenannte »strukturierte Produkte« und sogenannte »Wertpapiere« zu handeln, es sei denn, dass sie einen offiziellen Kurs an einer offiziellen Börse hätten. Die Finanzprodukte, von denen Sie sprechen, waren höchst komplizierte Wertpapiere, die die Händler selber kaum verstehen konnten, die Vorstände auch nicht, und von denen niemand wusste, was sie morgen wert sein würden, weil sie gar keinen Kurs hatten.

Steinbrück: Absolut richtig.

Schmidt: Eines der erstaunlichsten Phänomene der letzten Jahre ist ja, dass die Bankvorstände nicht mehr wussten, was ihre Händler machten. Und dass die Händler zum Teil auch in großem Maßstab ihre eigenen Bankvorstände hinters Licht geführt haben. In einem Fall ist das aufgefallen, bei dem Nick Leeson in Singapur; aber in den meisten Fällen konnten die Bankvorstände es gar nicht mehr merken. Das ist so ähnlich, wie wenn ein Regierungschef nicht mehr weiß, welche Kriege seine Generale anzetteln. Die großen Fonds aller Art und die Zweckgesellschaften aller Art außerhalb der Bilanz der jeweiligen Mutterbank und die Bankvorstände selber – niemand wusste, was die Händler und ihre Computer in großer Geschwindigkeit machen. Und die Händler sind in Wirklichkeit eine psychisch labile Masse. Ich vergleiche sie immer mit den Schafen auf dem Deich zu Husum. Wenn ein Schaf anfängt, in eine Richtung zu rennen, rennen gleich drei Schafe hinterher, und plötzlich rennen alle hundert Schafe in dieselbe Richtung. Das ist das, was wir hier erlebt haben. Alle Schafe rennen in dieselbe Richtung. Oder alle Gänse. Das Schlimme ist, dass sie heute alle wieder dasselbe machen, in Wirklichkeit haben sie nichts gelernt. In Wirklichkeit spielen schon wieder diese Ratingagenturen eine Rolle, als ob sie die Regierung wären.

Steinbrück: Das ist inakzeptabel, gebe ich zu. Der Punkt ist aber, dass alle Kapitalanleger gerne Noten haben wollen über die Produkte oder Institute, die sie kaufen oder bei denen sie sich engagieren, und deshalb auf diese Ratingagenturen gucken. Wir sind in Europa bisher nicht in der Lage gewesen, eine eigene Ratingagentur aufzubauen, und daher in Abhängigkeit von drei amerikanischen Ratingagenturen, die dann ganze Nationalstaaten abwerten – obwohl diese zum Teil erhebliche Anstrengungen zur Konsolidierung ihrer öffentlichen Finanzen unternehmen – und damit die Spiralbewegung immer weiter nach unten treiben. Die Alternative lautet allerdings: Wenn man denen versucht auszuweichen und gar keine Bewertung und Benotung mehr hat, dann wird es auch keine Kapitalinvestoren mehr geben, die sich in diesen Ländern engagieren. Die Agenturen sind durch nichts demokratisch legitimiert, sie bewegen sich in ihrem eigenen Regelkreis, ziemlich willkürlich, aber trotzdem geben sie den Ton an. Und ich weiß bis heute nicht genau, wie dies zu durchbrechen ist. Im Fall Griechenlands habe ich schließlich empfohlen, das Urteil dieser Priesterschaft schlicht zu ignorieren, um politisch handlungsfähig zu bleiben.

Schmidt: Eine Ratingagentur müsste im Prinzip wie ein Frühwarnsystem funktionieren, aber die drei Rating Agencies, die Sie eben erwähnt haben, erfüllen diese Leistung nicht. Ein Grundübel ist, dass sie ihr Einkommen von denen beziehen, die sie bewerten sollen. Das ist eine fundamentale Fehlkonstruktion. Wenn sie zum Beispiel vom Steuerzahler finanziert wären und wären unabhängig, wäre mein Vertrauen etwas größer. Wenn sie reguliert wären, wenn es eine Aufsicht gäbe – so wie man eine Bankenaufsicht hat oder eine Versicherungsaufsicht –, wäre mein Vertrauen auch ein bisschen größer, als es heute ist. Mein heutiges Vertrauen ist beinahe null.

Steinbrück: Ich setze noch einen drauf: Ihr Interessenkonflikt bei den damaligen verbrieften Produkten ist sogar noch stärker gewesen, indem sie bei der Strukturierung dieser Produkte dabei waren, die sie anschließend bewertet haben. Solange es keine europäische Ratingagentur gibt, sehe ich nur die Alternative, dass die Europäische Zentralbank als unabhängige Institution in den Stand versetzt wird, eine Art Benotungssystem zu entwickeln. Die EZB wäre nicht interessengeleitet – jedenfalls nicht, solange sie keine Staatsanleihen eventuell über Wert kaufen muss. Gegenwärtig hat auch sie Marktinteressen.

Schmidt: Und gleichzeitig sollte mit dem Inkrafttreten dieser Regelung, so weit das deutsche Recht reicht, verboten werden, dass das Urteil einer privaten amerikanischen Rating Agency dem Gutachten einer Wirtschaftsprüfungsgesellschaft zugrunde gelegt wird. Die gesamte Bankenaufsicht in Deutschland ist hereingefallen auf diese verdammten Rating Agencies. Ich erinnere mich an ein Gespräch mit Ihnen, Peer, das liegt vielleicht zwei oder drei Jahre zurück, da habe ich Ihnen gesagt: Von Rechts wegen müssten Sie den Chef der Bankenaufsicht ablösen. Können Sie sich erinnern? Können Sie sich an Ihre Antwort erinnern?

Steinbrück: Nee.

Schmidt: Ihre Antwort war: Wo kriege ich einen her, der besser ist – bei der Bezahlung?

Steinbrück: Das ist ein Problem, und es gilt für alle Beschäftigten der BaFin. Die haben es zu tun mit Leuten, die das Sechs- bis Achtfache wie sie oder mehr verdienen; wenn sie gut sind, werden sie übrigens abgeworben, das ist wie auf dem Bundesligaspielermarkt. Ich glaube, der Chef der BaFin wird bezahlt in der Beamtenbesoldung B 10 und ist natürlich überhaupt nicht auf Augenhöhe mit denjenigen, die er beaufsichtigen soll.

Schmidt: Das heißt, er ist so hoch bezahlt wie ein Staatssekretär.

Steinbrück: Das ist zutreffend. Ihre Tochter Susanne erzählt in ihrem Buch über die Londoner Bankenwelt, wie lästig es war, wenn ein Mal im Jahr die Bankenaufsicht kam, weil man diesen armen Kerlen immer erst erklären musste, worum es eigentlich ging, und dass sich jeder in der Belegschaft davor drückte, mit denen die Bücher durchzugehen.

Schmidt: Und dann noch mit ihnen essen zu gehen!

Steinbrück: Wobei man hinzufügen muss, einiges ist ja doch auf den Weg gebracht worden. Ich gebe sofort zu: nicht hinreichend. Aber es ist eine grenzüberschreitende europäische Aufsicht mit neuen Einrichtungen etabliert worden, die seit Anfang des Jahres arbeiten: eine Aufsicht für Wertpapiere, für Aktien, für Versicherungen – deutlich verbessert –

Schmidt: Gleichzeitig verbessert und verschlimmbessert, denn die Tatsache, dass sie drei verschiedene Aufsichtsinstitute gegründet haben, die an drei verschiedenen Orten sitzen, dient der ganzen Sache nicht. Eine einzige Aufsicht an einem einzigen Ort wäre angemessen gewesen.

Steinbrück: Das ist ein Nachteil gegenüber einer deutschen Allfinanzaufsicht. Wir haben – das war mein Vorgänger Hans Eichel – diese drei Bereiche in einer Institution zusammengefasst, insofern haben Sie recht. Und auf europäischer Ebene haben wir es inzwischen auch mit einer institutionalisierten Risikoanalyse zu tun – unter der Leitung des EZB-Präsidenten. Aber das lässt schon darauf schließen, dass es eine sehr komplizierte Struktur ist.

Schmidt: Sie haben eben die Gehälter erwähnt. Die Frage ist wirklich, Peer: Erstens, hat überhaupt jemand den ernsthaften Versuch gemacht, zum Beispiel im Rahmen der G20, diesen Bankern die exorbitanten Einkommen wegzunehmen oder zu verunmöglichen, was zwei verschiedene Techniken voraussetzt. Und zweitens: Wenn niemand den Versuch gemacht hat, ist es dann wirklich richtig, zu sagen, Deutschland allein hätte es nicht gekonnt? Mindestens Euroland hätte es gekonnt. Hat jemand den Versuch gemacht, Euroland auf diesen Pfad zu bringen? Mein Eindruck ist: Nein, und das schließt die deutsche Regierung ein.

Steinbrück: Man hat den Versuch gemacht, teilweise auch begrenzt erfolgreich, bezogen auf die Boni-Zahlungen, indem sich die Boni-Zahlungen nicht mehr an kurzfristigen Erfolgen ausrichten, sondern sich mittelfristig an der Marktposition des Unternehmens orientieren sollen. Sie können in Aktien ausgeschüttet werden, aber die dürfen erst nach einigen Jahren liquidiert oder verkauft werden. Bezogen auf das Gesamtniveau der Gehälter hat es jedoch keine Veränderung gegeben. Für Deutschland halte ich fest: Wenn wir der Deutschen Bank, der Commerzbank und vielleicht einigen anderen auch öffentlich-rechtlichen Banken Vorschriften gemacht hätten, dann hätte die Antwort gelautet, dass ihr qualifiziertes Personal sofort abwandern würde nach Mailand, nach New York oder nach London, dass dies die Qualität ihres Managements beeinträchtigen würde und damit auch ihre Marktposition und ihre Margen, die sie verdienen müssen, um im Wettbewerb zu bestehen.

Schmidt: Da kann ich nur mit Deng Xiaoping antworten: So what!

Steinbrück: Da widerspreche ich, Helmut, denn Deutschland als die viertgrößte Realökonomie der Welt muss ein Interesse haben an einem funktionsfähigen Bankensektor, der in etwa auf Augenhöhe mit den anderen ist. Die Briten und die Amerikaner haben einen überdimensionierten Finanzsektor, bezogen auf ihre Realökonomie, die Deutschen haben eher einen unterentwickelten Finanzsektor, bezogen auf ihre Realökonomie. Wenn man mich fragt, hätte ich ganz gerne in der Größenordnung der Deutschen Bank mindestens noch eine zweite oder sogar dritte Bank in Deutschland – allerdings unter anderen Auflagen.

Schmidt: In Deutschland hatten wir drei große Banken, jedenfalls bis zur Vereinigung, und das war ein kleineres Deutschland als das heutige und eine wesentlich kleinere Volkswirtschaft. Nach meinem Eindruck liegt hier ein Versagen der Regierungen vor – einer nach der anderen – und auch ein Versagen des Bundestages. Ich stimme Ihnen zu, dass wir heute einen unterentwickelten Bankensektor haben, aber obendrein: Dieser unterentwickelte Bankensektor taugt nicht viel. Nennen Sie mir eine Landesbank, die sauber durch die Krisen der letzten Jahre gegangen ist, ohne die Hilfe des Steuerzahlers zu benötigen.

Steinbrück: Na ja, das würde die eine oder andere Landesbank von sich weisen. Aber Sie legen natürlich den Finger gleich auf das Schlimme. In Deutschland ist in der Tat das größte systemische Risiko, wenn man das so ausdrücken will, der Landesbankensektor. Und das ist, wie ich zugebe, ein politisches Versagen. Und das trifft auch mich selber, denn zu einem Zeitpunkt, als die WestLB noch in einer Position der Stärke war und eine nordrhein-westfälische Landesregierung sehr viel stärker auf eine Bereinigung der Landesbankenszene hätte hinwirken können, ist das versäumt worden.

Schmidt: Mir scheint, dass dieses Eigenleben von leicht größenwahnsinnigen Landesbankern auf zwei Umständen beruht, die beide keinen Ewigkeitswert beanspruchen können. Das eine ist der Umstand, dass die Eigentümer der Landesbanken, nämlich die jeweiligen Sparkassenverbände, eine sehr große Rolle spielen, dass denen aber der Überblick und das Urteilsvermögen fehlen; sie haben sich als ziemlich kleinlich und ohne ausreichende Urteilskraft erwiesen. Der andere Faktor ist der Größenwahn fast aller Ministerpräsidenten, die sich einbildeten, mit Hilfe ihrer Landesbank Industriepolitik machen zu sollen. Und die in Wirklichkeit gleichzeitig lokale Vorteile befördern konnten und – dick unterstrichen – gleichzeitig Personalpolitik betreiben konnten. Das ist ein Versagen der gesamten politischen Klasse in Deutschland und hat fast nichts damit zu tun, ob der Ministerpräsident dieser oder jener Partei angehört hat, sie alle haben denselben Dreck am Stecken.

Steinbrück: Den Schuh werde ich mir wohl anziehen müssen als ehemaliges Mitglied der nordrhein-westfälischen Landesregierung mit ihrem Einfluss auf die WestLB. Ich setze aber auch dagegen. Die Rolle der WestLB ist natürlich in dem schmerzhaften industriell-technischen Wandel des Ruhrgebietes ein ganz wichtiges Instrument der Landespolitik gewesen. Und, machen wir uns nichts vor, diese Neuaufstellung eines der ältesten und traditionsreichsten Industriegebiete nicht nur in Deutschland wäre ohne das Instrument einer solchen Landesbank so glimpflich auch nicht ausgegangen. Das heißt, bis zu einem gewissen Grad nehme ich diese Funktion der WestLB in enger Abstimmung mit der nordrhein-westfälischen Landesregierung in Schutz.

Schmidt: Gilt das auch noch für das 21. Jahrhundert?

Steinbrück: Ich gebe zu, dass sich das spätestens ab Mitte der neunziger Jahre änderte, als die Finanzindustrie immer weiter ausartete in der Erfindung neuer Finanzprodukte und komplizierter Anlagestrategien, die mit Finanzdienstleistungen für die Realökonomie und die Bürger von NRW nichts mehr zu tun hatten. Und als dann die Brüsseler Kommission den Landesbanken zwei eminente Vorteile wegnahm, nämlich die beiden Staatsgarantien Anstaltslast und Gewährträgerhaftung, brach das Geschäftsmodell von einigen Landesbanken Mitte des ersten Jahrzehnts, ziemlich genau Mitte 2005, zusammen. Und aus der Zeit resultieren die Kalamitäten der Landesbanken. Abschließend: Ja, alle Landesregierungen waren daran interessiert, einen eigenen Finanzplatz zu haben, Stuttgart, München, Düsseldorf, und sie waren nicht bereit, zu lernen und zu akzeptieren, dass die Zeiten vorbei sind, wo sie mit einer Landesbank einen eigenen Finanzplatz in ihren Landeshauptstädten halten konnten.

Schmidt: Es kommt hinzu, dass in die Vorstände und Aufsichtsräte dieser Landesbanken zum Teil keine fachlich zureichenden und charakterlich einwandfreien Personen berufen wurden. Ich muss Ihnen eine Geschichte erzählen. Ich weiß nicht, ob es achtzehn oder sechzehn Jahre zurückliegt, da war in Berlin eine Fusion zustande gebracht worden zwischen einer Landesbank, der Berliner Bank und einer Hypothekenbank, wenn ich das richtig erinnere. Und das fusionierte Gebilde nannte sich Bankgesellschaft Berlin oder so ähnlich. Und die machte eine erste große Kundenveranstaltung; weil ein entsprechender Saal in Berlin nicht zu finden war, gingen sie nach Babelsberg in eines der großen UFA-Studios und engagierten den Privatmann Schmidt als Festredner. Der ging auch da hin, hielt denen eine schöne Rede, und abends saß man zusammen mit diesen Vorstands- und Aufsichtsratsmitgliedern, vielleicht sechs oder acht Personen, an einem Tisch. Am nächsten Morgen sagte ich zu Loki, meiner Frau: Das ist vielleicht ein Scheißladen. Wirklich so. Und ich hatte tatsächlich recht. Ich habe damals diesen Schluss nur gezogen aus dem Unterhaltungsstoff der Herren an demselben Tisch. Ein paar Jahre später stellte sich wirklich raus, auch vor Gericht, dass es ein mieser Laden war. Wie hat der Mann noch geheißen? Ich komme nicht auf seinen Namen –

Steinbrück: Landowsky –

Schmidt: Ja, Landowsky war einer der Namen an diesem Tisch.

Steinbrück: Nun, heute haben wir das Problem, dass wir diesen Landesbankensektor nicht mehr fusionieren können. Warum? Weil keine Landesbank sich mehr mit einer anderen verheiraten will nach dem Motto: Die Mitgift, die die mitbringen, bringt uns um. Deshalb heißt es ja auch Mitgift, und deshalb kommt es nicht zur Konsolidierung. Das Ergebnis ist, dass die WestLB, früher die größte Landesbank, letztlich geordnet abgewickelt wird. Die konnte noch Ende der neunziger Jahre vor Kraft nicht laufen – in den Zeiten von Friedel Neuber.

Schmidt: Vorsicht, Vorsicht! Schon in den siebziger Jahren, zu Zeiten von Ludwig Poullain, hatte ich die nordrhein-westfälische Landesbank oder spätere WestLB unter Verdacht und habe sie sorgfältig beobachtet; ich war überhaupt nicht überzeugt von der Bonität der Personen. Und keiner hat gesehen, was die für seltsame Produkte gekauft haben.

Steinbrück: Das war später, tut mir leid! Die Infektion und die Fehlorientierungen traten erst ab 2005 ein, als die Staatsgarantien entfielen. Weshalb die damalige CDU-Landesregierung lieber nicht mit Steinen schmeißen sollte. Erst da haben sich Landesbanken wie die WestLB in Ermangelung eines Geschäftsmodells zunehmend engagiert auf Feldern, von denen sie keine blasse Ahnung hatten, und zum Beispiel in riesige Säcke gebündelter Forderungen investiert, in denen Dynamitstangen lagen.

Schmidt: Unter dem wunderschönen Stichwort »Kreditersatzgeschäft«. Sie wussten nicht, wohin mit ihrem Geld. Das Normale wäre gewesen, sie hätten Kredite gegeben an mittelständische und größere Unternehmen in NRW. Stattdessen ersetzten sie das Kreditgeschäft durch ein Ersatzgeschäft. Das Ersatzgeschäft bestand in dem Erwerb undurchsichtiger amerikanischer Papiere.

Steinbrück: In der Annahme, dort mehr Geld zu verdienen, was bis zu einem gewissen Zeitpunkt ja auch gelang. Damals kannten Sie und ich solche Papiere gar nicht. Die Experten hielten sie für vollkommen sicher. Was für ein Trugschluss! Aber damit sind wir bei der zentralen Frage: Schaffen die Banken überhaupt noch reale Werte? Oder sind sie in ihrem Eigenhandel, im Derivate-Handel nur noch mit sich selber beschäftigt – mit hohen Risiken?

Schmidt: Die Banken haben niemals eigene Werte geschaffen, die haben niemals einen Sack Weizen oder einen Bleistiftanspitzer produziert, ein Auto oder ein Flugzeug. Sie haben niemals reale Werte geschaffen, sie haben aber ermöglicht, dass andere reale Werte geschaffen haben, das heißt, sie haben einen notwendigen Hilfsdienst geleistet.

Steinbrück: Ich will noch mal zurückkommen auf die Situation im Herbst 2008, wo etwas passierte, was mich sehr geprägt hat. Damals hatten die Banken in Deutschland und Europa die wichtigste Kategorie, die es bei Geldgeschäften gibt, aufgebraucht, und diese Kategorie lautet Vertrauen. Sie hatten kein Vertrauen mehr untereinander, der Interbankenmarkt brach zusammen. Und dann passierte etwas, was unvorstellbar war in den Vorstellungen der Bankvorstände: Sie mussten sich Vertrauen leihen, und zwar von Leuten, mit denen sie niemals etwas zu tun haben wollten, den Politikern, dem Staat. Bis dahin waren Politiker in den Augen der Banker ineffizient; die hinkten immer hinterher, verstanden nicht viel, waren auch gelegentlich ziemlich doof, jedenfalls nicht so begriffsschnell. Und dann trat in diesem Herbst 2008 eine Situation ein, in der die Bankvorstände plötzlich angewiesen waren auf die Politik, die ihnen buchstäblich den Hintern rettete.

Sie haben am Anfang unseres Gesprächs mit Recht die Frage gestellt, Helmut, ob dies damals nicht die Situation gewesen wäre, auch über Deutschland hinaus die Spielregeln auf diesen Märkten zu ändern. Heute muss ich zugeben: Wir haben sie nicht geändert. Es ist gescheitert an divergierenden Interessen in der Gruppe der G20-Länder, zum Beispiel an den Interessenunterschieden zwischen der Londoner City und der Wall Street gegenüber anderen Finanzplätzen. Gescheitert ist es aber auch daran, dass viele Länder, die mit am Tisch saßen – wie zum Beispiel China, Australien oder Kanada –, sagten, wir sind für die Finanzmarktkrise nicht verantwortlich, sondern es sind im Wesentlichen die USA und die Europäer, die hier zusammengewirkt haben. Warum sollen wir Begrenzungen oder Einschränkungen in Kauf nehmen für etwas, was andere zu verantworten haben?

Schmidt: Das entschuldigt immer noch nicht das Nichthandeln der Regierungen der Eurozone. Die hätten gemeinsam handeln müssen. Haben sie nicht getan – nicht zuletzt wegen des Konstruktionsfehlers der Maastrichter Konferenz 1991/92. Die schuf einerseits eine Europäische Zentralbank, die unabhängiger ist als jede Zentralbank der Welt heutzutage, was nützlich und vorteilhaft ist. Sie braucht auch keinem Parlament Rede und Antwort zu stehen. Das gibt es auf der ganzen Welt nicht ein zweites Mal.

Es gibt andererseits aber kein Organ, das verantwortlich wäre dafür, dass zum Beispiel der sogenannte Stabilitäts- und Wachstumspakt, den man im Zusammenhang sehen muss mit Maastricht, von Frankreich und Deutschland defraudant gebrochen worden ist, dass diese beiden Länder aber davongekommen sind ohne jede Strafe, ohne jede Sanktion und damit ein Beispiel gegeben haben für andere, für die Portugiesen und die Griechen. Dieser Konstruktionsfehler, den Stabilitäts- und Wachstumspakt nicht mit einer Rechtsqualität auszustatten, ist ein entscheidendes Versäumnis gewesen.

Und noch ein Wort zu den Banken: Kein Mensch ist aufgestanden und hat protestiert, als in den frühen neunziger Jahren, etwa zur Zeit von Maastricht, der Shareholder Value zum obersten Prinzip des privaten Wirtschaftens erklärt wurde. Der Aufsichtsratsvorsitzende des DAX-Unternehmens, dessen Vorsitzender dieses Schlagwort in die Welt gesetzt hat – Shareholder Value –, war typischerweise ein Banker.

Steinbrück: Diese Deregulierungsarien, die gesungen wurden, dann das Hohelied des Shareholder Value oder die Übernahme anglo-amerikanischer Bilanzierungsregeln – denen hat sich die Politik, wie ich bekenne, allzu schnell ergeben. Aber alle sangen diese Arien mit, die Wirtschaft und ihre Verbände, die Medien, die wirtschaftswissenschaftlichen Hochschulen in Deutschland. Ich kann mich nicht erinnern, dass irgendjemand die Politik ermuntert hat, sich diesen, fast hätte ich gesagt, turbokapitalistischen Zielsetzungen zu widersetzen. Im Gegenteil, in dem Augenblick, wo man das Thema erwähnte und laut darüber nachdachte, ob man nicht stärker eingreifen müsste, wurde man als Gegner der freien Marktwirtschaft hingestellt und massiv attackiert. Die Auflösung der Deutschland AG war positiv besetzt. Das war geradezu eine Ideologie, deren Kernbotschaft lautete, die Politik habe sich rauszuhalten, die Märkte würden von allein ein Gleichgewicht herstellen, ihre Effizienzmechanismen dürften durch keine politischen Einflüsse gestört werden. Hinzu kam die Idealisierung einer Wettbewerbsgesellschaft, in der sämtliche Kräfte in allen Lebenslagen dem Mechanismus des Marktes folgen sollten. Reste und Ableger dieser Erlösungsvorstellungen, die politisch mit Reagan und Thatcher ihren Siegeszug antraten, finden sich noch heute in der amtierenden Koalitionsregierung. Einige von ihnen merken allerdings langsam, dass über diese Marktorthodoxie Destruktivkräfte freigesetzt werden, die bürgerlich-liberale Werte und Tugenden wegfegen. Sie haben sich über ihre Marktversessenheit selbst in ein moralisches Vakuum manövriert.

Schmidt: Für ein DAX-Unternehmen schien es damals kein anderes Ziel mehr zu geben, als an der New Yorker Börse gelistet zu werden. Das ist ein Schwerstfehler gewesen, den unter anderem mein Freund Heinrich von Pierer teuer bezahlt hat.

Steinbrück: Viele, die sich darum bemühten, von der Liste der New Yorker Börse wieder runterzukommen, sind auf erhebliche Probleme gestoßen – Probleme, die ich erst mit Bob Kimmitt, dem damaligen stellvertretenden US-Finanzminister und früheren Botschafter der USA in Deutschland, lösen konnte.

Schmidt: Wie viele sind inzwischen von der Liste wieder runtergekommen?

Steinbrück: Ich vermute mal, die Bemühungen, in New York gelistet zu werden, haben sich in der Hochzeit vielleicht erstreckt auf zwölf oder dreizehn Unternehmen. Jetzt sind es nur noch fünf.

Schmidt: Eine der schlimmen Konsequenzen, die wir im Augenblick nur noch nicht im Blick haben, liegt auf einem anderen Feld, nämlich dass sich die DAX-Unternehmen, die in New York gelistet wurden, inzwischen angewöhnt haben, zwei verschiedene Vermögensbilanzen aufzumachen.

Steinbrück: Ja, aber da kommen sie nicht raus. Ein börsennotiertes Aktienunternehmen, das grenzüberschreitend tätig ist, muss nach IAS (International Accounting Standards) bilanzieren und nicht nach HGB (Handelsgesetzbuch), da kommen sie nicht drum herum. Wenn sie das nicht tun, haben sie auf den Finanzmärkten keine Chance.

Schmidt: Mein Eindruck war bisher, dass dies zu tun hat mit der Listung an der New Yorker Börse und dass es sonst nicht so weit gekommen wäre.

Steinbrück: Wall Street mag einer der Gründe gewesen sein, aber es ist nicht der entscheidende. Im Übrigen entsteht nicht nur bei der Bilanzierung nach IAS für viele deutsche Unternehmen im Vergleich zu der klassischen HGB-Bilanzierung ein Nachteil, auch in anderen Fällen müssen wir aufpassen, dass deutsche Spezifika nicht zu einem Nachteil werden. Ich will ein Beispiel geben. Ich bin absolut für Basel III, die Verschärfung der Eigenkapitalquote, aber die Amerikaner und die Engländer und andere definieren hartes Kernkapital anders als wir in Deutschland. Zum Beispiel werden stille Einlagen, die insbesondere bei den Sparkassen in Deutschland eine gewisse Rolle spielen, nach den bisherigen Erörterungen bei Basel III nicht als hartes Kernkapital definiert. Das wirkt sich natürlich zum Nachteil der Kernkapitalausweisung von deutschen Kreditinstituten aus. Jetzt wird es darum gehen, dass es zumindest Übergangsfristen gibt, in denen sie ihre stillen Einlagen gegebenenfalls in hartes Kernkapital überführen können. Aber dafür brauchten sie etwas Zeit. Insofern spielt die amerikanische Definitionshoheit über die Spielregeln auf Börsenplätzen und Finanzmärkten nach wie vor eine Rolle. Die verdanken sie übrigens nicht zuletzt der Dominanz ihrer Wirtschaftswissenschaften in Harvard, Yale oder Princeton. Besonders grotesk dabei ist, dass die Amerikaner diejenigen waren, die stramm auf Basel II gedrängt haben, und die Letzten sind, die es umsetzen.

Schmidt: Peer, wenn wir uns im Laufe der neunziger Jahre gewehrt hätten gegen die weltweite Allgemeingültigkeit dieser internationalen Bilanzierungsregeln: Hätte das dazu geführt, dass die Aktien von Siemens oder Daimler-Benz oder VW in der Welt weniger wert gewesen wären als in den achtziger Jahren?

Steinbrück: Das glaube ich nicht, weil es auf die Leistungsfähigkeit der einzelnen Unternehmen ankommt. Nur war das gesamte ökonomische Umfeld in den neunziger Jahren anders definiert, vor allem bei denjenigen, die die Auflösung der

Deutschland AG für richtig hielten, nach dem Motto: Illiquides oder unproduktives Kapital muss mobilisiert werden, und deshalb müsst ihr auf Quartalsbilanzen eingehen und damit börsenfähiger sein als vorher. Das ist eine ganz breite Bewegung gewesen in Deutschland, an der viele beteiligt waren, übrigens auch mit aktiver Unterstützung von FDP- und CDU-Leuten – ich erinnere mal an den früheren Wirtschaftsstaatssekretär Johann Eekhoff oder an die Aktionsgemeinschaft Soziale Marktwirtschaft, die das nur dem Namen nach war, aber in Wirklichkeit nichts anderes vertreten hat als ein angloamerikanisches Muster. Dem sind die *Wirtschaftswoche* und die *FAZ*-Wirtschaftsredaktion wie viele andere begeistert gefolgt, auch die deutschen Professoren.

Schmidt: Meine Frage ist immer noch, ob der BDI oder der Bankenverband nicht hätten gegenhalten sollen. Ich denke an eine bestimmte Einzelheit, die mir zutiefst missfällt. Das ist die Bewertung von Anlagen in der Vermögensbilanz einer Aktiengesellschaft. In Deutschland gilt das Wertprinzip nach HGB, das ist absolut vernünftig. Das internationale Bewertungsregularium erlaubt es, zum Tageswert zu bewerten. Dass das Vermögen zwei Tage später plötzlich sehr viel niedriger ist –

Steinbrück: Das ist alles richtig. Wenn sie nach HGB bilanziert hätten, wäre der Verlust niemals eingetreten. Das andere Prinzip – wie heißt es noch? Es gibt dafür einen englischen Fachausdruck, den ich im Augenblick nicht präsent habe –

Schmidt: Wie groß ist die Divergenz, was Bilanzierungsregeln angeht, zwischen HGB und Aktienrecht?

Steinbrück: Kann ich Ihnen in absoluten Zahlen oder Prozentsätzen nicht sagen, ich vermute mal, es könnten mit Blick auf den operativen Gewinn vielleicht 20 Prozent sein. Aber ich bin nicht sicher. Wie heißt denn dieser englische Fachausdruck jetzt?

Schmidt: Fair Value! Ich sehe mit Befriedigung, dass es auch bei Ihnen beginnt Gedächtnislücken zu geben. Die werden bei mir immer schlimmer, schrecklich.

Steinbrück: Hält sich bei Ihnen aber ziemlich in Grenzen.

Schmidt: Ich gebe Ihnen recht, Peer, was das Umfeld der veröffentlichten Meinung angeht. Die war wie besoffen. Die sogenannten Unternehmensverbände, insbesondere die Bankenverbände, alle haben an eine möglichst unregulierte Wirtschaft geglaubt. Ich nehme mich persönlich aus. Ich habe in den neunziger Jahren in vielen Reden Regulierung verlangt und habe das Schlagwort geprägt vom Raubtierkapitalismus, der sich hier ausbreitet. Das war in der Mitte der neunziger Jahre.

Steinbrück: Was den damaligen Paradigmenwechsel angeht, will ich noch einen Punkt hinzufügen, der mir wichtig erscheint. Die Art und Weise, wie sich das entwickelte, hat in meinen Augen auch etwas mit dem Wegfall der Bipolarität zwischen Realsozialismus und Marktwirtschaft zu tun. Solange es dieses sozialistische System in der Nachbarschaft noch gab, existierte jedenfalls immer ein Gegenentwurf, der auch einen disziplinierenden Einfluss auf unser System ausübte. Das Ergebnis war ein gezähmter Kapitalismus im Sinne der sozialen Marktwirtschaft. Und ab 1990/91 gab es diesen Gegenentwurf nicht mehr. Daraus entwickelte sich dann in den neunziger Jahren unter den Stichworten Deregulierung, schneller Gewinn, Shareholder Value, Orientierung auf Quartalsbilanzen und hohe Margen eine ungeheure Dynamik. Selbstkritisch aus Sicht der SPD gesprochen: Ja, wir haben uns dem teilweise ergeben, obwohl das, was Hans Eichel dann gemacht hat, immer noch besser war als das, was sich gleichzeitig bei unseren Nachbarn in Mailand, in London oder in Paris tat. Die damalige FDP hat Hans Eichel doch nicht deshalb kritisiert, weil er nicht rigide genug war, sondern weil er aus ihrer Sicht in der Deregulierung nicht weit genug ging. Diese Pharisäer.

Schmidt: Warum hat die SPD nicht reagiert oder nicht stärker reagiert? Die Antwort ist ganz einfach: Weil sie nicht verstanden hat, was passierte. Es ist eine der Schwächen der deutschen Sozialdemokratie, dass sie immer nur ausnahmsweise Personal hervorgebracht hat, das einen ausreichenden Durchguck durch die wirtschaftlichen Zusammenhänge ins Amt mitbrachte. Darüber sprachen wir schon.

Ich will noch mal nach den Gehältern von Bankmanagern fragen. Sie haben mir vorhin keine mich befriedigende Antwort gegeben. Sie haben selber von dem Vertrauensverlust gesprochen, den die Banker im Herbst 2008 erlitten haben. Gleichwohl sind diese Leute an der Spitze der Banken nach wie vor mit Einkommen gesegnet, die alle normalen menschlichen Vorstellungen weit übertreffen – das löst Ärger aus, Neid, Empörung. Auf der anderen Seite sind wir immer noch dabei, die Banken zu retten. Der Streit um die Abwendung einer Zahlungsunfähigkeit des Staates Griechenland ist ja zugleich ein verdeckter Streit um die Rettung von Gläubigern, die in Wirklichkeit Banken sind und Versicherungen und dergleichen, zum Beispiel Hypo Real Estate in München. Das Versäumnis liegt darin, dass man bei der Gelegenheit diesen Raubrittern, die sich Bankvorstände und Aufsichtsräte und Berater und Händler nennen mit phantastischen Bonifikationen – dass man denen alles gelassen hat.

Steinbrück: Zu solchen Einschnitten war die Staatengemeinschaft nicht bereit. Und es hätte keinen Sinn gemacht, zu versuchen, das isoliert in Deutschland durch irgendwelche Regularien in den Griff zu kriegen, weil es auf dem Markt für Bankmanager zugeht wie auf dem internationalen Fußball- spielermarkt; dann wechseln sie eben von Bayern München zum FC Chelsea oder zu Real Madrid. Ich kann mich erinnern an eine Debatte, die es im amerikanischen Finanzministerium gab nach dem Zusammenbruch von Lehman. Der damalige Finanzminister Hank Paulson hatte die Finanzminister und Notenbankgouverneure der G7 eingeladen und dazu die Herzöge der Wall Street. Das war Anfang Oktober 2008. Zu dem Zeitpunkt waren die völlig konsterniert und entwickelten plötzlich ordnungspolitische Vorstellungen, die bis hin zur Verstaatlichung von Banken gingen. Wir guckten uns alle über den Tisch an, ziemlich verwundert, und gingen aus diesem Es- sen in der ehrwürdigen US-Treasury – also dem Finanzminis- terium der USA – heraus in dem Bewusstsein, dass die Krise bei den Bankmanagern schwerste Trefferwirkung erzielt hatte. Sie waren offensichtlich bereit, all ihre bis dahin geltenden Vorstellungen über Bord zu werfen. Es dauerte fünf Mo- nate – und sie waren auf demselben Trip wie vorher. Es war wie beim Monopoly-Spiel: Gehe zurück auf »Los«, ziehe keine 4000 Mark ein – und dann rasen sie so schnell wie möglich von der Badstraße wieder auf die Schlossallee.

Schmidt: Warum ist das eigentlich nie parlamentarisch unter- sucht und aufgearbeitet worden?

Steinbrück: Ja, das ist in Deutschland ein politisches Ver- säumnis, das auch ich mir anrechnen lassen muss. Ich hätte meine eigene Fraktion zu einer solchen Initiative ermuntern sollen. Was die Amerikaner besser gemacht haben, ist, dass der Kongress eine Untersuchungskommission eingesetzt hat mit öffentlichen Befragungen, die sehr scharf gewesen sind. Ir- gendwann ging mir durch den Kopf, warum wir das nicht auch in Deutschland gemacht haben – eine Untersuchungskommission, eingesetzt durch den Deutschen Bundestag. Nur: In den USA hat das Ganze zwar zu einem Abschlussbericht geführt, der schwerste Vorwürfe richtet an die Bankmanager, aber ich kann nicht erkennen, dass sich etwas geändert hat.

Schmidt: Und doch bleibt der unangenehme Eindruck, dass etwas versäumt wurde. Dass niemand zur Rechenschaft gezogen wurde. Dass die Banker keinen Preis bezahlt haben.

Steinbrück: Welcher Preis sollte das gewesen sein? Erstens: Ich bin mir sicher, dass die Banken heute keine Unterstützung mehr kriegen würden im Deutschen Bundestag und in der deutschen Öffentlichkeit für eine zweite Bankenabschirmung, wie wir sie im Herbst 2008 mit dem Finanzmarktstabilisierungsgesetz gemacht haben. Es würde einen Aufschrei der Entrüstung geben. Zweitens: In der damaligen Phase stand die Bankenwelt, repräsentiert durch ihre Vorstände und ihre Manager, unter Schock. Lehman war abgestürzt, und die Vorstandsetagen der meisten Wall-Street-Banken waren mit wenigen Ausnahmen ausgewechselt worden. Diese Schockphase hielt in meinen Augen von etwa September/Oktober 2008 bis Frühjahr 2009 an. Dann stellten die Banker fest, dass die verschiedenen Abschirmungskonstruktionen funktionierten, und in dem Augenblick wurden sie wieder selbstbewusster und kehrten zurück in ihre alten Mentalitäten. Das war körperlich spürbar. Auf dem wichtigen zweiten Finanzgipfel am 2. und 3. April 2009 in London haben wir es nicht hingekriegt, den Rückenwind aus dem ersten Finanzgipfel zu nutzen und ihnen Schranken aufzuerlegen. Das hat nicht geklappt.

Schmidt: Hier ist die Antwort auf meine Frage nach dem Preis. Der Preis wäre gewesen: eine durchgreifende Regulierung und Finanzaufsicht.

Steinbrück: Das wäre der eine Preis gewesen und der andere Preis: ein nachträglicher finanzieller Beitrag der Bankenwelt zur Finanzierung der Folgekosten. Da kommt dann der komplizierte Begriff einer Finanzmarkttransaktionssteuer ins Spiel, umgangssprachlich formuliert: eine Umsatzsteuer auf Finanzgeschäfte, über die zur Entlastung der Steuerzahler entweder die Folgekosten für mögliche Garantieausfälle – auch mit Blick auf die derzeitige Krise in der Eurozone – finanziert werden oder aber für die Zukunft eine Art Feuerwehrfonds gegründet wird, der für den Fall wieder drohender Finanzkrisen zur Stabilisierung genutzt werden kann.

Schmidt: Ich möchte das ausdrücklich unterstreichen. Es ist eine schwer verständliche Tatsache, dass Banken und andere Finanzinstitute keine Umsatzsteuer zahlen. Das ist fast nicht zu begreifen.

Steinbrück: Und wir reden bei einer Umsatzsteuer für Banken nicht etwa von 19 Prozent oder 7 Prozent, sondern von 0,05 Prozent – ich habe irgendwann einmal gesagt, ich sei für 0,1. Ich will hinzufügen, dass dieses Instrument auch für die aktuelle Lage von einer erheblichen Bedeutung sein könnte. Es geht darum, dass man einigen mediterranen Ländern behilflich sein muss, ihre wirtschaftliche Leistungsfähigkeit zu verbessern, denn das, was wir im Augenblick mit den Rettungsfonds tatsächlich machen, ist ja nichts anderes als die Finanzierung ihres Schuldendienstes. Ich war froh, als EU-Kommissionspräsident Barroso sich endlich zu Wort meldete mit dem Hinweis, dass der europäische Etat eine Milliarde mobilisieren soll aus den Struktur- und Kohäsionsfonds, um diesen Ländern behilflich zu sein, insbesondere Griechenland. Das wäre eine Maßnahme. Die andere wäre, das Aufkommen aus einer solchen Umsatzsteuer auf Finanzgeschäfte für die Förderung der Wettbewerbsfähigkeit dieser Länder zu verwenden – insbesondere mit Blick auf die Beseitigung von Jugendarbeitslosigkeit und auf den gewerblichen Mittelstand.

Schmidt: Sie erwähnen die Jugendarbeitslosigkeit mit Recht. Denn sie ist nicht nur in Deutschland, sondern fast überall in Europa und darüber hinaus in allen arabischen Ländern ein innenpolitisches Kardinalproblem geworden. Für die Lösung dieses Problemkomplexes das Aufkommen aus einer Bankenumsatzsteuer einzusetzen wäre ein wichtiger Beitrag.

Steinbrück: Den Widerstand in der Europäischen Union beziehungsweise in der Eurogruppe gegen eine solche Umsatzsteuer auf Finanztransaktionen könnte man vielleicht überwinden, indem man dafür wirbt, dass viele Länder Nutznießer eines solchen Aufkommens sein könnten. Ich kenne mindestens vier oder fünf Länder, die für eine solche Finanzumsatzsteuer sind; der letzte wichtige Regierungs- oder Staatschef, der sich dazu klar bekannt und geäußert hat, ist kein anderer als Präsident Sarkozy. Und da vermisse ich, dass die Bundesregierung ihr Gewicht auf die Waagschale bringt, mit einigen anderen Ländern in der Eurozone den Anfang zu machen. Frank-Walter Steinmeier und ich hatten eine interessante Veranstaltung in Berlin – das war im Herbst 2010 – mit dem Vorstandsvorsitzenden der Deutschen Bank, Herrn Ackermann, bei der wir ihn nach einer solchen Umsatzsteuer fragten und er sich immerhin hinreißen ließ zu der Bemerkung: Wenn die Politik eine solche Umsatzsteuer auf Finanzgeschäfte an den wichtigsten kontinentaleuropäischen Finanzplätzen durchsetze, also Mailand, Benelux, Paris und Deutschland, dann könne er sich vorstellen, dass man nicht zwingend den Finanzstandort London mit einbeziehen muss –

Schmidt: Wer sagt das?

Steinbrück: Das sagt Ackermann. Und mich wundert deshalb, dass die Bundesregierung in dieser Frage so zurückhaltend defensiv aufgestellt ist.

Schmidt: Wobei Ackermann natürlich weiß, dass die große Masse seiner Finanzumsätze in London gemacht wird.

Steinbrück: Ja, das ist natürlich jetzt ein K. o. Das ist mir damals leider nicht eingefallen, Helmut, aber das hätte meine Entgegnung sein müssen.

Schmidt: Ich wollte noch einmal zurückkommen auf den Vorschlag von Barroso. Im Grunde haben Barroso und seine Kommission ja nun schon mehr als zwei Jahre geschlafen. Trotzdem ist der Gedanke, den er da jetzt verspätet in die Debatte wirft, nicht ganz abwegig. In Wirklichkeit brauchen mindestens Irland, Portugal und Griechenland Hilfen – hoffentlich nicht auch Italien oder Spanien. Denn dann wird es eng. Die drei genannten Länder, Irland, Portugal und Griechenland, machen zusammen etwas weniger als sechs Prozent der Wertschöpfung der europäischen Volkswirtschaften aus. Es handelt sich also um eine relativ kleine Größenordnung, wenn man sie zum Beispiel vergleicht mit dem Zusammenfügen der ehemaligen Wirtschaft der DDR mit der ehemaligen Wirtschaft der Bundesrepublik Deutschland. Das war ein größerer Brocken, das waren mehr als sechs Prozent der westdeutschen Volkswirtschaft. Erschwerend kam hinzu, dass gleichzeitig ein Systemwechsel und die Überführung einer staatssozialistischen Planwirtschaft in eine Marktwirtschaft notwendig waren.

Ein Systemwechsel ist weder in Irland notwendig noch in Portugal, noch in Griechenland. Was diese drei Staaten brauchen, selbst in dem Extremfall eines griechischen Staatsbankrotts, ist ein European Recovery Program, ein europäischer Marshallplan, aber nicht bestehend in erster Linie aus Geld, sondern in erster Linie bestehend aus Projekten. Ein Beispiel wäre die Inkorporation Griechenlands in den energiepolitischen Wechsel in Deutschland; da scheint überall die Sonne in Griechenland, daraus kann man Strom erzeugen und nach Deutschland exportieren. Ein anderes Beispiel wäre die Gründung von Beschäftigungsgesellschaften bei gleichzeitigem Start von Infrastrukturprogrammen großen Ausmaßes, um die dreißigprozentige Jugendarbeitslosigkeit zu halbieren.

Es gäbe eine Reihe von Projekten, aber man braucht vor allem ein Gesamtkonzept. Und man braucht Partner, die bereit sind mitzuspielen, in Athen und in Lissabon und in Dublin. Es macht überhaupt keinen Sinn, den griechischen Staat vor der Zahlungsunfähigkeit zu bewahren und im Übrigen alles so zu lassen, wie es ist. Griechenland ist zurzeit in einer Depression, einer deflatorisch herbeigeführten Depression. Und die Griechen können sich aus eigener Kraft nicht daraus erheben. Weder die Mentalität noch die Fähigkeiten sind vorhanden: Bis Sie die griechischen Reeder dazu bringen, zum ersten Mal an ihren eigenen Staat Einkommensteuer zu zahlen, vergehen wahrscheinlich zwanzig Jahre.

Steinbrück: Richtig, wir haben in Griechenland auch ein Problem der Verwaltung; es fehlt an administrativen Voraussetzungen und intakten Strukturen. Hier muss man den Griechen behilflich sein, zum Beispiel bei der Verbesserung ihrer Steuerverwaltung, zum Beispiel bei der Einrichtung einer Art Treuhand, die bei der Privatisierung von Staatseigentum erforderlich ist. Nur: Wie wirkt sich das aus auf die Souveränität des Landes, auf den Stolz der Griechen, wenn deutsche Experten eingeflogen werden, wo die Deutschen ohnehin schon die Projektionswand sind, an der sich der Zorn der Griechen entlädt?

Schmidt: Die Deutschen sollten sich aus der Griechenland-Polemik heraushalten. Aber sie sollten sich, wie die übrigen Europäer auch, daran erinnern, dass die Demokratie ihre Wiege in Griechenland hatte, in den ionischen Städten, genauer gesagt. Ohne die alten Griechen hätte es keine Renaissance und ohne die Renaissance hätte es keine Aufklärung gegeben. Die Europäer sollten wissen, dass die europäische Zivilisation ohne Griechenland undenkbar ist. Sie daran zu erinnern gehört zu den Aufgaben der Politiker – und der Medien!

Steinbrück: Man darf den Griechen ihren Stolz nicht nehmen. Zurzeit werden nur Ressentiments geschürt. Man muss aber auch darauf hinweisen dürfen, dass die Griechen lange an der Bonität Deutschlands auf den Finanzmärkten teilhatten. In dem Augenblick, wo es eine gemeinsame Währung gab, konnten sie Kredite aufnehmen zu einem Realzinssatz von 2,5 oder 3,0 Prozent; Mitte der neunziger Jahre hatten sie auf den Kapitalmärkten noch 14 bis 15 Prozent und kurz vor dem Eintritt in die Eurozone über 10 Prozent für kurzfristige Anleihen zahlen müssen. Ich sage das nur, um daran zu erinnern, dass es eine Reihe von Mitgliedstaaten in der Währungsunion gibt, die die Teilhabe an der deutschen und französischen Bonität durch abgesenkte Zinsen nach Einführung des Euro nicht dazu genutzt haben, ihr Land zu reformieren und Strukturen zu modernisieren. Diesen Vorwurf muss man Ländern wie Griechenland – und übrigens auch Italien – machen. Das bedeutet nicht, dass man bei dem Vorwurf stehenbleibt, aber ihn gelegentlich zu präsentieren, halte ich nicht für falsch.

Schmidt: Das ist alles richtig. Der eigentliche Fehler liegt darin, dass man es 1991/92 für selbstverständlich gehalten hat, Griechenland, so wie es war, und Portugal, so wie es war, in die europäische Währungsunion aufzunehmen. Es war ein Fehler, den Euroraum so auszuweiten.

Steinbrück: Es war eine politische Entscheidung.

Schmidt: Ja. Eine Entscheidung von Politikern, die nicht wussten, was sie taten.

Steinbrück: Lassen Sie mich vielleicht in vier Sätzen zusammenfassen, was in der Griechenlandkrise meiner Meinung nach zu tun ist. Erstens werden die Griechen in den nächsten Jahren nicht wieder auf die Kapitalmärkte zurückkehren können; die Kalamitäten werden nicht durch immer neue Rettungsschirme zu beseitigen sein, sondern nur durch eine Entschuldung des Landes. Zweitens werden einige europäische Banken rekapitalisiert werden müssen, die sonst in schweres Fahrwasser kommen; man wird die eine oder andere Bank in Europa vielleicht auch mal geordnet abwickeln müssen. Drittens, man wird eine Art Recovery Program für Griechenland und andere Länder zur Verbesserung ihrer Wettbewerbsfähigkeit und Wirtschaftsstruktur in Gang setzen müssen. Viertens wird die EZB von der Belastung ihrer Bilanz mit Staatsanleihen befreit werden müssen.

Schmidt: Ich stimme Ihnen zu. Ich will an dieser Stelle noch einmal dringend davor warnen, von einer Krise des Euro zu reden. Ich habe eingangs schon darauf hingewiesen, dass der Euro die zweitwichtigste Währung der Welt ist, wenn Sie sich die Reserven der Welt angucken. Und ich habe wohl auch schon darauf hingewiesen, dass der Euro stabiler ist nach innen wie nach außen, als es die D-Mark in den letzten zehn Jahren ihres Bestehens gewesen ist. Natürlich würde ein Staatsbankrott oder ein Haircut oder eine teilweise Streichung griechischer Schulden psychologische Auswirkungen auf die Märkte haben, aber nur vorübergehend. Wenn der Staat Kalifornien morgen zusammenbricht und seine Volksschullehrer nicht mehr bezahlen kann, dann hat das natürlich Auswirkungen auf den Dollarwechselkurs, aber nicht länger als drei Wochen. Ähnlich ist es im Fall des Euro. Die Währung ist überhaupt nicht gefährdet. Sie kann aber gefährdet werden durch das Geschwätz von Politikern, die nicht wissen, worüber sie reden. Wenn Sie sich manche Ausgaben der *Bild*-Zeitung angucken oder des *Spiegel*: Was da über den Euro und seine angebliche Krise an falschen Thesen vorgetragen wird, ist ein Skandal, eine ganz schlimme Sache. Hier wird Stimmung gemacht in einer unverantwortlichen Weise.

Steinbrück: Ja, und die Bundeskanzlerin hat dazu beigetragen. Es fällt schon auf, dass sie in Brüssel die europäische Hymne singt, aber im Sauerland im Zweifelsfall das heimatliche Klavier mit sehr chauvinistischen und populistischen Tönen bespielt. Das hat sehr früh angefangen, schon im Februar/März des letzten Jahres, als sie sagte: Die Griechen kriegen keinen Cent. Und anschließend sich als eiserne Kanzlerin feiern ließ, namentlich von einem Boulevardblatt, aber zu dem Zeitpunkt natürlich längst grundsätzlich eine Hilfsleistung zugesagt hatte. Dann hat sie gesagt, dass es eine ständige Abschirmung gebe, die aber nie in Anspruch genommen werde. Wenige Wochen später wurde der Schirm in Anspruch genommen. Dann hat sie gesagt, der ist aber zeitlich begrenzt. Wenige Wochen später wurde über einen permanenten Rettungsschirm ESM gesprochen. Dann hat sie gesagt, wir wollen automatisierte Sanktionsmechanismen zur Korrektur der Fehler, die gemacht worden sind; die gab sie dann beim Spaziergang mit Sarkozy in Deauville wieder auf. Und so ist eine lange Kette entstanden, wo sie nicht nur verwirrende, sondern auch definitiv falsche Signale an die Partner und an die Märkte gesandt hat. Das deutsche Gewicht in Brüssel, die Reputation Deutschlands in den europäischen Gremien haben dabei deutlich abgenommen, und das ist ein Versagen dieser Bundesregierung.

Schmidt: Wann hat das begonnen? Wenn ich mich recht erinnere, kamen Sie in der Zeit der großen Koalition ganz gut mit Frau Merkel zurecht.

Steinbrück: Nun, da sage ich mit einem gewissen Selbstbewusstsein, dass wir damals gut aufgestellt waren, insbesondere auch während der erfolgreichen deutschen Ratspräsidentschaft im ersten Halbjahr 2007. Frau Merkel und ich haben den Fehler von 2003, mit einer qualifizierten Minderheit, nämlich zusammen mit Frankreich, den Stabilitäts- und Wachstumspakt auszuhebeln, sehr schnell korrigiert. Wir haben dem damaligen Währungskommissar Joaquín Almunia – übrigens bei einem sehr diskreten Treffen auf dem militärischen Teil des Tegeler Flughafens – noch während der Koalitionsverhandlungen Anfang November 2005 signalisiert: Deutschland wird vorbildhaft die Auflagen aus dem Stabilitäts- und Wachstumspakt erfüllen, gerade weil wir wissen, welche Bedeutung dies für die Glaubwürdigkeit des Stabilitäts- und Wachstumspaktes hat. Damals drohte ein neues Bestrafungsverfahren, weil wir mit der Neuverschuldung über drei Prozent lagen. Wir sind da sehr schnell erfolgreich wieder rausgekommen und 2008 sogar mit einer schwarzen Null des jährlichen Haushaltsdefizits zu einem Klassenprimus geworden. Was ich sagen will: In meiner Zeit als Finanzminister stand außer Zweifel, dass Deutschland seinen Beitrag zur Glaubwürdigkeit des europäischen Stabilitäts- und Wachstumspaktes leisten würde.

Schmidt: Das Gefühl, dass man sich auf die Deutschen verlassen kann, ist nicht nur in Brüssel, sondern auch in Paris, in fast allen europäischen Hauptstädten verlorengegangen, und zwar innerhalb ganz kurzer Zeit.

Steinbrück: Ich glaube im Übrigen, dass durch das wankelmütige Vorgehen der deutschen Bundesregierung die ganze Chose am Ende sehr viel teurer werden wird. Ich sehe eine gewisse Analogie. Am 5. Oktober 2008 sind die Bundeskanzlerin und ich kurz vor 15 Uhr, wahrscheinlich kurz vor einem Nachmittagsfilm mit Heinz Rühmann oder Liselotte Pulver, vor die deutschen Fernsehkameras gegangen und haben gesagt: Die deutschen Spareinlagen sind sicher. Das war eine Art Patronatserklärung, um die deutschen Bürger nicht weiter zu verunsichern. Wir wollten verhindern, dass sie am Montag zu ihrer Bank oder Sparkasse laufen, ihr Geld abheben und unter die Matratze oder in den Sparstrumpf legen.

Eine ähnliche Aktion hätte ich mir gewünscht in den Monaten März/April 2010. Da hätten die wichtigsten Staats- und Regierungschefs der europäischen Währungsunion vor die Kamera gehen und sagen müssen: Wir begründen ein europäisches Instrument, das europäisch garantiert wird, um diejenigen Länder zu unterstützen, die sich erkennbar nur noch schwer oder gar nicht auf den internationalen Finanzmärkten refinanzieren können. Das wären entweder europäisch garantierte Schuldverschreibungen gewesen, vielleicht Eurobonds, vielleicht andere Lösungen.

Stattdessen hat man damals die Finanzmärkte eingeladen, aktiv zu werden. Und die tun, was sie immer tun, wenn es eine unsichere Situation gibt: Sie testen, ob sie durch widersprüchliche Aussagen, durch Inkompatibilität nicht irgendwo eine Lücke finden, in die sie hineinstoßen können, um Marge zu machen. Dass die Banken wieder so ins Geschäft kamen, ist durch das Versagen der europäischen Politik damals mit verursacht worden. Hätte man frühzeitig eine Patronatserklärung für die Refinanzierung schwächerer Länder unter strikten Auflagen, sich zu reformieren und zu restrukturieren, abgegeben, dann wäre uns vieles erspart geblieben, bis auf den heutigen Tag.

Schmidt: Die Fehler, die Sie vorhin aufgezählt haben auf der Seite von Frau Merkel, bringen mich zu der Frage: Mit wem berät sie sich eigentlich? Sie hat offenbar keine adäquaten, gleichgewichtigen Gesprächspartner.

Steinbrück: Ich würde mir wünschen, dass sie sich mit Herrn Schäuble berät, den ich als einen der wenigen standfesten Europäer in diesem Kabinett sehe.

Schmidt: Haben Sie das Gefühl, Peer, dass sie sich mit Schäuble nur dann trifft, wenn es notwendig und unvermeidlich ist?

Steinbrück: Ich habe sogar das Gefühl, dass sie gelegentliche Vorstöße von Schäuble eher wieder zurückgenommen hat auf der Ebene der europäischen Staats- und Regierungschefs. Schäuble war früh mit einigen Vorschlägen aufgetreten, die in Vergessenheit geraten sind, zum Beispiel mit dem Vorschlag eines europäischen Währungsfonds oder mit der Forderung, dass eine Gläubigerhaftung durchgesetzt werden müsse. Das eine oder andere Treffen von Frau Merkel mit Herrn Sarkozy schien Schäubles Positionen geradezu infrage zu stellen, ehe der Europäische Rat am 21. Juli 2011 Beschlüsse fasste, die viel Ähnlichkeit mit seinen bereits früher entwickelten Vorstellungen haben. Ob diese Beschlüsse ausreichen, steht auf einem anderen Blatt. Manchmal habe ich den Eindruck, dass die Europäische Union nicht von ihren schwächsten Gliedern her gefährdet ist, sondern von ihren stärksten Gliedern, weil sich dort – auch vor dem Hintergrund des Boulevards und seiner populistisch kleinkarierten nationalen Interessenbekundung – eine aggressive Antistimmung verbreiten könnte, die darauf hinausläuft zu sagen: Da machen wir nicht mehr mit. Deshalb halte ich es für unverantwortlich, was da teilweise ins Feuer gelegt wird, um diesen Stimmungen Raum zu geben – und zwar mit klarem Blick auf Meinungsumfragen und Landtagswahlen. Es fällt allerdings positiv auf, dass sich dies in jüngster Zeit geändert hat – jedenfalls, was die Kanzlerin betrifft.

Schmidt: Es kommt letzten Endes doch auf Personen an, auf Führungspersonen, zum Beispiel in Paris, zum Beispiel in Berlin, vielleicht auch in Brüssel. Hier sehe ich mit etwas optimistischerem Blick in die weitere Zukunft. Allerdings bin ich leider der Meinung, dass die Fehler, die in Maastricht gemacht worden sind, nach dreimaligem Korrekturversuch – erstens durch einen Stabilitätsvertrag, zweitens durch eine europäische Verfassung, drittens durch den Lissabonner Vertrag – nicht mehr leicht korrigiert werden können. Ich halte es für wahrscheinlich, dass die Umstände nicht de jure, wohl aber de facto, also nicht in Vertragsform und nicht in Verfassungsform, aber de facto dazu führen werden, dass Paris und Berlin und ein paar andere wie zum Beispiel Den Haag und hoffentlich auch Warschau und möglicherweise sogar Rom zusammenwirken. Das ist jedenfalls meine Hoffnung. Die Möglichkeit, ein viertes Mal einen Vertrag zu schmieden, halte ich für ganz unwahrscheinlich.

Steinbrück: Deshalb wird es auch so schnell weder einen europäischen Finanzminister geben, wie Trichet ihn vorgeschlagen hat, noch eine sogenannte Wirtschaftsregierung. So wünschenswert solche Institutionen sein mögen, so sträflich wird unterschlagen, dass dies eine Änderung der europäischen Verträge voraussetzen würde. Zu einem solchen Kraftakt sehe ich weder die EU in der Lage, noch vermag ich die Bereitschaft einzelner Mitgliedstaaten zu erkennen, solchen Änderungen parlamentarisch oder sogar über Volksabstimmungen zuzustimmen. Fortschritte wird es nur auf dem Weg der multilateralen Verabredung zwischen Staats- und Regierungschefs geben.

Schmidt: Das De-facto-Handeln ist entscheidend.

Steinbrück: Ja, tatsächliche Vereinbarungen der Staats- und Regierungschefs, die dann aber auch schnell umgesetzt werden müssen, dürften insbesondere in Krisensituationen zielführender sein als Initiativen, die einer langen europarechtlichen Umsetzung bedürfen. Ein Punkt gewinnt dabei allerdings an Bedeutung: die Beteiligung der nationalen Parlamente und des Europäischen Parlamentes. Die Handlungsfähigkeit hängt sehr stark von den Führungspersonen ab. Aber auch die politischen Drähte müssen funktionieren. Nehmen Sie zum Beispiel Jean-Claude Juncker, über Jahre ein Garant der europäischen Integration. Seit einiger Zeit fühlt er sich nicht mehr aufgehoben in Paris und in Berlin, und das prägt auch seine persönliche Situation.

Schmidt: Er selber hat, wie mir scheint, bisher keine gravierenden Fehler gemacht.

Steinbrück: Im Grunde hat Juncker seine prägende Rolle und seinen Einfluss eingebüßt, als er nicht EU-Ratspräsident wurde. Und wer hat das verhindert? Das sind kapitale Fehlentscheidungen. Es ist jemand zum Ständigen Ratspräsidenten gemacht worden, der eine integre Figur ist, Herr Van Rompuy, aber es fehlt ihm die Reputation, die Gravitas und auch die außereuropäische Vernetzung von Jean-Claude Juncker. Und es ist jemand zur Hohen Beauftragten für Außen- und Sicherheitspolitik gemacht worden, über die man heute Mühe hat die Höflichkeit zu wahren, Mrs Ashton. Es hätte selbstverständlich Jean-Claude Juncker zum Ständigen Ratspräsidenten gemacht werden müssen. Und wer hätte der Hohe Vertreter für europäische Außen- und Sicherheitspolitik werden müssen auf dem Ticket einer linksdemokratischen Partei? Frank-Walter Steinmeier! Aber Frau Merkel hatte nicht die Souveränität, Steinmeier zu präsentieren, sondern hat eine britische Labour-Abgeordnete akzeptiert. Und Sarkozy wollte Jean-Claude Juncker nicht als Ständigen Präsidenten, nach dem Motto: Mit dem Belgier komme ich besser klar, das wird für mich einfacher. Das sind Fehlentscheidungen jenes Duos, das in Deutschland und Frankreich die Musik macht.

Schmidt: Ich will mal einen Satz aus Ihrem Buch *Unterm Strich* zitieren. »Die Schwäche der Europäischen Union steht in merkwürdigem Gegensatz zur Stärke Deutschlands … Die Zusammenhänge sind äußerst kompliziert, ihre Interpretation führt insbesondere zwischen Berlin und Paris immer häufiger zu heftigem Streit.« Ich habe mich gefragt, ob das so bleiben muss.

Steinbrück: Der nüchterne Sachverhalt ist, dass Frankreich größere Probleme mit seinen Staatsfinanzen hat als wir. Seine industrielle Basis ist geschrumpft, es verliert auf den Weltmärkten Wettbewerbsfähigkeit und damit Anteile. Daraus ergibt sich eine gewisse Interessendivergenz, die manchmal zu Spannungen führt, und die schlagen gelegentlich politisch durch. Madame Lagarde, die ehemalige französische Finanzministerin, ist eine bewunderungswürdige Grande Dame mit viel Selbstironie und angloamerikanischem Humor, aber ihre Vorstellung, die Deutschen könnten eine Art Sabbatical in ihren Exportaktivitäten entwickeln, um Leistungsbilanzdefizite innerhalb Europas auszugleichen, hat sie wahrscheinlich selber nicht ganz ernst genommen. Darin spiegelt sich die französische Befürchtung wider, dass Deutschland mit seiner enormen Exportstärke – und seinen Leistungsbilanzüberschüssen speziell auch im bilateralen Verhältnis zu Frankreich – in Kollision gerät mit französischen Interessen. Das ist übrigens auch in der Politik von Präsident Sarkozy gelegentlich zu spüren.

Schmidt: Die beiden Personen in Paris und Berlin spielen natürlich eine Rolle bei der Antwort auf meine Frage.

Steinbrück: Ja, wobei ich eher auf dem Standpunkt stehe: Es kann nicht sein, dass das deutsch-französische Verhältnis ausschließlich oder vornehmlich von der persönlichen Befindlichkeit und den Mentalitäten des deutschen Kanzlers oder der deutschen Kanzlerin und des französischen Staatspräsidenten abhängig ist.

Schmidt: Hoffentlich nein, tatsächlich aber zu einem ganz großen Teil ja. Wir Deutschen dürfen nicht vergessen, dass die Franzosen zusammen mit den Polen unsere wichtigsten Nachbarn sind.

Steinbrück: Aber es kann nicht immer so glücklich zugehen wie zwischen Giscard und Ihnen oder auch zwischen Kohl und François Mitterrand, wobei ich mal unterstelle, dass in beiden Fällen die Mentalitätsunterschiede auch nicht gerade gering gewesen sind.

■■■

Schmidt: In Ihrem Buch, Peer, das vor knapp einem Jahr erschienen ist, haben Sie die mittelfristige ökonomische Entwicklung in Deutschland sehr düster gesehen und von abflachenden, ja von negativen Wachstumsraten gesprochen. Auch in diesem Punkt waren Sie nach meinem Urteil damals etwas zu pessimistisch; ich habe Ihnen das auch gesagt. Die Entwicklung hat uns erfreulicherweise vom Gegenteil überzeugt.

Steinbrück: Ja, ich bin, dem Himmel sei Dank, korrigiert worden in dieser Perspektive und will meine Fehleinschätzung jetzt auch gar nicht relativieren. Trotzdem! Wir sind meines Wissens immer noch nicht auf demselben Niveau des Bruttosozialproduktes wie 2008 – das werden wir bei den in Rede stehenden Wachstumsraten wahrscheinlich nächstes Jahr erreichen –, und auch mit Blick auf die Einnahmen der öffentlichen Haushalte, ganz wichtig, sind wir meines Wissens ebenfalls noch nicht ganz wieder auf dem Niveau von 2008. In diesen beiden Punkten liege ich mit meiner Prognose, dass es – gerechnet ab Herbst 2008 – mindestens drei bis vier Jahre dauern dürfte, um die Vorkrisenniveaus zu erreichen, also nicht ganz falsch. Aber ich stimme Ihnen zu, man kann sich nur darüber freuen, dass wir eine bemerkenswert positive Entwicklung 2010/2011 verzeichnen, die Deutschland im europäischen Umfeld fast wie Alice im Wunderland erscheinen lässt. Denn wer will so unverantwortlich sein, schlechte Zahlen herbeizureden, nur um seine eigene Prognose zu bestätigen? Meine Einschätzung allerdings, dass eine Krise wie 2008/2009 eine längere Phase der Nachwirkungen mit eventuell weiterem Beben nach sich zieht, hat sich über Deutschland hinaus leider bewahrheitet.

Schmidt: Ich will Ihnen sagen, warum ich deutlich positiver gestimmt war. Für mich gibt es zwei verschiedene Gruppen von Faktoren, langfristige und kurzfristige. Faktoren, die eine lange Vorgeschichte haben, sind zum Beispiel das System der Betriebsräte und der Mitbestimmung der Arbeitnehmer in den Aufsichtsräten – eingeführt in der Mitte der siebziger Jahre. Zum Beispiel die Einheitsgewerkschaften. Zum Beispiel das Kurzarbeitergeld. Zu den kurzfristigen Faktoren gehört – das ist die Leistung von Olaf Scholz –, in der Krise das Kurzarbeitergeld so verlängert zu haben, dass die Leute nicht arbeitslos wurden. Spielt eine Riesenrolle für den ökonomischen Aufschwung der letzten zwölf Monate, ist beinahe untergegangen im öffentlichen Bewusstsein. Zu den kurzfristigen oder meinetwegen auch mittelfristigen Faktoren gehört die viel größere Beweglichkeit der Manager an der Spitze deutscher mittelständischer Unternehmen. Die Verantwortlichen des gewerblichen Mittelstandes haben sich viel besser benommen als beispielsweise die von Weltkonzernen wie General Motors, sprich: Opel.

Steinbrück: Der deutsche gewerbliche Mittelstand spielt eine enorme Rolle, und das ist fast ein deutsches Alleinstellungsmerkmal. Eine Rolle spielt aber auch, dass einige deutsche Großunternehmen in den letzten zehn Jahren ihre Bilanzen geordnet und sich auf der Kapitalseite verbessert haben. Ganz wichtig scheint mir zu sein, dass Deutschland nach wie vor eine breitere industrielle Basis hat als andere Länder. Nach wie vor trägt das produzierende Gewerbe ungefähr 23, 24 Prozent zum deutschen Bruttosozialprodukt bei, in Großbritannien sind es 14 Prozent, in den USA 15 Prozent und in Frankreich 11 Prozent. Und auf diesen industriellen Karren setzen sich noch viele produktionsorientierte Dienstleistungen obendrauf. Das scheint mir von enormer Bedeutung zu sein, weshalb ich immer dafür eintreten würde, diese industriellen Kernkompetenzen in Deutschland weiterzuentwickeln. Das hat auch viel mit Technologie zu tun. Wir dürfen das nicht aufgeben, wir dürfen nicht jene Entwicklung zur Deindustrialisierung nachvollziehen, die schon viele Länder mit einem Verlust an Wettbewerbsfähigkeit bezahlt haben.

Die Mitbestimmung und die Einheitsgewerkschaften habe ich immer im Sinne des Arbeitsfriedens und der sozialen Stabilität für einen Standortvorteil gehalten. Die moderaten Tarifabschlüsse mit dem Wettbewerbsvorteil fast stabiler, also im internationalen Vergleich sinkender Lohnstückkosten sind aber ein janusköpfiges Phänomen – denn auf der anderen Seite der gestiegenen Wettbewerbsfähigkeit steht, dass die Realeinkommen vieler Arbeitnehmerinnen und Arbeitnehmer stagnieren oder sogar abnehmen. Darüber kommen wir zu Verteilungsfragen und einer schwächelnden Binnennachfrage mangels Kaufkraft.

Dann hat sich in der Krise bewährt, dass wir ein dreisäuliges

Kreditwesen haben mit Genossenschaftsbanken, Sparkassen und privaten Geschäftsbanken. Eine beherrschende Frage, die mich als Finanzminister im Frühjahr 2009 erreichte, war, ob es zu einer Kreditklemme kommen könnte bei der Finanzierung des deutschen Mittelstandes. Dieser Fall ist deshalb nicht eingetreten, weil Sparkassen und insbesondere Genossenschaftsbanken die Finanzierung aufrechterhielten in dieser Zeit. Das war von entscheidender Bedeutung.

Schmidt: Dick unterstreichen!

Steinbrück: Zu den Faktoren, warum Deutschland die Krise besser überstanden hat als andere, zählt auch, dass die Politik manchmal weniger falsch macht, als man ihr unterstellt. Ich denke an die Unternehmenssteuerpolitik der rot-grünen Bundesregierung und die Reformagenda 2010 von Gerd Schröder, dann an die Bankenstabilisierung im Herbst 2008 und die Konjunkturprogramme vom November 2008 und Januar 2009, vor allem an das kommunale Investitionsprogramm und das Kurzarbeitergeld auf Vorschlaf von Olaf Scholz, auch an die Abwrackprämie, die keineswegs irrelevant gewesen ist, weil sie sich auf eine Kernindustrie mit einem Kreis von mittelständischen Zulieferern und Händlern erstreckte. All diese Programme trugen übrigens eine starke sozialdemokratische Handschrift. Und sie haben dazu beigetragen, dass wir glimpflicher aus dieser Krise gekommen sind als viele andere Länder.

Schmidt: Jedenfalls hat der Finanzdienstleistungssektor zu diesem im internationalen Vergleich sehr guten Abschneiden der deutschen Volkswirtschaft nichts beigetragen.

Steinbrück: Vorsicht bei den Sparkassen und Genossenschaftsbanken!

Schmidt: Sparkassen – das habe ich vorhin dazwischengerufen – unterstreiche ich, ebenso die Genossenschafts- und Volksbanken. Aber die übrigen Banken nicht. – Unter den Gründen für das relativ gute Abschneiden der deutschen Volkswirtschaft, die Sie aufgeführt haben zusätzlich zu denen, die ich aufgeführt hatte, nennen Sie auch das Zurückbleiben der deutschen Lohnstückkosten im internationalen Vergleich. Da liegt ein doppeltes Problem. Einerseits sind die Arbeitnehmer der gewerblichen Wirtschaft bei uns durch die letzten zehn Jahre relativ schlecht bedient worden, man könnte beinahe sagen, ungerecht. Das ist das eine Problem. Da ist was nachzuholen. Das andere Problem ist, dass die relativ niedrigen deutschen Lohnstückkosten – die im Übrigen nicht nur auf die nominellen Löhne zurückzuführen sind, sondern auch auf die Automatisierung unserer Produktion und die Fähigkeit unserer mittelständischen Ingenieure – zu einem enormen deutschen Außenhandelsüberschuss geführt haben.

Der deutsche Leistungsbilanzüberschuss ist, bezogen auf das eigene Sozialprodukt, genauso hoch wie derjenige der Chinesen. Da wir keine eigene Währung zu verteidigen haben, geht das unter in dem Bild, das die Welt von uns hat; nicht aber geht es unter in dem Bewusstsein der Franzosen, der Holländer und anderer unserer Nachbarn. Auf die Dauer, das muss eine deutsche Regierung wissen, darf sie einen solchen Außenhandelsbilanzüberschuss nicht verewigen.

Steinbrück: Gegensteuern heißt, dass man erkennbar die Inlandsnachfrage stärken muss und mit der Inlandsnachfrage natürlich auch die Importe aus Ländern, die darüber dann ihre Leistungsbilanzdefizite uns gegenüber abbauen. Aber da sind wir sehr schnell bei Verteilungsfragen!

Schmidt: Und da sind wir natürlich auch bei der Stärkung der Inlandsnachfrage durch Erhöhung der eigenen Löhne.

Steinbrück: Ja, das meine ich. Wenn ich von Verteilungsfragen rede, sehe ich lediglich den größeren Zusammenhang. Für viele arbeitende Menschen bewegt sich das Realeinkommen heute fast auf dem Stand wie nach der Wiedervereinigung. Gleichzeitig ist die Einkommens- und Vermögensschere in Deutschland deutlich auseinandergegangen. Es gibt den sogenannten Gini-Faktor, der diese Einkommens- und Vermögensspreizung in Deutschland beschreibt und der erkennen lässt, dass wir es mit einer zunehmenden Verteilungsungerechtigkeit zu tun haben.

Aber noch mal zur Inlandsnachfrage und zur Frage, wie sich die Löhne entwickeln sollen. Ich bin dafür, dass die Löhne mindestens die Produktivität und einen Inflationsausgleich voll widerspiegeln müssen. Damit sind wir bei einem ganz heißen Thema, nämlich bei Mindestlöhnen. Mindestlöhne würden die Massenkaufkraft stärken, weil die Sparquote der Menschen, die Mindestlöhne beziehen, null ist. Das Thema Lohnentwicklung einschließlich der Mindestlöhne wird eine zunehmende Rolle spielen bei der Frage: Wie entwickelt sich der private Konsum?

Einen Punkt will ich hinzufügen: Die Inlandsnachfrage wird auch durch die eigenen Ausrüstungsinvestitionen geprägt. Wir haben in den letzten Jahren enorm viel Kapital ins Ausland transferiert, das in meinen Augen – in Teilen jedenfalls – besser angelegt worden wäre in Ausrüstungsinvestitionen in Deutschland, auch um den Kapitalstock in Deutschland und damit hochqualifizierte Beschäftigungsmöglichkeiten zu verbessern.

Schmidt: Peer, ich schlage vor, dass wir dieses hochkomplizierte Terrain im Interesse unserer Leser verlassen.

Was ist zu tun?

Steinbrück: Die Fragen aus dem Publikum, die ich nach Ausbruch der Finanzkrise im Sommer 2008 gehört habe, gingen mehrheitlich in eine einzige Richtung: Die Politik hat 500 Milliarden für die Banken – 500 Milliarden war das Volumen des Finanzmarkt-Stabilisierungsgesetzes –, aber sie hat kein Geld für die Renovierung der maroden Schule meiner Kinder oder für die Umgehungsstraße, auf die wir aus Lärmschutzgründen seit Jahren warten. Sie streitet fast ein halbes Jahr lang über die Erhöhung von Hartz-IV-Regelsätzen um fünf oder sechs Euro, aber den Banken schiebt sie mal eben 500 Milliarden über den Tisch. Es war nicht leicht, auf diese Fragen eine Antwort zu geben, ohne dass die Leute schreiend rausliefen.

Schmidt: Was war denn Ihre Antwort, Peer?

Steinbrück: Die Antwort lautete: Alle Rentner und Rentnerinnen, alle Sparer, alle Kommunalpolitiker, die einen Kassenkredit brauchen, jeder Gewerbetreibende und Handwerksmeister, der einen Betriebsmittelkredit braucht, jeder Arbeitnehmer, jeder Gewerkschafter und jeder Manager, deren Unternehmen Investitionen fremdfinanzieren – sie alle sind darauf angewiesen, dass das Arteriensystem von Wirtschaft und Gesellschaft mit Blut, will sagen: mit Geld und Kapital versorgt wird und nicht kollabiert. Das ist der Grund, warum wir die Banken gestützt haben. Nicht aus irgendeiner devoten Haltung gegenüber Bankmanagern. Mein Respekt gegenüber ihnen entspricht inzwischen ziemlich genau dem Respekt, den sie den Politikern entgegenbringen, und der ist recht gering. Es ging darum, das Finanzsystem funktionsfähig zu halten, damit die Banken ihren Pflichten als Finanzdienstleister nachkommen konnten. Das ist das entscheidende Stichwort: Finanzdienstleistungen zu erbringen für eine Volkswirtschaft und für eine Gesellschaft. Und das drohte zusammenzubrechen.

Schmidt: Die Fragen aus dem Publikum sind nur zu verständlich. Und Ihre Antwort ist in Ordnung. Das Problem ist damit aber nicht gelöst. Es besteht nämlich darin, dass die Banken, statt sich auf ihre Funktion als Finanzdienstleister zu konzentrieren, in Wirklichkeit zu einem Selbstzweck geworden sind.

Steinbrück: Wir sprachen im vorigen Kapitel ja schon über den Eigenhandel der Banken, das Spiel mit Wetten auf zukünftige Preise oder Kurse, das Investmentbanking. Ich war in den vergangen Jahren mehrfach in Frankfurt eingeladen, um bei der Deutschen Börse, bei der Deutschen Bank und bei anderen Instituten Reden zu halten, und da habe ich diesen Bankmanagern unverblümt meinen Eindruck vermittelt, dass das Wirtschaftssystem, das sie trägt, durch Übertreibungen und Exzesse nicht nur ökonomischen Krisen ausgesetzt sei. Wir hätten es auch mit einer moralischen Krise zu tun. Ein Gesellschafts- und Wirtschaftssystem, das derartig materialistisch orientiert sei, einer Bereicherungsmentalität fröne und alle Bereiche der Gesellschaft dem Wettbewerbsprinzip anheimstellen wolle, verliere seine Legitimation. In meinen Augen sei unser Ordnungssystem im Augenblick nicht gefährdet durch irgendwelche Verrückten, die vom linken Rand oder vom rechten Rand kommen, sondern von den Protagonisten des Systems selbst. Sie würden möglicherweise die Achse dieser Republik versetzen, weil sie Maß und Mitte verloren und ihre Vorbildfunktion vergessen hätten.
Die groteske Erfahrung ist gewesen, dass ich dafür Beifall be-

kam, sodass ich mich gelegentlich nach den masochistischen Qualitäten meiner Zuhörer gefragt habe. Allerdings folgten sie gleichzeitig dem Prinzip: zum einen Ohr rein, zum andern Ohr raus. Hier muss die Politik ansetzen: dass diese »Eliten« sich selber den Ast absägen könnten, auf dem sie sitzen, falls sie nicht die Balance halten und auch ihrer Verpflichtung auf das Allgemeinwohl und auf sozialen Ausgleich gerecht werden. Hier muss es in meinen Augen eine sehr viel stärkere, eine fordernde Ansprache geben.

Schmidt: Ich sehe bei diesem Thema keinen Anlass zu irgendwelchen kontroversen Diskussionen zwischen uns.

Steinbrück: Sie selber appellieren ja seit vielen Jahren in Büchern und Artikeln an die öffentliche Moral. Aber wie können wir die Eliten dieser Gesellschaft an ihre Gemeinwohlorientierung erinnern und mahnen? Das kann man ja nicht durch Resolutionen herbeizaubern oder über Gesetze regeln. Aber wenn es nicht zu einem neuen Solidarverständnis kommt, wird unsere Gesellschaft weiter auseinanderdriften. Ich sehe große Gefahren mit Blick auf das, was ich die gesellschaftlichen Fliehkräfte nenne.

Schmidt: Das fängt bei den Vorständen an. In jedem DAX-Unternehmen gibt es ein Vorstandsmitglied, dessen Aufgabe die Vermeidung von Körperschaftsteuern ist. Eine zweite Aufgabe ist die Vermeidung von Gewerbesteuer.

Steinbrück: Auf der anderen Seite glaube ich, dass weite Teile der Bürgerschaft bereit sind, ihre persönlichen Interessen zurückzustellen und für ein Gesamtwohl oder für ein Kollektiv etwas zu erbringen, auch wenn es mit Lasten verbunden ist. Aber dazu ist zweierlei nötig: Der Bürger will erstens eine Erklärungsinstanz, die ihm einigermaßen stimmig vermitteln kann, was weshalb und wozu erforderlich ist. Jede Reform, die in Gewohnheiten und Besitzstände einbricht, und jede Verpflichtung auf eine kollektive Kraftanstrengung – zum Beispiel für Europa – bedarf einer intensiven kommunikativen Vorbereitung. Man muss eine Erzählung entwickeln, die auch emotional packend ist. Sie muss jedenfalls faszinieren. Sie darf sich nicht erschöpfen in Zahlen oder Begriffen, die keiner mehr hören will. Zweitens will der Bürger einen Nachweis, dass die Lasten oder Einschränkungen fair verteilt werden, er also nicht der Dumme ist und »die da oben« ihr Schäfchen wieder ins Trockene gebracht haben.

Schmidt: Ich stimme der Notwendigkeit einer intensiven Vorbereitung der öffentlichen Meinung durchaus zu. Ich will aber hinzufügen: Eine Regierung muss es auf sich nehmen, das, was sie als notwendig erkannt hat, in die Tat umzusetzen, auch wenn es kurzzeitig für sie keine Vorteile, vielleicht sogar Nachteile mit sich bringt. Wenn sie etwas Notwendiges begriffen hat und wenn sie den Willen hat, das Notwendige auch wirklich zu machen, dann muss sie selbst das Risiko laufen, abgewählt zu werden.

Ich will in diesem Zusammenhang etwas loswerden, was mir seit längerem Sorgen bereitet: die Rolle des Bundesverfassungsgerichts im Prozess der politischen Entscheidungsfindung. Egal, wer in Berlin gerade auf der Regierungsbank sitzt, alle schielen unentwegt nach Karlsruhe, und das Bundesverfassungsgericht ist darüber ein bisschen sehr selbstbewusst geworden. Inzwischen ist dem Verfassungsgericht durchaus zuzutrauen, dass es auch in das De-facto-Handeln eingreift. Es ist deshalb zu hoffen, dass das Prinzip der europäischen Integration selbst ins Unterbewusstsein der Verfassungsrichter in Karlsruhe eindringt, aber das dauert seine Zeit.

Steinbrück: Dieses Fremdeln des Bundesverfassungsgerichts mit der europäischen Integration stößt auch mir auf. Aber das Verfassungsgerichtsurteil zum Lissabon-Vertrag hat noch eine ganz andere innenpolitische Problematik aufgeworfen. Es hat die Beteiligungs- und Mitspracherechte des Deutschen Bundestages deutlich verstärkt. Das Problem ist, dass die Exekutive in Gestalt der Bundesregierung diesen Mitwirkungsrechten des Deutschen Bundestages häufig nicht entspricht – und zwar nicht nur aus der Sicht eines Oppositionspolitikers, sondern auch aus der Sicht des Bundestagspräsidenten Lammert, der dies mehrfach öffentlich angemahnt hat. Es könnte sein, dass eine enttäuschte, in ihren Rechten eingeschränkte Opposition erneut zum Bundesverfassungsgericht geht, um diese aus dem letzten Bundesverfassungsgerichtsurteil resultierende Beteiligung einzuklagen. Dabei will ich den Spannungsbogen nicht unterschätzen, der daraus resultiert, dass eine Bundesregierung in akuten Notsituationen natürlich in den europäischen Gremien handlungsfähig sein muss und nicht auf ein längeres parlamentarisches Beteiligungsverfahren in Deutschland verweisen kann.

Schmidt: Sie haben vorhin von der Notwendigkeit einer öffentlichen Moral gesprochen. Einige der deutschen Verfassungsrichter geben leider ein schlechtes Beispiel. Sie haben sich angewöhnt, über Materien, die morgen durchaus auf ihren Richtertisch kommen könnten, zum Beispiel an Universitäten große wissenschaftliche Vorträge zu halten und zu erklären, wie sie diese Materie beurteilen. Diese Gewohnheit von Verfassungsrichtern fängt an, mir Sorgen zu machen – wenn ich zum Beispiel sehe, wie sie sich anmaßen, den Prozess der europäischen Integration durch Kanalisierungsvorschläge einzuengen. Mein Paradefall ist Herr Kirchhof. Er hatte 1995 ein Urteil zur Vermögensteuer zu formulieren. Jemand hatte geklagt, dass die Erhebungsgrundsätze der Vermögensteuer das Vermögen an Grund und Boden und das Kapitalvermögen, sofern es sich um Beteiligungen oder Finanzinvestitionen handelt, völlig ungleich behandelten. Die Klage war berechtigt. Das Urteil war im Prinzip auch gerechtfertigt. Weltfremd war, dass das Urteil eine Klausel enthielt, die besagte, wenn nicht bis zum 31. Dezember des nächsten Jahres das Vermögensteuerrecht geändert ist, dann fällt die ganze Vermögensteuer weg. Diese Frist war viel zu kurz, und der Bundestag konnte sie nicht einhalten. Kirchhof hat weitgehend die Abschaffung der Vermögensteuer in Deutschland zu verantworten.

Steinbrück: Was nicht bedeutet, dass das Bundesverfassungsgericht eine Vermögensteuer prinzipiell für verfassungswidrig erklärt hat.

Schmidt: Richtig. Das ist übrigens derselbe Mann, von dem Schröder als dem »Professor aus Heidelberg« geredet hat. Und Frau Merkel war irrig beraten, sich diesen Mann als Finanzminister vorzustellen.

Das berührt übrigens ein verfassungspolitisches Problem, das in keiner der westlichen Demokratien gelöst ist, nämlich die Berufung der Obersten Richter. Die Berufung eines Verfassungsrichters geschieht in einem völlig undurchsichtigen Verfahren, das kein Außenstehender durchschauen und kontrollieren kann, einem sogenannten Richterwahlausschuss, der nach Parteienproporz zusammengesetzt ist. Das heißt, eine Handvoll Leute kungeln das untereinander aus. Dabei spielen ganz sicherlich Befähigung und bisheriger Lebenslauf eine Rolle, aber leider Gottes spielt auch die parteipolitische Orientierung eine Rolle, eine viel zu große Rolle.

Steinbrück: Das gilt für alle Obersten Gerichte in Deutschland, nicht nur für das Bundesverfassungsgericht, und es gilt übrigens auch für die öffentlich-rechtlichen Rundfunk-anstalten.

Schmidt: Das gilt für das Verfassungsgericht genauso wie für den Bundesgerichtshof oder für den Finanzhof. Es gilt übrigens auch, in anderer Weise, für den Supreme Court in Amerika. Der Präsident ist der Einzige, der Vorschlagsrecht hat, berufen tut der Senat. Das ist ein seltsames Verfahren. Es ist in Wirklichkeit nirgendwo überzeugend gelöst.

Steinbrück: Ich habe als Finanzminister unter einem Bundesverfassungsgerichtsurteil gelitten und war ziemlich angesäuert, weil mir Karlsruhe das Ding kaputt gemacht hat.

Schmidt: Worum ging es da?

Steinbrück: Es ging um die Abschaffung der Entfernungspauschale. Ich hatte die generelle steuerliche Anrechnung der Wegekosten zwischen Wohnort und Werkstor abgeschafft und stattdessen eine Härtefallregelung eingeführt für diejenigen, die lange pendeln müssen, über zwanzig Kilometer. Ich bin mit einer entsprechenden Gesetzesvorlage in den Bundestag gegangen, der Bundestag hat das Gesetz beschlossen, und dann hat das Verfassungsgericht mir den Boden dafür entzogen. Das empfand ich als einen Eingriff in die parlamentarische Budgethoheit, schließlich kann der Bundestag doch beschließen, wie er mit fiskalischen Fragen umgeht. Im Gerichtsurteil hieß es, die Bundesregierung habe zwar mit Zustimmung des Bundestages die Entfernungspauschale abschaffen dürfen, die Härtefallregelung aber habe einen willkürlichen Charakter. Damit war das Ding kaputt, und ich frage mich bis heute, was das für die zukünftige Abschaffung von Steuersubventionen bedeuten könnte, gegen die natürlich automatisch geklagt werden dürfte. Das war ein Urteil, das nach meinem Empfinden die Gestaltungskompetenz der Exekutive und Legislative in Steuerrechtsfragen einschränkte. Ich habe devot, mit gebeugtem Nacken, das Urteil entgegengenommen. Denn natürlich ist es nicht ratsam, ein Urteil des Bundesverfassungsgerichts zu kritisieren.

Schmidt: Das würde ich auch nicht tun. Ein Minister darf die Autorität des Gerichtes nicht beschädigen.

Steinbrück: Ja, da muss man sich beugen. Was ich dagegen kritisiere – wenn ich auf einen Seitenweg gehen darf –, das ist die gelegentliche Mitteilsamkeit von einigen Staatsanwaltschaften. Das geht inzwischen so weit, dass manchmal aus laufenden Ermittlungsverfahren Informationen an Presseorgane gegeben werden. An dem Tag, an dem morgens in aller Frühe bei dem ehemaligen Vorstandschef der Deutschen Post AG, Herrn Zumwinkel, wegen des Verdachtes auf Steuerhinterziehung eine Haussuchung stattfand, habe ich mich gefragt, wieso da fünf Fernsehkameras vor der Tür standen.
Stellen Sie sich vor, es gäbe eine anonyme Anzeige gegen Sie oder mich wegen eines Offizialdeliktes. Dann muss die Staatsanwaltschaft tätig werden. Und dann sorgt der Denunziant dafür, dass eine Boulevard-Zeitung bei der zuständigen Staatsanwaltschaft nachfragt: Sagen Sie mal, gibt es eine Anzeige und ermitteln Sie gerade gegen Schmidt oder Steinbrück? Die Staatsanwaltschaft bestätigt das. Wenn es sich um eine mitteilungsbedürftige Staatsanwaltschaft handelt, die aus laufenden Ermittlungsverfahren interpretationsgeeignete Einzelheiten preisgibt, dann sind wir kaputt.
Ich habe es als Regierungschef in NRW erlebt, dass die Presse über Informationen aus laufenden Ermittlungsverfahren verfügte. Meinen damaligen Justizminister habe ich mal gebeten, solche Indiskretionen gegenüber der Generalstaatsanwaltschaft zum Thema zu machen. Daraufhin hat er gesagt: Bist

du wahnsinnig geworden, das halten wir nicht aus. Das wird sofort als politische Einmischung diskreditiert und landet in der Öffentlichkeit. Daraufhin habe ich gesagt: Entschuldige bitte, Herr Justizminister, die Staatsanwaltschaften sind doch der einzige Bereich der Justiz, der weisungsabhängig ist vom Justizminister. Da sagt er: Ich würde niemals von meinem Weisungsrecht Gebrauch machen, weil ich die Auseinandersetzungen darüber mit den Staatsanwaltschaften verlieren würde.

Schmidt: Einige Staatsanwälte haben heutzutage ein ähnliches Defizit an öffentlicher Moral wie einige der Karlsruher Richter. Da ist gar kein Zweifel. In einem erschreckenden Ausmaß ist das Zusammenspiel mit der Presse selbstverständlich geworden. Trotzdem, Peer, bin ich skeptisch, was das Prinzip der Weisungsgebundenheit der Staatsanwaltschaft angeht. Das ist in meinen Augen eine höchst zweifelhafte Angelegenheit. Und weil sie so zweifelhaft ist, deswegen sagte Ihr Justizminister ja auch, dass er niemals von seinem Weisungsrecht Gebrauch machen werde. Allerdings ist das Zusammenspiel zwischen Staatsanwälten und Presse ebenso eine höchst zweifelhafte Angelegenheit. Da fehlt es an Berufsmoral. Wenn das so weitergeht, haben wir demnächst ein Zusammenspiel zwischen Mitgliedern des Gerichts und der Presse während des Prozesses – oder noch bevor der Prozess angefangen hat.

Steinbrück: Das haben wir jetzt schon. Denken Sie an den Fall Kachelmann. Das ganze Verfahren wurde von Anfang an über die Medien gespielt. Die Rolle von Alice Schwarzer mit ihren Kommentaren in der *Bild*-Zeitung, die sie doch früher als sexistisches Monstrum empfunden haben dürfte, ist mir bis heute nicht klar.

■ ■ ■

Schmidt: Als letztes Stichwort haben wir die Parteien auf dem Zettel. Lassen Sie uns mal mit den Grünen anfangen. Dem Joschka Fischer würde ich heute staatsmännische Urteilskraft attestieren. Das hat allerdings insgesamt dreißig Jahre gedauert, und Fischer ist einstweilen eine Ausnahmeerscheinung. Am Anfang hat er im Amt des Außenministers in meinen Augen einen schwer verzeihlichen Fehler begangen, nämlich zu sagen: Die Deutschen sind wegen Auschwitz moralisch verpflichtet, im Kosovo und in Bosnien und in Herzegowina einzugreifen.

Steinbrück: Das halte ich nun für eine ganz schwierige Frage: Muss ich auf dem europäischen Kontinent eingreifen, wenn es sich um Völkermord handelt? Im Falle dieses Konfliktes handelte es sich eindeutig um Völkermord. Also, ich teile Ihre Bedenken mit Blick auf ein militärisches Eingreifen außerhalb von Europa – darüber sprachen wir schon. Aber damals im Bosnienkrieg stellte sich schon die Frage, ob es jenseits der Regeln des Völkerrechtes nicht doch auch eine besondere deutsche Verpflichtung gab, Völkermord in Alt-Jugoslawien zu verhindern. Allerdings ist jede historische Analogie mit Auschwitz höchst gefährlich und geht in hundert Prozent der Fälle in die Irre.

Schmidt: Dem würde ich erstens einhundertprozentig zustimmen – jeder Vergleich mit Auschwitz ist unangemessen. Auschwitz und Holocaust sind exorbitant. Zweitens, was die Intervention auf dem Balkan angeht: Die hat immerhin gleichzeitig zu Bomben auf die unbefestigte Stadt Belgrad geführt. Und das war vorhersehbar. Für mich jedenfalls. Und nicht zu verantworten. Fischer würde das heute natürlich immer noch verteidigen, aber er würde einen solchen Fehler heute nicht wieder machen, ist mein Eindruck. Der Mann ist gereift, und er will nichts mehr werden, das heißt, er gibt sich Mühe, das, was er für die objektive Wahrheit und für die vernunftmäßige Lösung hält, öffentlich hörbar und lesbar zu machen, das ist in Ordnung. Diesen heutigen Fischer kann ich als Kollegen – oder wie man das immer nennen will – akzeptieren, das heißt aber nicht, dass ich seine früheren Fehler nachträglich mit Gnade vergessen machen kann.

Steinbrück: Würden Sie den Grünen die gleiche Lernfähigkeit attestieren wie ihrem einstigen Spitzenmann?

Schmidt: Ursprünglich, in den siebziger Jahren, ist eine der wichtigsten Wurzeln der heutigen Grünen das Aufbegehren der Studentengeneration gegen die vorgefundene Gesellschaftsordnung, gegen die vorgefundenen Autoritäten der damaligen Zeit gewesen. Eine ganz andere Wurzel war der idealistisch geprägte quasimarxistische Kommunismus in den Köpfen junger Intellektueller. Eine dritte Wurzel war das um sich greifende Engagement zugunsten der Erhaltung der natürlichen Umwelt. (In dem Sinne übrigens waren meine Frau und ich Grüne, ehe es sie gegeben hat. Wir haben uns immer um die Umwelt gekümmert, haben auch unser eigenes Geld dafür hergegeben in einem für unsere Verhältnisse erheblichen Umfang.) Die heutigen Grünen haben große Schwierigkeiten gehabt, aus diesen verschiedenen Wurzeln zusammenzuwachsen; das eigentlich Gemeinsame war der Protest.
Im Laufe von Jahrzehnten hat sich dann eine Partei herausgebildet, die gezeigt hat, dass sie bereit ist, Verantwortung zu übernehmen. Es ist allerdings ein Irrtum, zu glauben, die Regierungsfähigkeit der Grünen sei in der Koalition unter Gerhard Schröder zum ersten Mal wirklich geprüft worden. Wirklich geprüft wird sie jetzt in dem kleinen Land Baden-Württemberg, wo es die Grünen mit einem ganz dicken Problem zu tun kriegen, nämlich dass der Protest gegen den neuen Stuttgarter Bahnhof massiv ist, von der Landesregie-

rung aber nichts mehr geändert werden kann, jedenfalls nicht
ohne Zustimmung des Bundes und der Bundesinstanzen und
der Deutschen Bahn.

Steinbrück: Ich habe mal den Satz gelernt: Es kommt in der
Politik nicht auf das Gutgemeinte an, sondern auf das Gut-
gemachte.

Schmidt: Das ist ein ganz wichtiger Punkt. Politik heißt auch
verwalten können. Politik besteht nicht nur aus Regieren, insbesondere Kommunalpolitik ist im Wesentlichen Verwaltung.
Dazu muss man die Gesetze kennen, nicht nur die Haushalts-
gesetze, aber die ganz besonders. Es genügt nicht die gute Ge-
sinnung, man muss auch wirklich etwas können. Das lernen
die Grünen jetzt. Noch haben sie den Test nicht bestanden,
aber man kann nicht ausschließen, dass wir irgendwann einmal einen grünen Bundeskanzler kriegen. Ich halte das nicht
für erstrebenswert, ich würde aber einen Fehler machen, wenn
ich es nicht für möglich hielte. Und dann wird sich zeigen,
ob er verwalten kann und ob er die verschiedenen Felder beherrscht, ob er Sozialpolitik beherrscht, ob er Finanzpolitik
beherrscht, ob er Forschungspolitik beherrscht. Alles das lernt
diese Partei langsam. Die Sozialdemokraten haben das inzwischen weitgehend gelernt, die CDU hatte einen kleinen
Vorsprung. Die FDP hat es eigentlich nie gelernt, sie hat ihre
Ansätze – ich habe vorhin ein paar Namen genannt – leider
verloren. Eine Ausnahme war Hans-Dietrich Genscher. Der
konnte nicht nur regieren, der konnte auch verwalten, der
konnte auch eine Behörde leiten – eine riesenhafte Behörde
mit Botschaften in Brasilia und Djakarta, in Moskau und Washington, bei den United Nations und in Peking. Er konnte
das. Der jetzige – kann es offensichtlich nicht.

Steinbrück: Als Westerwelle von Frank-Walter Steinmeier das Amt des Außenministers übernahm, wurde auf der Veranstaltung im Auswärtigen Amt ein Foto gemacht, das mir lebhaft in Erinnerung geblieben ist. Die Körperhaltung von Westerwelle brachte auf entlarvende Weise zum Ausdruck, dass er endlich in dem Amt angekommen war, das er sich seit langem ersehnt hatte.

Schmidt: Es ist eines der großen Probleme der parlamentarischen Demokratie, dass man Leute zum Minister machen muss, von denen man bisher nur weiß, dass sie im Parlament ein paar gute Reden gehalten haben. Von denen man aber überhaupt nicht weiß, ob sie eine große Organisation leiten können, ob sie eine Armee geistig führen können, ob sie ein Fingerspitzengefühl haben für den Arbeitsmarkt mit den beiden großen Parteien, Arbeitgebern und Gewerkschaften. Alles das sind Dinge, die man nicht weiß, wenn man einen Mann, der bisher nur Opposition im Parlament gespielt hat, zum Minister macht. Das führt dann dazu, dass manche dieser Minister sich auf ein persönliches Küchenkabinett konzentrieren, weil sie das Verwalten nicht gelernt haben. Das gilt auch für die gegenwärtige Bundeskanzlerin.

Steinbrück: Ich will versuchen, Helmut, mich dem Thema Parteien aus Sicht der SPD zu nähern. Die SPD hat den gesellschaftlichen Wandel der letzten zwei Jahrzehnte noch nicht ausreichend aufgearbeitet. Die Gesellschaft wird zunehmend pluraler, individualistischer, bunter; klassische Sozialmilieus lösen sich auf. Die Grünen reflektieren diese Pluralität und diesen Individualismus im Augenblick stärker als die altbundesrepublikanischen Parteien. Deshalb scheinen sie mir im Augenblick eine Art Projektionsfläche dieser geänderten gesellschaftlichen Verhältnisse zu sein. Die Grünen gelten als bunt, vielfältig, da tobt das Leben; da sind vor allem Jüngere

gern dabei, denen es in den Ortsvereinen der SPD zu langweilig ist. Man darf allerdings nicht übersehen, dass die Grünen
eine klassische Wohlstandspartei sind, überrepräsentiert bei
den höheren, gutsituierten Einkommensbeziehern und in den
Etagen des öffentlichen Dienstes. Dementsprechend stehen
die Interessen der Industriearbeiterschaft, Probleme wie die
Spaltung des Arbeitsmarktes oder der Umgang mit den Verlie-
rern der wirtschaftlichen Beschleunigung bei ihnen nicht im
Vordergrund.

Im Zusammenhang mit dem Aufkommen der Grünen erinnere ich mich an eine Aussage von Franz Josef Strauß, die Johannes Rau gern zitierte. Sie beide hätten eine gemeinsame
Verantwortung: Er, Strauß, habe als CSU-Parteivorsitzender
die Verantwortung, dafür Sorge zu tragen, dass es keine Partei
rechts von der CSU gebe. Und Rau habe für die SPD die Verantwortung, dafür zu sorgen, dass es keine Partei links von der
SPD gebe. Als dann die Grünen auftauchten, verortete Strauß
sie natürlich links von der SPD und meinte, die SPD habe
darin versagt, dafür Sorge zu tragen, dass das Parteienspek-
trum intakt blieb. Ob die Grünen wirklich links von der SPD
stehen, darf allerdings nicht nur mit Blick auf die jüngste Entwicklung in Baden-Württemberg bezweifelt werden.

Schmidt: Das Emporkommen der Grünen war meines Erachtens kein Fehler der SPD, auch kein Fehler der anderen
damaligen politischen Parteien, sondern eine zwangsläufige
Entwicklung. Überall in Kontinentaleuropa – mit leichten
Abweichungen wie zum Beispiel der Fünfprozentklausel in
Deutschland – gilt das sogenannte Verhältniswahlrecht. Selbst
mit der deutschen Fünfprozentklausel kann man sich theoretisch einen Bundestag vorstellen, in dem 19 Fraktionen vertreten sind: Jede hat 5,1 Prozent, macht zusammen einige
neunzig. Das heißt: Verhältniswahlrecht führt zu einem Viel-
parteienparlament, ob in Rom oder in Paris oder in Den

Haag – überall. Es war eine deutsche Ausnahme, dass in den
ersten Jahrzehnten nach dem Zweiten Weltkrieg trotz Verhält-
niswahlrechts das politische System sich zeitweilig konzentriert hat auf drei Parteien – zeitweilig. Aber wenn Sie nachgu-
cken, wie viele Parteien 1953 oder 1957 oder 1961 gleichzeitig
kandidiert haben, dann stoßen Sie auf eine große Zahl. Die
Attraktionskraft der beiden großen Parteien und der FDP
– weniger als halb so groß – hing im Wesentlichen mit den
Personen an der Spitze zusammen. Und sie hing zusammen
mit dem Vorbild der Vereinigten Staaten von Amerika – zwei
große Parteien. Das geht aber mit dem Verhältniswahlrecht
nicht auf Dauer. Das Verhältniswahlrecht führt früher oder
später zwangsläufig zu vielen Parteien, und die Grünen sind
eine davon.

Steinbrück: Im Moment profitieren sie davon, dass ihnen aus
allen altbundesrepublikanischen Parteien Wähler zuströmen.
In der CDU/CSU gab es schon vor dreißig oder vierzig Jahren
Menschen, die primär an der Erhaltung der Schöpfung interessiert waren, und die finden ihren ökologischen Anspruch
inzwischen bei den Grünen besser aufgehoben als bei der
CDU/CSU. Bei der FDP sind einige, die sagen: Ich lass mir den
Liberalismusbegriff nicht reduzieren auf Steuersenkungen,
dazu gehören vor allem auch Bürgerrechte und Bürgerfreiheit,
und das sehe ich besser repräsentiert bei den Grünen. Und bei
der SPD sind einige, die sagen: Ich möchte den Gedanken des
sozialen Ausgleichs und der sozialen Gerechtigkeit weiterhin
gerne repräsentiert sehen, aber ohne die Gewerkschaftsbin-
dung der SPD. Und so haben die Grünen Zulauf aus allen
Parteien.
Wenn die Grünen es richtig anstellen, könnten sie dazu beitragen, dass die FDP marginalisiert wird. Meiner eigenen Partei rate ich deshalb stark, das Potenzial ihres Sozialliberalis-
mus nicht zu vernachlässigen, sondern ihn als eine Wurzel

herauszustellen und frustrierten FDP-Anhängern Angebote zu machen. Die SPD darf den Begriff »bürgerlich« nicht der CDU/CSU überlassen und den Begriff »liberal« nicht der FDP. Das ist einer der Gründe, warum ich den Kampfbegriff »neoliberal« meide, weil damit eine Preisgabe verbunden wäre. Mit »liberal« meine ich natürlich nicht den marktradikalen, ideologisch verbrämten Wirtschaftsliberalismus, sondern die vom Liberalismus geförderte Freiheitsidee. In den neunziger Jahren hat es übrigens eine gegenläufige Entwicklung gegeben. Da waren die Grünen ziemlich deprimiert über eine ganze Reihe von verlorenen Landtagswahlen, aber die damalige FDP hat es versäumt, den bürgerrechtsbewegten und ökologischen Teil der Grünen zu umwerben und an sich zu binden.

Schmidt: Das liberale Prinzip oder, anders gesagt, das Prinzip der Freiheit und der Freiheitsrechte der einzelnen Person hat sich im Laufe des letzten halben Jahrhunderts weit über die Grenzen der FDP hinaus in große Teile der CDU und in große Teile der Sozialdemokratie ausgebreitet. Das Prinzip der Menschenrechte zum Beispiel wird von allen Seiten heutzutage nicht nur akzeptiert, sondern aktiv vertreten. Das ist ein liberales Prinzip, vielleicht der Kern des liberalen Prinzips. Insofern ist eine Partei, die sich einbildet, ein Monopol auf Liberalität zu haben, heute von vornherein in einer ziemlich aussichtslosen Position. Wenn sie das Thema dann noch auf Steuerpolitik verengt, muss sie sich nicht wundern, wenn sie bei fünf Prozent krebst.

Steinbrück: Ich übertrage, was Sie gesagt haben, auf die Linkspartei: Eine Partei, die sich einbildet, ein Monopol auf soziale Gerechtigkeit zu haben, befindet sich in einer ziemlich aussichtslosen Position. Denn auch dieses Prinzip wird heutzutage von allen Parteien mehr oder weniger aktiv, mehr oder

weniger glaubhaft vertreten. Es ist also kein Alleinstellungsmerkmal. Dass es in der Bundesrepublik bis 1989 keine wirkliche Linkspartei gab, hing mit der deutschen Teilung zusammen und mit dem real existierenden Sozialismus in der DDR.
In den meisten anderen Ländern Europas war eine Linkspartei der Normalfall. Nach der Wiedervereinigung bildete die
Nachfolgepartei der SED eine Art Auffangbecken für alle Un-
zufriedenen. Das war nicht verwunderlich, ebenso wenig, dass
einige versprengte Linke und Linksextreme in Westdeutschland dazugestoßen sind und, wie ich gern zugebe, auch einige
frustrierte SPD-Anhänger, Enttäuschte, in deren Augen die
Agenda 2010 ein absoluter Rückfall gewesen ist. Ich halte die
Linkspartei erstens vornehmlich für eine ostdeutsche Partei,
und zweitens sehe ich sie, mit Blick auf ihre Aufstellung im
Westen, bereits auf dem absteigenden Ast. Ihr personelles und
inhaltliches Angebot ist einfach zu dünn. Ich rede mir innerhalb der SPD den Mund fusslig darüber, dass die Annahme,
dort Wähler zu gewinnen oder zurückzugewinnen, mit denen
man mehrheitsfähig werden könnte, dazu führt, dass in der
volatilen Mitte der Gesellschaft, wo Wahlen nach wie vor entschieden werden, das Dreifache und Vierfache an Wählern
verlorengeht.

Schmidt: Wobei das Phänomen Lafontaine, jedenfalls vorübergehend, auch eine Rolle gespielt hat.

Steinbrück: Ja, da spielte sehr viel Psychologie mit, auch auf
seiner Seite. Sein damaliger Pressesprecher Torsten Albig, der
später mein Pressesprecher wurde und jetzt Oberbürgermeister in Kiel ist, hat im März 1999 mitgekriegt, wie Lafontaine
von heute auf morgen alles hinschmiss, völlig unkalkulierbar.
Sein späteres Auftauchen in der Linkspartei war für mich eine
Art Korrektur seiner damaligen Fehlentscheidungen. Es trieb
ihn zurück auf die politische Bühne, wohl wissend, dass sein

Platz nicht mehr in der SPD sein konnte, sondern dass er zur Profilierung geradezu ein Widerlager zur SPD bilden musste, wo er sowohl seine Begabung wie auch seine Eitelkeiten ausreizen konnte.

Schmidt: Dass er ein Talent ist, das ist zweifellos richtig. Eine andere Frage ist die nach seinem Charakter. Ich glaube, er hat manchmal Schwierigkeiten, selber vorherzusehen, was aus ihm werden soll. – Peer, bevor wir in Psychologie abgleiten, sollten wir den Blick über die Grenzen richten. Warum sind heute in so wenigen Ländern Europas sozialdemokratische und sozialistische Parteien an der Regierung? Warum ist das so? Wie kommt es, dass in Skandinavien mit einer Ausnahme keine Arbeiterpartei oder Sozialdemokratische Partei regiert? Wie kommt es, dass sie in Frankreich nicht regiert? Dass sie in Polen nicht regiert? Es muss ja doch wohl ähnliche Gründe haben.

Vielleicht hängt es mit dem zusammen, was Sie eben als den gegenwärtig nicht ganz befriedigenden Zustand der Sozialdemokratischen Partei Deutschlands bezeichnet haben. Vielleicht ist das in Dänemark, in Schweden, in Holland, in Frankreich ähnlich. Vielleicht haben sie alle ein bisschen zu lange festgehalten an alten Gewohnheiten. Vielleicht sind sie in ihrem tatsächlichen Verhalten alle sehr viel konservativer als andere Parteien. Sie möchten am liebsten alle die Tradition der Arbeiterbewegung fortsetzen. Das kann ich gut verstehen, das hat meine große Sympathie. Aber die Zahl der Arbeiter in der heutigen Gesellschaft – ob in Schweden oder Holland oder Deutschland, macht keinen Unterschied –, die Zahl der Arbeiter in der Gesamtgesellschaft ist heutzutage eine Minderheit geworden, eine Minderheit, die immer kleiner wird. Die Zahl der Angestellten aller Arten, ob Ingenieure oder Elektriker oder Krankenschwestern oder Pfleger, nimmt zu, der Dienstleistungssektor insgesamt nimmt besonders stark zu. Die Wertschöpfung der Deutschen ist im Wesentlichen eine Wertschöpfung aus Dienstleistung.

Steinbrück: Die moralische Dimension der Finanzkrise, die das ordnungspolitische Weltbild von CDU/CSU und FDP sprengt, die Preisgabe konservativ-bürgerlicher Ideale durch Ignoranz und abrupte Richtungswechsel dieser Koalitionsregierung und die Verspätungen der Union im gesellschaftlichen Wandel einmal beiseitegelassen – es fällt auch der SPD schwer, den gesellschaftlichen Wandel mit seiner zunehmenden Pluralisierung und Individualisierung anzuerkennen, weil damit wohl auch das Eingeständnis verbunden wäre, dass sich ihre klassischen, festgefügten Wählergruppen verflüchtigt haben. Peter Glotz hat diese Entwicklung schon heute vor zwanzig Jahren vorausgesehen.

Schmidt: Peter Glotz hatte recht. Heute ist es eine der wichtigsten Aufgaben, den Wertschöpfungsanteil der gewerblichen Produktion aufrechtzuerhalten und, wenn es geht, zu erhöhen. Das setzt voraus: Forschung, Forschung, Forschung! Entwicklung, Entwicklung, Entwicklung! Wenn ich nach China gucke oder ich gucke nach Indien, dann ist eine der wichtigsten Aufgaben der europäischen Gesellschaften, auf dem Feld der wissenschaftlichen Forschung und der anschließenden Anwendung auf technologische Entwicklung in der Spitze der Welt zu bleiben, um nicht im Laufe dieses Jahrhunderts hinter die Chinesen und möglicherweise hinter einen Teil Indiens und einen Teil Brasiliens und anderer Länder zurückzufallen.

Steinbrück: Ihrem Appell, Forschung und Entwicklung voranzutreiben, kann ich mich nur anschließen. Leider stelle ich häufig fest, dass in Deutschland lieber eine Risiko- als eine Chancendebatte geführt wird. Gelegentlich geht mir durch

den Kopf, ob das nicht Ausdruck eines ausgeprägten Sicher-
heitsbedürfnisses der Deutschen ist, das auf die Verstörungen
und Brüche in der deutschen Geschichte des 20. Jahrhunderts
zurückgeht. Angesichts der ambivalenten Folgen von Techno-
logieanwendungen muss diese Vorsicht nicht falsch sein, aber
ich habe manchmal den Eindruck, dass sowohl die politische
als auch die fachliche Auseinandersetzung immer zuerst die
Frage nach den Risiken stellt und erst dann die Frage: Welche
Chancenpotenziale könnten gehoben werden? Im Übrigen
glaube ich, dass wir in Deutschland nach wie vor auf einer
Reihe von Feldern absolute Spitze sind – Umwelttechnologie,
Materialtechnologie, Chemie, Fahrzeugtechnik oder Maschinenbau. Der deutsche Maschinenbau ist wahrscheinlich der
beste der Welt. Nicht zu vergessen: sehr mittelständisch organisiert, insbesondere in Baden-Württemberg. Da kommen
wir dann auf die Tüftler und Erfinder, die wir brauchen, um
unsere Position zu halten. Aber wer studiert Naturwissenschaften oder Ingenieurwissenschaften, wenn er sich hinterher gar nicht anerkannt fühlt und sich in aufgewühlten Ri-
sikodebatten ständig in die Defensive gedrängt sieht?

Schmidt: Zu Ihrer Bemerkung über die zu große Rolle, die das
Risikodenken gegenüber dem Chancendenken in Deutschland spielt: Diese Tatsache hängt in der Tat mit den Brüchen in
der deutschen Geschichte des 20. Jahrhunderts zusammen.
Die Deutschen lassen sich leichter ängstigen als ihre Nachbarn. Es fing an mit dem Waldsterben: Plötzlich starb der
deutsche Wald, und das war ein Riesenproblem. Heute redet
kein Mensch mehr davon, denn der Wald ist gar nicht gestorben. Dann kam die Angst vor den Folgen des ökonomischen
Wachstums. Als Nächstes kam die Angst vor der Nachrüstung.
Inzwischen kommt die Angst vor der Atomkraft hinzu. Die
Deutschen lassen sich leicht ängstigen, und in meinen Augen
ist das eine Konsequenz des Hitler'schen Weltkrieges und des

Mordes an sechs Millionen europäischen Juden, eine Konsequenz der unterbewussten Angst –

Steinbrück: Das weiß ich nicht, ob ich das so in eine Kausalität bringen würde. Aber ich gebe Ihnen recht, dass die Bereitschaft der Deutschen, sich zu ängstigen – und allerdings auch, sich zu empören –, sehr stark ausgeprägt ist. Ich wundere mich immer, wie häufig wir uns vergiften: Permanent vergiften wir uns an allem Möglichen, aber unsere Lebenserwartung steigt.

Schmidt: Ja, und die Riesengefahr des Nikotins! Ich rauche jeden Tag zwei, drei Päckchen und lebe immer noch! – Aber lassen Sie uns zurückkommen auf die Frage, inwieweit wissenschaftlicher und technischer Fortschritt den globalen Wettbewerb bestimmt. Das Beispiel Japan zeigt, dass man vor einem solchen Wettbewerb keine Angst haben muss. In der Mitte des 19. Jahrhunderts, in den 1860er Jahren, führte die Meiji-Restauration in Tokio zur Öffnung Japans, und innerhalb von zwei Generationen, bis 1914, hatte Japan beinahe komplett aufgeholt zum wissenschaftlichen und technologischen Standard des Westens. Und nach dem Zweiten Weltkrieg, nach einer vernichtenden Niederlage und nach zwei Atombomben, haben sie innerhalb von weniger als dreißig Jahren voll und ganz technologisch aufgeholt und sind sehr erfolgreiche Konkurrenten der alten westlichen Industrienationen geworden. Gleichwohl haben die Europäer es fertiggebracht, nicht nur ihren eigenen Lebensstandard, sondern auch den Sozialstaat aufrechtzuerhalten und auszubauen. Das heißt: Das Auftreten dieses neuen Konkurrenten hat uns nicht gehindert, wissenschaftlich und technologisch weiterhin voranzuschreiten. Und dasselbe kann eintreten in unserem Wettbewerb mit China.

Steinbrück: Wir sollten uns nicht bange machen lassen, wenn andere Länder technologisch aufholen. Es sollte uns vielmehr anspornen, die Fähigkeiten weiterzuentwickeln, die Deutschland bisher in Spitzenpositionen gebracht haben. Zu den ganz großen Vorteilen der deutschen Wirtschaft gehört es zum Beispiel, Systemlösungen anbieten zu können.

Schmidt: Die Chinesen machen das Gleiche, was die Japaner nach der Meiji-Restauration gemacht haben, nur hundert Jahre später. Das muss auch jetzt keineswegs dazu führen, dass wir eine Einbuße an Lebensstandard hinnehmen müssen, wenn wir Forschung und Entwicklung, das heißt Bildung und Ausbildung, mit dem nötigen Nachdruck betreiben.

Was mich in diesem Zusammenhang ein wenig beunruhigt, ist die Zerfaserung der Wissenschaftslandschaft in Deutschland. Ich will ein Beispiel geben. In Amerika gibt es seit dem Zweiten Weltkrieg vier nationale Institutes of Health, und die haben es fertiggebracht, die Vereinigten Staaten von Amerika in die Spitze der medizinischen Forschung zu heben. Die medizinische Versorgung der amerikanischen Nation ist schlechter als die hier in Deutschland. Aber der medizinische Forschungsvorsprung ist unleugbar. Das heißt, das föderativ verfasste Amerika hat auf diesem Feld durch Zentralisation eine Glanzleistung zustande gebracht.

Hingegen ist unsere Forschung weitgehend zerklüftet und dezentralisiert; wir haben furchtbar viel eigenbrötlerische Wichtigtuerei von sechzehn Ländern und Landesministern – möglicherweise erweist sich hier ein Nachteil der deutschen Staatsstruktur. Wenn wir uns vergleichen mit den Franzosen oder mit den Skandinaviern, sind die möglicherweise strukturell besser aufgestellt als wir im Augenblick. Das ist kein Thema, das morgen jemanden vom Stuhl reißt, aber in meinen Augen handelt es sich um ein Thema von kardinaler Bedeutung für die deutsche Zukunft.

Steinbrück: Ich würde mir wünschen, dass die deutsche Forschungslandschaft etwas überschaubarer wird, sie ist auch mir zu stark aufgesplittet. Das gilt insbesondere für die Hochschulen; die TH Aachen oder die TU München spielen weltweit in der ersten Liga, aber mit Blick auf die vielen Universitäten, die wir haben, würde ich mir eine größere Arbeitsteilung und auch eine effizientere Ressourcenzuordnung wünschen, um im Spitzenfeld besser zu werden. Im Übrigen teile ich die These, dass in dem Fall, in dem auf eine technologische Option verzichtet wird und deshalb nach einer Alternative gesucht wird, sich auch neue Technologiefelder erschließen. Ich sage das nicht zuletzt mit Blick auf die Auseinandersetzung um die Nutzung der Kernenergie und die Umweltbelastungen der Industrieproduktion. Eine Antwort darauf war die Entwicklung regenerativer Energien und umweltschonender Technologien, die enorme Möglichkeiten eröffnen, damit weltweit zu punkten und neue Märkte zu erschließen.

Schmidt: Natürlich kommt es für uns Deutsche durchaus auf die Entwicklung neuer Technologien an. Gleichzeitig müssen wir aber wissen: Neue Technologien können auch Risiken enthalten – Beispiel Elektronik und Internet, Beispiel Atomkraftwerke.

Steinbrück: Ich hatte mir eben schon bei Ihren Ausführungen über die Grünen das Stichwort Fukushima notiert. Dass die Grünen von dieser Katastrophe politisch profitieren, ist nicht verwunderlich. Sie sind das Original der Anti-Atomkraft-Bewegung. Was mir aber gegen den Strich geht, ist der Opportunismus der Bundesregierung. Ich nehme der Bundeskanzlerin diese Lernkurve, die sie beschrieben hat, einfach nicht ab. Dazu ging mir das zu schnell, wie sie den Exit aus dem Exit des Exit organisiert hat. Vor einem halben Jahr wurde der Konsens mit der Energiewirtschaft aufgekündigt mit dem Effekt, dass es sehr viel längere Laufzeiten gab, Kernkraftwerke hätten demnach bis weit in die dreißiger Jahre am Netz sein können. Was Frau Merkel Ende 2010 für sicher und verantwortbar in Deutschland gehalten hat – und von Vertretern der Bundesregierung als Jahrhundertentscheidung gefeiert wurde –, ist trotz der erschütternden Ereignisse von Fukushima nicht widerlegt, weil sich ja an der Lage in Deutschland und an den deutschen Kernkraftwerken rein gar nichts geändert hat. Es gibt keine einzige zusätzliche Erkenntnis, keine einzige Information, die gegenüber der – zweifellos falschen – Entscheidung der Bundesregierung von Ende 2010, die Laufzeit der deutschen Kernkraftwerke zu verlängern, einen neuen Sachstand zu deren Sicherheit aufgeworfen hätte.

Vielmehr hat sich die Bundesregierung aus politisch opportunen Motiven zu einer Volte entschieden. Diese Volte vollzog sie allerdings in einer Hast, die keine Zeit für die industriepolitisch und wirtschaftsstrukturell notwendigen Abwägungen ließ. Nicht auszuschließen ist, dass die Kanzlerin hier eine Chance erkannte, konkurrierenden Parteien ein Kernthema wegzunehmen. Das ist ihr taktisches Geschick. Sie nahm damit den Grünen ein Kernthema weg, nämlich den Ausstieg aus der Kernenergie.

Schmidt: Ich habe auch den Eindruck, dass ihre durch Fukushima ausgelöste Änderung wesentlich taktischen Motiven entspringt. Aber die Auswirkungen sind ganz langfristig; sie schließen Risiken und Chancen ein.

Steinbrück: Das macht es auch für die SPD nicht leichter. Immerhin darf die SPD mit den Grünen gemeinsam das Copyright in Anspruch nehmen dafür, im Konsens mit der Energiewirtschaft 2001/2002 einen Kernenergieausstieg durchgesetzt zu haben, der in meinen Augen sehr viel vernünftiger war als das, was wir heute erleben. Die Wirtschaft, die über die Laufzeitverlängerungen der Kernkraftwerke Ende 2010 frohlockte, sieht sich nun gelackmeiert.

Schmidt: Stellen Sie sich mal vor, dieser abrupte Ausstieg aus der atomaren Energieerzeugung würde für ganz Europa gelten, dann würden wir sehr schnell zu einer Energieknappheit in Europa kommen und zu einer Bewirtschaftung der Energie durch die einzelnen Staaten – Bezugsscheine auf Kilowattstunden! Als wir in Deutschland in den fünfziger Jahren angefangen haben, nukleare Kraftwerke zu denken und zu planen, und in den Sechzigern anfingen, sie zu bauen, hat eine Regierung nach der anderen das fortgesetzt, immer in dem Bewusstsein, dass fast alle damals bekannten Methoden der Energieerzeugung Risiken in sich bargen.

Das Risiko der Verfügbarkeit von Öl und Gas ist handgreiflich geworden mit den Ölkrisen der siebziger Jahre; gegenwärtig erleben wir eine weitere explosionsartige Steigerung der Weltmarktpreise für Öl. Die Kohle hatte das Risiko, dass sie zu teuer war, soweit sie aus Deutschland kam, und dass bei der Verbrennung Kohlendioxid und andere Gase in die Atmosphäre geblasen werden; sie hatte außerdem das Risiko der Bergwerksunglücke. Die Risiken der nuklearen Energie waren ebenfalls bekannt. Alle Regierungen haben an dem Konzept festgehalten, die Risiken gleichmäßig zu verteilen. Zum Beispiel haben wir für die Kohle einen sogenannten Jahrhundertvertrag geschlossen, um sie am Leben zu halten, obwohl wir wussten, dass sie zu teuer war, und obwohl wir wussten, dass sie Risiken barg. Die verschiedenen Methoden haben wir parallel betrieben in der Vorstellung, dass man erst später wissen wird, wo die Risiken am größten sind.

Es kann sein, dass sich nun die Überzeugung durchsetzt, dass das nukleare Risiko größer ist als etwa das Risiko des Kohlendioxids. Es kann sein, dass diese Entwicklung dazu führt, dass die regenerierbaren Energien, als da sind Wind oder Wasser oder Erdwärme (ein Feld, das bisher gar nicht bearbeitet wird in unserem Land), einen gewaltigen Auftrieb bekommen. Hier liegen gewiss ganz große Chancen. Die kosten aber Forschung, sie kosten Entwicklung, sie kosten Geld, all das kostet Zeit. Man kann nicht schlagartig die bisher von Kernkraftwerken erzeugte Energie aus Windrädern gewinnen wollen. Das ist so ähnlich wie mit dem Bahnhof in Stuttgart. Man kann nicht von heute auf morgen eine durch mehr als zehn Jahre vorbereitete Entwicklung plötzlich abbrechen und sagen: Wir machen ab sofort alles ganz anders. Solche Entschlüsse wirken heldenhaft, mögen attraktiv sein für junge Leute, bergen aber in sich selbst erhebliche Risiken.

Steinbrück: In der Industrie, insbesondere bei den großen Energieversorgungsunternehmen, die vor einem halben Jahr den Ausstieg aus dem Ausstieg bejubelt und der Kanzlerin Blumenkränze geflochten haben für die längeren Laufzeiten, setzt sich plötzlich der Eindruck durch, dass die früheren Verabredungen mit Rot-Grün viel verlässlicher waren. Und sie beschweren sich mit einer gewissen Berechtigung darüber, dass das Kriterium einer sicheren und einigermaßen preisgünstigen Energieversorgung für die deutsche Wirtschaft durch die wechselhafte Politik der jetzigen Bundesregierung in Frage gestellt sein könnte. Das ist für mich das eigentliche Thema: wie wir dafür Sorge tragen können, dass der Ausstieg aus der Kernenergie so gestaltet wird, dass der industrielle Kern mit seinen Arbeitsplätzen und die damit verbundene Wettbewerbsfähigkeit Deutschlands nicht negativ berührt werden. Diese politische Verantwortung hat die Bundesregierung nicht wahrgenommen. Die Einsetzung einer Ethikkommission, die fast in Monatsfrist ihr Votum vorzulegen hatte, konnte die komplexen wirtschaftlichen, technischen und finanziellen Fragen natürlich nicht umfassend klären.

Schmidt: Das Stichwort Fukushima gibt mir Anlass zu einer Nachbemerkung. Für mich sind zwei Phänomene sehr eindrucksvoll, die da sichtbar geworden sind. Das eine ist die offensichtliche Hilflosigkeit der japanischen Regierung und des Regierungsapparates, der Verwaltung, mit diesem dreifachen Unglück umzugehen, das da besteht aus einem Erdbeben, einem Tsunami und einem Kernkraftwerksunglück mit Hunderttausenden von Familien, die niemals in ihre eigene Wohnung werden zurückkehren können. Das ist das eine Phänomen: eine ziemlich hilflose Regierung. Das andere Phänomen ist die erstaunliche Disziplin, Gelassenheit und Hilfsbereitschaft des japanischen Volkes – bewundernswert. Ich würde wünschen, die Deutschen wären in einer vergleichbaren Lage – die uns der Himmel ersparen möge! – zu solcher Gelassenheit und Selbstlosigkeit und Tatkraft imstande. Denken Sie nur an die Arbeiter, die da in das Kernkraftwerk reingehen und wissen, dass sie ihr Leben lang verstrahlt bleiben. Ganz erstaunlich und bewundernswert.

Steinbrück: Eine ungewöhnliche Opferbereitschaft!

Schmidt: Und noch eine zweite Nachbemerkung möchte ich machen – zu Stuttgart. Da liegt ein Versagen auch der Medien vor. Die Planungen für den neuen Bahnhof gibt es seit Jahren, aber die öffentliche Meinung der Stadt Stuttgart hat es nicht zur Kenntnis genommen, nicht zuletzt weil die Medien am Ort nicht ausreichend berichtet und kommentiert haben. Und nun plötzlich wachen sie alle auf und finden die Sache schlimm und möchten am liebsten alles rückgängig machen und wissen nicht, wie. Ich weiß es auch nicht. Ich beneide Herrn Kretschmann nicht um die Aufgabe, die er jetzt vor sich sieht.

Steinbrück: Der ist sehr hoch an die Tonne gesegelt, wie man in Norddeutschland sagt. Er hat schließlich selbst in Aussicht gestellt, er könnte das Projekt verhindern oder aushebeln, unbenommen der Verträge, die es gibt. Aber ich will früher einsteigen. Projekte mit einer so langen Entwicklungsgeschichte haben den Strickfehler, dass die formalrechtlichen Beteiligungen der Bürgerinnen und Bürger ebenfalls lange zurückliegen. Ich betone, die formalrechtlichen Beteiligungen in einem Planungsverfahren; die liegen im Fall des Stuttgarter Bahnhofsprojektes wahrscheinlich sieben, acht Jahre zurück. Sie werden in dem damaligen Stadium von nicht allzu vielen Bürgern wahrgenommen worden sein.

Der Ruf nach einer Beteiligung wird dann lauter, wenn aktuell buchstäblich der erste Spatenstich oder der erste Rammschlag zur Beseitigung eines alten Gebäudes ansteht. Dann werden Antragsteller und Politik aber kaum auf Anhörungen verweisen können, die mehrere Jahre zurückliegen, ohne Empörung auszulösen. Also wird man parallel zur Planung solcher Projekte sehr viel mehr Transparenz schaffen müssen und Informationen liefern müssen, um Bürger auf dem Laufenden zu halten, und man wird überzeugend nachweisen müssen, dass Großprojekte dieser Dimension, insbesondere auch Verkehrsinfrastrukturprojekte, gerechtfertigt sind.

Das andere sind Kostenschätzungen und die Kosten-Nutzen-Relation, die sich während längerer Planungsverfahren deutlich ändern können. Wenn man die nicht aktualisiert und der Eindruck entsteht, dass sie das Projekt eventuell gar nicht mehr begründen können, verliert man in der öffentlichen Debatte erheblich an Glaubwürdigkeit. Das ist mein Eindruck bezogen auf dieses Stuttgart-21-Projekt.

Schmidt: Dass die »Planfeststellungsverfahren« so lange dauern, hat ja entscheidend damit zu tun, dass es vielerlei Einspruchrechte durch Betroffene gibt, die zum Teil erst von Gerichten entschieden werden können. Sehr viele Rechtsgüter müssen abgewogen werden, und schließlich muss der Prozess zu einem gerichtsfesten Ergebnis geführt werden.

Steinbrück: Darf ich in diesem Zusammenhang noch auf einen mir wichtig erscheinenden Punkt zu sprechen kommen. Ich habe bei mehreren Besuchen in Stuttgart einige ältere Leute gesprochen, die auch auf die Straße gegangen sind, teilweise ein sehr bürgerliches, eher wohlanständig auftretendes Publikum. Mir ist erklärt worden, dass einige von ihnen deshalb gegen dieses Projekt sind, weil sie wollen, dass alles so bleibt, wie es ist, dass sich im Stadtbild und im Weichbild von Stuttgart nichts verändert. Die stehen auf dem Standpunkt: Mir ist völlig egal, wie die Verkehrssituation und ihre Lösung in zwanzig oder dreißig Jahren ist, das betrifft mich wahrscheinlich auch gar nicht mehr, weil ich dann nicht mehr Bürger dieser Stadt bin, weil ich dann auf dem Friedhof ruhe. Welche Verkehrsinfrastruktur im Nah- und im Fernbereich eine solche Stadt morgen braucht, interessiert diese älteren Bürger nicht – nach dem Motto: Das ist mit zu tiefen Eingriffen verbunden, die meinem Gefühl gegen Veränderungen zuwiderlaufen und meinem Interesse, Bestehendes zu erhalten, widersprechen. Generell ist mein Eindruck, dass mit der zunehmenden Ausdifferenzierung unserer Gesellschaft – wir sprachen schon von der Pluralisierung und Individualisierung – auch die Gruppeninteressen deutlich zugenommen haben und diese Gruppen stärker und selbstbewusster als früher eine mögliche Vetomacht zur Geltung bringen, um bestimmte Dinge zu verhindern. Dem kann ich nicht unbedingt nur etwas Positives abgewinnen.

Schmidt: Ist dieser älter gewordene bürgerliche Wutbürger auch ein Symbol einer alternden Gesellschaft, die sich vor Veränderungen scheut und keine richtige Zukunftsperspektive

hat – nach dem Motto: Die Jahre, die ich noch habe, will ich
hier in meinem idyllischen Stuttgart verbringen?

Steinbrück: Absolut. Das läuft hinaus auf eine teilweise aggressive Wahrnehmung von Gegenwartsinteressen. Ich will
das noch mal deutlich machen an der Diskussion um das Renteneintrittsalter, und ich will dann noch einen Schritt weiter
gehen.
Was passiert mit einer Gesellschaft, in der auch im Parlament
die Gegenwartsinteressen, repräsentiert durch Parlamentarier,
von denen die meisten älter sind als 55, sich stärker durchsetzen gegenüber den zunehmend von einer Minderheit ge-
tragenen Zukunftsinteressen der jüngeren Generation? Das
beschäftigt mich zutiefst. Nicht nur ihr Anteil an der Bevölkerung nimmt ab, sondern auch ihr Anteil an der politischen
Willensbildung nimmt ab, weil die Älteren inzwischen besser
organisiert sind als die Jüngeren. Der Sozialverband VdK hat
1,5 Millionen Mitglieder, überwiegend Leute über 55 oder über
60. Die bringen inzwischen eine Vetomacht auf die Waagschale wie keine einzige vergleichbare Gruppierung von Menschen, die zwischen 20 und 35 sind. Die Jungen organisieren
sich auch nicht. Sie sind beschäftigt mit ihrer beruflichen oder
akademischen Ausbildung, sie sind damit beschäftigt, sich
in einen Job zu finden, eine Familie zu gründen, Kinder auf-
zuziehen, sich eine Aufstiegsperspektive zu erarbeiten. Und
geraten zunehmend ins Hintertreffen gegenüber diesen teilweise sehr harsch auftretenden Vertretern von Gegenwartsinteressen.
Ich habe in einem Interview vor ungefähr drei Jahren mal gesagt, der heutigen Rentnergeneration gehe es insgesamt so
gut wie keiner Rentnergeneration zuvor, was statistisch unab-
weisbar richtig ist. Ich will damit keineswegs unterschlagen,
dass einige ältere Frauen und Männer, insbesondere Witwen,
zurechtkommen müssen mit der sehr kargen Rente in der

Grundsicherung, aber das ändert nichts an der Richtigkeit meiner Aussage. Eine Berliner Boulevardzeitung mit zwei Buchstaben machte daraufhin an einem Samstag in vier Zentimeter großen Lettern auf: Steinbrück beleidigt die Rentner. Daraufhin kriegte ich einen Postschub und E-Mails, die derart getragen wurden von Wut und Empörung, wie ich das kaum für möglich gehalten habe. Ich habe mich gefragt, was wohl passiert wäre, wenn ich den Satz, der mir auf der Zunge lag, noch hinzugefügt hätte: Die Wahrscheinlichkeit, dass es zukünftigen Rentnergenerationen noch mal so gut geht wie der heutigen Rentnergeneration, ist eher gering. Dann hätte ich wahrscheinlich Polizeischutz gebraucht.

Schmidt: Ich glaube, in einem Punkte sind Sie zu weit gegangen. Ich glaube nicht, dass zukünftige Generationen von Rentnern in Deutschland einen Lebensstandard haben werden, der geringer ist als der Lebensstandard der heutigen Rentner. Ich halte es für unausweichlich, dass der technologische Fortschritt anhält, weil niemand die Wissenschaft anhalten kann und anhalten will, dass deswegen auch der Lebensstandard insgesamt ansteigen wird und dass sich das auch, vielleicht in etwas geringerem Maße, den Rentnern mitteilen wird. Ansonsten stimme ich Ihnen aber zu.

Steinbrück: Wir müssen uns darauf vorbereiten, dass allein die umlagefinanzierte Rente, also die gesetzliche Rentenversicherung, in einigen Jahrzehnten nur noch schwerlich eine auskömmliche Versorgung im Alter garantieren kann. Das heißt, die Rentenzahlungen aus diesem Versicherungssystem werden, gemessen am letzten Einkommen, absinken. Es sei denn, der Anteil der gesetzlichen Rente, der aus dem Bundeshaushalt finanziert wird, steigt.
Man wird sich als Politiker bereits jetzt darum kümmern müssen, dass die nachkommenden Generationen sich auch auf

andere Säulen verlassen können, um ein würdiges Leben im Alter führen zu können. Dazu gehören die Mitgliedschaft in einem betrieblichen Versorgungssystem, eine kapitalgedeckte Zusatzversicherung – hier hat sich Walter Riester enorme Verdienste erworben mit der staatlich geförderten Riester-Rente – und nicht zuletzt, wenn es irgend möglich ist, die Förderung eines mietfreien Wohnens im Alter. Das sind die vier Säulen der zukünftigen Altersversorgung, die nicht mehr allein auf eine Säule bauen kann. Sie haben selbst gesagt, dass die Rentenbezugsdauer allein in den letzten dreißig Jahren von zwölf auf über achtzehn Jahre hochgegangen ist. Dieser Prozess geht weiter, und damit wird das Versicherungssystem der gesetzlichen Rentenversicherung immer weiter belastet.

Schmidt: Augenblick! Das ist alles richtig. Aber ich unterstelle, dass der grundlegende Ansatz der Agenda 2010 in die Wirklichkeit überführt werden wird. Ich glaube, dass die Zeit vorbei ist, wo man mit 62 oder 63 im Durchschnitt in Rente geht.

Steinbrück: Dem stimme ich zu.

Schmidt: Ich glaube, dass die Lebensarbeitszeit an beiden Enden verlängert werden muss. Das Berufseintrittsalter muss runter, und das Renteneintrittsalter muss rauf. Es darf wieder zurückkehren zum 65. Lebensjahr, etwas später darf es dann auf 66, auf 67 heraufgesetzt werden. Ich kann mir durchaus vorstellen, dass jemand in passablem gesundheitlichen Zustand auch noch mit 70 arbeitet. Ich arbeite noch mit 92. Und es geht mir deswegen besser, als wenn ich keine Arbeit hätte.

Steinbrück: Das sieht man. Das Plädoyer für ein früheres Berufseintrittsalter – jedenfalls das Ziel, dem Trend eines immer späteren Berufseintrittsalters entgegenzuwirken – bringt uns beide allerdings in Verlegenheit mit einer Maßnahme, die wir beide für richtig erachten, nämlich in Deutschland eine Art Pflichtjahr für junge Frauen und Männer einzuführen, ein Jahr, in dem sie einen freiwilligen Dienst am Gemeinwesen leisten. Das Pflichtjahr wäre übrigens auch ein notwendiges Resultat aus den Fehlentscheidungen, die es im Zusammenhang mit der Suspendierung der Wehrpflicht und den damit verbundenen Auswirkungen auch für die Zivildienstleistenden gegeben hat. Wie katastrophal vorbereitet diese Entscheidung war und welch unabsehbare Folgen sich daraus ergeben, sehe ich bei jedem Besuch eines örtlichen Krankenhauses, eines Pflegedienstes oder in der Betreuung von Behinderten. Die Folgen auch für den Zivildienst, die mit dieser Entscheidung des früheren Verteidigungsministers ausgelöst worden sind, sind unabsehbar und dramatisch.

Schmidt: Auch mit dramatischen Folgen für das, was man früher unter dem zivilen Bevölkerungsschutz verstand. Katastrophenschutz, Technisches Hilfswerk, Feuerwehr, all diese Dienste waren personell deswegen relativ gut ausgestattet, weil es die Wehrpflicht gab und weil diese Dienste zu Lasten der Wehrpflicht gingen. Vor allem konnte ein Wehrpflichtiger sich für den Zivildienst entscheiden, infolgedessen gab es genug Zivis. Und nicht nur in den Krankenhäusern und Pflegeheimen. Was passiert, wenn wir zum Beispiel eine große Naturkatastrophe haben in Deutschland?
Darüber habe ich neulich mit Herrn de Maizière gesprochen. Es ging um den Grundsatz, den Herr Guttenberg und Herr Weise, der Chef der Bundesagentur für Arbeit, verfochten haben, nämlich »vom Einsatz her denken«. Über diesen Grundsatz sprachen wir. Und ich habe zu Herrn de Maizière gesagt: Der erste Einsatz der Bundeswehr in ihrer Geschichte war der Einsatz während der norddeutschen Flutkatastrophe – die hat Hunderte von toten Zivilisten gekostet und auch ein paar tote

Soldaten. Die Bundeswehr war auf einen solchen Einsatz nicht eingestellt, aber ihr Einsatz war unvermeidlich notwendig, sonst hätte es zehntausend Tote gegeben; die Leute, die da auf den Dächern ihrer Häuser saßen, von Wasser umgeben, wären zu Tode erfroren. In Amerika erleben wir am laufenden Band schwere Naturkatastrophen. In Deutschland sind sie relativ selten, aber sie können passieren. Die Vorbereitung auf eine Naturkatastrophe oder eine technische Katastrophe – wir müssen nicht gleich an Fukushima denken – ist in Deutschland in den letzten Jahrzehnten, wie mir scheint, vernachlässigt worden und wird jetzt durch die abrupte Aufhebung der Wehrpflicht noch weiter geschwächt.

Steinbrück: Ein Pflichtjahr müsste nicht unbedingt zwölf Monate sein. Aber ich will auch darauf hinweisen, dass diejenigen, die davon mehr verstehen als ich, mit Blick auf die Zivildienste sagen, sechs Monate seien zu kurz. Es hat keinen Sinn, jemanden drei Monate lang einzuweisen und auch auszubilden für eine solche Tätigkeit und ihn dann nur drei Monate zu haben. Das heißt, ich rede konkret über einen Dienst von neun Monaten, den ich für richtig halten würde, auch damit diese jungen Frauen und Männer Erfahrungen machen im Dienst an der Gemeinschaft. Deshalb würde ich auch sehr dafür plädieren, dass sie den Dienst in ihren jeweiligen Kommunen leisten. Und ich halte überhaupt nichts davon, dies zu diskreditieren mit dem Hinweis darauf, das hätten die Nazis so ähnlich zwischen 1933 und 1945 auch schon gemacht. Ich hielte es für richtig, dass alle jungen Frauen und Männer zwischen 17 oder 18 und 21 oder 22 Jahren sich neun Monate für die Gemeinschaft einsetzen sollten an Plätzen ihrer Wahl.

Schmidt: Ich habe einen solchen Vorschlag mehrfach unterbreitet, wobei ich immer von sechs Monaten gesprochen habe. Wenn ich jemanden drei Monate ausreichend ausgebildet habe, der anschließend drei weitere Monate zur Verfügung stand, kann ich später auf ihn zurückgreifen und ihn im Falle einer Katastrophe als Reserve einberufen. Ich bin noch aus einem anderen Grund für einen solchen Gemeinschaftsdienst. Erstens ist es überhaupt nicht einzusehen – überall reden wir von der Gleichberechtigung der Frauen –, dass hier zwischen Männern und Frauen unterschieden werden soll, das kann ich nicht für vernünftig halten. Aber zweitens: Ich wünsche allen jungen Leuten wenigstens sechs Monate lang das Erlebnis von Mannschaft und Gemeinschaft. Übrigens, was die drei Monate Ausbildung angeht: Die jungen Soldaten während des Zweiten Weltkrieges sind nach weniger als sechs Wochen Grundausbildung an die Front geschickt worden, und ähnlich im Ersten Weltkrieg. Lassen Sie sich nicht von den sogenannten Fachleuten überwältigen.

Steinbrück: Diesen Fall wollen wir aber nicht wiederholen. Ist auch beide Male schiefgegangen.

Schmidt: Da haben Sie recht. – Ich habe vorhin im Zusammenhang mit dem Lebensstandard im Rentenalter gesagt, dass ich der Überzeugung bin, dass der technische Fortschritt, der wissenschaftliche Fortschritt unausweichlich ist. Das Wachstum wird stattfinden, ob das den Grünen passt oder nicht passt, es wird stattfinden. Die Frage ist nicht, ob das Wachstum stattfindet und ob das wünschenswert ist, sondern die Frage ist, ob das Wachstum anständig verteilt wird, ob es pro Kopf anständig verteilt wird.

Steinbrück: Bevor wir uns der Frage der Verteilung des Wachstums widmen, müssen wir klären, ob der Maßstab für die Bemessung des Wachstums, das Bruttosozialproduktkonzept, vernünftig ist, ja oder nein. Daran beißen sich aber seit vierzig Jahren alle die Zähne aus, letztlich seit dem IG Me-

tall-Kongress von 1972. Warum sage ich das? Wenn ich jetzt
nach draußen gehe und trete aus Wut in den Kotflügel Ihres
Autos –

Schmidt: Ist nicht mein Auto, Peer.

Steinbrück: – also in das Auto Ihres Nachbarn, und ich muss
den Kotflügel ersetzen, dann erhöhe ich das Bruttosozialprodukt. Schmeiße ich eine Scheibe ein, erhöhe ich das Bruttosozialprodukt. Verringere ich die Schulabbrecherzahl in Deutschland, tue ich es nicht. Das ist die Frage, die viele beschäftigt:
Was wird da eigentlich gemessen? Es gibt übrigens wieder
neue Versuche – vorgetragen von Präsident Sarkozy während
der französischen G20-Präsidentschaft –, sich mit diesem
Maßstabsproblem zu beschäftigen. Dazu ist eine Arbeits-
gruppe um den amerikanischen Ökonomen Joseph Stiglitz
eingesetzt worden. Es gibt auch eine Enquetekommission
des Bundestages, die Wege zu einem nachhaltigen Wachstum
und gesellschaftlichen Fortschritt untersuchen soll und dabei
mit dem Problem eines anderen Mess-Systems konfrontiert
wird.

Schmidt: In dem Zusammenhang muss einmal auch deutlich
gesagt werden – das braucht keine zehn Zeilen –, dass der Lebensstandard in Deutschland heute größer ist als jemals zuvor
in der Geschichte der deutschen Nation. Und das gilt für alle
heute lebenden Deutschen. Es gilt nicht nur für die Alten wie
mich, die sich noch an Weimar und die Nazizeit und den Krieg
erinnern, es gilt auch im Vergleich mit den ersten fünf Jahrzehnten der Bundesrepublik. Richtig bleibt, dass das Realeinkommen der ganz kleinen Leute im Laufe des ersten Jahrzehnts des 21. Jahrhunderts über Gebühr zurückgeblieben ist.
Das ist ein Teilausschnitt. Richtig bleibt aber auch, dass selbst
von diesen Leuten niemand sagen kann: Mir ist es früher bes-

ser gegangen. Es muss ins Bewusstsein der Deutschen gebracht werden, dass es ihnen so gut geht wie niemals vorher in der Geschichte – ganz abgesehen von der Tatsache, dass sie noch niemals sechzig Jahre ohne Krieg erlebt haben. Sie halten es für selbstverständlich, dass wir im Frieden leben. Aber das ist in Wirklichkeit gar nicht selbstverständlich.

Steinbrück: Das ist meine Ansprache an die jüngere Generation, ihnen zu vermitteln, dass dieses Europa eine Antwort auf 1945 ist und dass ich nach meinem Urgroßvater, nach meinem Großvater und nach meinem Vater die erste Generation bin, die nicht in einem europäischen Krieg verheizt worden ist. Was wir in den letzten sechzig Jahren erlebt haben, ist, gemessen an der europäischen Geschichte der letzten Jahrhunderte und an der Gegenwart in vielen Ländern, der privilegierte Ausnahmezustand.

Schmidt: Richtig, weil Europa eben nicht nur eine Antwort auf 1945 ist, sondern auch eine Antwort auf 1914/18 und eine Antwort auf 1871, 1866, auf 1864, auf 1813/14 und auf 1806.

Steinbrück: Ja, und gleichzeitig die Antwort auf das 21. Jahrhundert. Das haben wir am Anfang unseres Gespräches schon erörtert: das europäische Projekt als Antwort auf die globalen Veränderungen und Herausforderungen, in denen Europa sich wirtschaftlich, aber auch zivilisatorisch behaupten muss. Wir sehen zugleich aber auch, wie fragil dieses europäische Projekt ist. Aktuell sind es vor allem die Deutschen, die dem Verdacht Vorschub leisten, sie könnten auf einen Sonderweg einschwenken. Mindestens in dreierlei Hinsicht verspüre ich zurzeit dieses Unbehagen, und das entspricht dem Echo, das ich auf der internationalen Bühne vernehme. Erstens das Abstimmungsverhalten im UN-Sicherheitsrat in der Libyen-Frage, zweitens die radikale Wende in der Kernenergie und drittens unsere Rolle bei der Bewältigung der krisenhaften Zuspitzung in der Währungsunion: In allen drei Punkten wecken wir im Augenblick den Verdacht, wieder einen Sonderweg einzuschlagen. Jedenfalls befinden wir uns in allen drei Punkten in einer sehr isolierten Position.

Schmidt: Ich unterstreiche alle diese drei Punkte.

Steinbrück: Wir dürfen es uns aber nicht zu einfach machen –

Schmidt: Ich mache alles einfacher, als es wirklich ist.

Steinbrück: Es ist in Wirklichkeit kompliziert, weil gerade von den Deutschen Führung erwartet wird. Wenn wir einerseits darin übereinstimmen, dass die Befürchtungen, Deutschland könnte wieder einen Sonderweg einschlagen, durchaus nicht von der Hand zu weisen sind, andererseits aber feststellen müssen, dass Deutschland seine Führungsverantwortung nicht wahrnimmt –

Schmidt: Darauf würde ich immer antworten: Gleichwohl ist es vernünftig, wenn die Deutschen bei ihrer Zurückhaltung bleiben. Man kann Führung auch indirekt ausüben, ohne sich deswegen auf das oberste Podium zu stellen. In dem Augenblick, in dem die Deutschen als die Führer auftreten, haben sie fast alle anderen Europäer gegen sich. Das ist eine Frage von wenigen Monaten, bis diese Reaktion eintritt. Was im Augenblick stattfindet – und zwar seit Antritt der gegenwärtigen Koalitionsregierung –, ist die Besorgnis vor deutscher Unberechenbarkeit, die Besorgnis vor deutscher Unzuverlässigkeit. Man muss sich auf die Deutschen verlassen können. Das ist, wie ich glaube, einer der wichtigsten Grundsteine nicht nur deutscher Außenpolitik, sondern der deutschen Politik im

Verhältnis zu allen unseren Nachbarn, ob es sich um außenpolitische, sicherheitspolitische, energiepolitische oder sonstige Fragen handelt. Man muss sich auf die Deutschen verlassen können. Das Schlimme ist, dass das Bild vom Janusgesicht der Deutschen nach wie vor jederzeit griffbereit ist im Instrumentenkasten ausländischer Politiker und Publizisten. Ich zitiere Maggie Thatcher, die ihrerseits Winston Churchill zitiert hat: Man hat die Deutschen entweder zu Füßen oder am Hals. Dieses Bild von den Deutschen ist jederzeit abrufbereit bei all unseren Nachbarn – sogar bei den Dänen.

Steinbrück: Ja, ich halte den Firnis für sehr dünn, mit dem alte Ressentiments gegen Deutschland überdeckt werden; er ist so dünn, dass er sehr schnell wieder durchstoßen werden kann. Das sehe ich auch in der jetzigen Krise, wenn ich mir manche Reaktionen in den mediterranen Ländern anschaue. Das schließt einerseits nicht aus, im deutsch-französischen Verhältnis eine Führungsqualität zu entwickeln, die besser ist als heute. Andererseits würde ich auch nicht so tun, als könnte man die Traumatisierung des Kontinents durch die Deutschen im 20. Jahrhundert einfach abschütteln. Einiges haben wir überwunden. Dazu hat übrigens die Fußballweltmeisterschaft 2006 mehr beigetragen als manche Politik oder Rede, jedenfalls hat sich darüber das Bild der Deutschen im Ausland deutlich positiv eingefärbt. Aber alte Ressentiments sind sehr schnell zu aktivieren.

Schmidt: Sie sind insbesondere dann ganz schnell zu aktivieren und werden auch aktiviert, wenn der Eindruck entsteht, dass Deutschland einen Führungsanspruch erhebt. Wir sind noch weit davon entfernt, ein normales Land zu werden wie jedes andere Land in Europa auch. Ich will mal ein Beispiel geben. Vor etwas mehr als 2500 Jahren – da war das israelische Volk mehr oder weniger konzentriert auf die Stadt Jerusalem –

kam Herr Nebukadnezar, nahm die Bevölkerung Jerusalems als Geisel und führte sie in sein eigenes Land, nach Babylon. Diese Babylonische Gefangenschaft der Juden hat 2500 Jahre später immerhin noch so eine große Rolle gespielt im Bewusstsein der Menschheit, dass Verdi eine fabelhafte Oper daraus gemacht hat, genannt *Nabucco*, übrigens mit einem zu Herzen gehenden Chor der gefangenen Juden. Genauso lange wird Auschwitz im Bewusstsein der Menschheit bleiben, und darüber hinaus wird im Bewusstsein unserer Nachbarn die Erinnerung an die Besetzung durch die Nazis und an all ihre Schandtaten bleiben. Manches ist, zum Beispiel durch die Fußballweltmeisterschaft, ein bisschen abgesunken, aber es ist alles noch latent vorhanden und kann sehr schnell wieder hochkommen.

Es ist ein von niemandem geplanter Zufall der Weltgeschichte, dass die Vereinigung Europas und Deutschlands dazu geführt hat, dass erstens die Deutschen plötzlich die volkreichste Nation in Europa geworden sind, nach den Russen, und dass sie zweitens die wirtschaftlich leistungsfähigste Nation geworden sind. Zugleich aber sind sie immer noch im Zentrum Europas und immer noch umgeben von mehr Nachbarn als irgendjemand sonst in Europa. Das ist ein bleibendes Kennzeichen der deutschen Position, die nicht nur Nachteile hat, sondern auch viele kulturelle Vorteile. Ob die Risiken größer sind oder die Vorteile, ist unerheblich. Entscheidend ist, dass diese prekäre Zentralposition bleibt, und sie bleibt auch am Ende des 21. Jahrhunderts und auch im 22. Jahrhundert.

Kein Staat in Europa hat mehr Nachbarn als die Deutschen. Daher bleibt es die höchst diffizile Aufgabe aller deutschen Regierungen, sich mit der Vielzahl dieser Nachbarn auf anständige Weise ins Benehmen zu setzen. Da sind die Isländer in einer wunderbaren Situation. Oder die Engländer: Seit 1066 haben sie keine fremden Soldaten auf ihrem Boden gehabt.

Steinbrück: Ich habe dem nichts hinzuzusetzen.

Schmidt: Dann wären wir mit unserer Stichwortliste durch?

Steinbrück: Ja, soweit ich sehe. – Dann möchte ich Ihnen eine gute Reise wünschen.

Schmidt: Schönen Dank! Es wird eine Hansereise Richtung Danzig werden.

Steinbrück: Ich kann nur empfehlen, sich Usedom anzugucken, das wirklich bezaubernd ist. Bansin, Heringsdorf, Ahlbeck – die alten wilhelminischen Villen am Strand entlang, bis hin zu den Piers: Das ist alles phantastisch renoviert worden, angeblich mit viel Geld von Hamburgern. Und wenn Sie historisch noch einen Einblick haben wollen in die deutsche Technikforschung und ihren Missbrauch während des Zweiten Weltkrieges und zu dem Wirken von Wernher von Braun, empfehle ich Peenemünde, am anderen Ende von Usedom – ganz interessant, sich das einmal anzugucken.

Schmidt: Ich habe es mal gesehen, ich bin in der Gegend zwei- oder dreimal gewesen in den letzten zwanzig Jahren. Was mich am meisten beeindruckt hat, ist diese Klosterruine östlich von Greifswald, Eldena – mehrfach gemalt von Caspar David Friedrich.

Steinbrück: Ich bin mal nach Wolgast gesegelt.

Schmidt: Über den Bodden?

Steinbrück: Ja, über den Greifswalder Bodden und dann in diesen Schlund hinein. Da kommen sie aber am anderen Ende nicht mehr raus, weil sie dann nach Polen kommen.

Schmidt: Ja, und Sie stoßen auch auf die Zugbrücke, und die ist immer gerade unten.

Steinbrück: Ja, genau. Und dann rasieren Sie sich den Mast ab.

Schmidt: Ja.

Steinbrück: Wenn Sie in Usedom sein sollten, kommen Sie leichter rüber auf die Stettiner Seite – da ist ja so ein Zipfel polnisch, und da kann man rüber. Ich weiß bloß nicht, ob es auch mit dem Auto geht oder nur zu Fuß.

Schmidt: Ich will gar nicht nach Stettin, ich will nach Swinemünde, und da muss ich mit der Fähre über die Swine übersetzen.

Steinbrück: Ja, aber Sie kommen ja von Usedom, wenn Sie immer weiter nach Osten gehen, also über Ahlbeck hinaus, nach meinem geographischen Verständnis automatisch nach Swinemünde.

Schmidt: Richtig, und dann kommt Wollin, und dann fahre ich weiter bis Slupsk, früher einmal genannt Stolp, und von da nach Danzig.

Steinbrück: Da gibt es einige Hügel in Swinemünde, und dort haben die Nazis meinen Großvater väterlicherseits umgebracht.

Schmidt: In Swinemünde?

Steinbrück: Ja, er wohnte in Stettin und wurde im Februar/ März 1945 eingezogen, wahrscheinlich Volkssturm. Er sollte die Verantwortung für hundert Leute übernehmen und sich mit ihnen den anrollenden Russen entgegenstellen; er hat sich geweigert, weil er es für verantwortungslos hielt, und die Nachrichten, die meine Familie später erhielt, lauteten, dass er dann in einem Schnellverfahren hingerichtet worden ist.

Schmidt: Ich war 1940 ein paar Monate in Stolpmünde stationiert. Das war ein Flakschießplatz, da schoss man in die Ostsee.

Steinbrück: Das ist aber auf der anderen Seite, östlich von Stettin, oder?

Schmidt: Weit östlich, auf halbem Weg nach Danzig. Auf diesem Schießplatz schoss man auf Luftsäcke: Ein Flugzeug zog einen Luftsack hinter sich her, und der Luftsack war das Ziel für die Schießerei.

Steinbrück: Das war ja sehr beruhigend für den Piloten.

Schmidt: Ich habe mal miterlebt, wie das Flugzeug, das den Sack zog, abgeschossen wurde. Ich war damals einer der Redakteure, die die Schießvorschriften, wie man die Kanone bedient, ausarbeiten mussten, weil ich schriftlich einigermaßen intelligent war. Aber was ich am besten erinnere: Dass mein Kriegskamerad und Freund Walter Plennis – der ist lange tot – und ich, dass wir uns beide in Stolp besoffen haben. Stolp hieß damals »Klein-Paris von Hinterpommern«. Jedenfalls reichte dieses Klein-Paris, um sich zu betrinken. Wir mussten damals Führerschein machen auf allen möglichen Fahrzeugen; ich habe drei oder vier verschiedene Führerscheine gemacht, für Beiwagen-Krad, für Pkw, für Lkw, für Lkw mit Anhänger, für Kettenfahrzeuge, Zugmaschinen und so weiter. Und am Ende haben Plennis und Schmidt sich mit Schnaps und Bier betrunken. Plennis wurde von den Feldjägern gegriffen – Schmidt blieb unbehelligt – und kriegte von dem Kommandeur der Schule drei Tage Bau diktiert. Auf seinem Zimmer musste er die absitzen. Und als die drei Tage um waren, wollte er wieder raus, und da hatten wir von außen die Tür zugemauert – da war eine Baustelle, da konnte man Bausteine und Zement klauen. Da konnte er nicht raus aus seinem Zimmer. Werde ich nie vergessen.

Steinbrück: Da saß er noch länger im Bau. Und jetzt machen Sie Ihre Hansereise, um Erinnerungen an Ihre Zeit beim Militär aufzufrischen?

Schmidt: Um Gottes willen! Nein, die Hanse interessiert mich. Mich interessiert insbesondere aber das Schicksal der Stadt Danzig – und vor allem Lech Wałęsa.
Die Stadt Gdansk hat ein sehr eigenartiges Schicksal. Danzig ist ursprünglich eine slawische Gründung, und es ist nicht so ganz klar, ob das Kaschuben waren, ob es Polen waren, ob es Masuren waren oder ob es eine Mischung von alledem war. Und dann kamen von Lübeck und von Westen und aus der damaligen Altmark Kaufleute, siedelten sich an in Danzig und errichteten eine wunderschöne Stadt und machten Danzig gleichzeitig zu einer Hansestadt. Und diese Hansestadt wurde zeitweilig bedrängt von dem deutschen Ritterorden, der Ostpreußen und das Baltikum erobert und mit dem Schwert in der Hand christianisiert hatte. Und dann verbündete sich der Senat von Danzig mit dem polnischen König gegen den deutschen Ritterorden.

Steinbrück: 1410.

Schmidt: Ja, das war die Schlacht bei Grunwald – Tannenberg auf Deutsch, auf Polnisch Grunwald. All dies ist den Deutschen überhaupt nicht bewusst, keiner weiß das.

Steinbrück: Die *Zeit* hat im letzten Jahr, zum 600. Jahrestag dieser Schlacht und der Niederlage des deutschen Ritterordens, einige sehr gute Artikel veröffentlicht. Auch Günter Grass hat sich da –

Schmidt: Günter Grass weiß sehr gut Bescheid.

Steinbrück: Fahren Sie mit dem Schiff nach Danzig oder mit dem Auto?

Schmidt: Ich fahre mit dem Auto. Das Segeln kann ich mir nicht mehr zumuten.

Steinbrück: Und welche Stationen hat Ihre Reise?

Schmidt: Lübeck, Wismar, Rostock, Stralsund, Greifswald, Slupsk, Gdansk, Malbork, Torun, Berlin, Brahmsee.

Steinbrück: Berlin ist ja nun nicht so richtig eine Hansestadt.

Schmidt: Allerdings.

Steinbrück: Wenn es nicht zu eng getaktet ist, dann machen Sie eine Runde über Usedom.

Schmidt: Ja, das machen wir. Wir fahren über Usedom, Wollin.

Steinbrück: Mein Großvater, derselbige, den die Nazis umgebracht haben, war Kurdirektor in Heringsdorf. Und da gibt es eine herrliche Anekdote, Ende der zwanziger Jahre. Er geht die lange Pier, die wiederaufgebaut worden ist, bis zur Spitze und sieht an der Spitze dieser Pier einen Maler mit einer Staffelei.

Schmidt: Ist das eine Pier oder eine hölzerne Seebrücke?

Steinbrück: Ist eine hölzerne Seebrücke, richtig. Er geht die also bis zum Ende und sieht dort einen Mann mit einer Staffelei, der malt. Mein Großvater guckt sich das an, und es befremdet ihn etwas, weil das zwar die Ostsee ist, aber in ganz merkwürdigen eckigen Formen, und er kräuselt so ein bisschen die Stirn und fragt dann diesen Maler, etwas abrupt als Pommernkopp: Sagen Sie mal, was soll das denn kosten? Und daraufhin sagt dieser Maler: Ja, also 1000 Reichsmark oder so. Daraufhin mein Großvater: Das ist mir zu teuer – und geht. Der Punkt ist: Das war Lyonel Feininger, der gerade eines seiner Ostseebilder malte, das auf diese Weise leider nicht in den Besitz meiner Familie gekommen ist.

Schmidt: Das ist aber wirklich schade. Feininger war einer der Begründer des Bauhauses, ein wichtiger Mann zu der Zeit. Für mich war er seit Schulzeiten ein ganz großer Grafiker. Später wurde er von den Nazis zu einem Vertreter der »entarteten Kunst« erklärt.

Steinbrück: Und heute wird er hoch gehandelt.

Schmidt: Heute ja. Und er hat einen Sohn, der ein sehr guter Fotograf geworden ist.

Steinbrück: Ja, ein exzellenter Fotograf, allerdings in New York zu Hause. Von dem gab es kürzlich eine Ausstellung in Berlin.

Schmidt: Übrigens gibt es zurzeit in Hamburg eine Ausstellung von Turner. Das lohnt sich.

Steinbrück: Ich habe die Absicht, morgen dahin zu gehen. Ihnen wünsche ich eine schöne Reise. Und dass Sie wohlbehalten zurückkommen!

Schmidt: Dann schalten wir das Aufnahmegerät jetzt ab.

Glossar

AIG (American International Group, Inc.)
International tätiger Versicherungskonzern mit Hauptsitz in New York.

Anstaltslast und Gewährträgerhaftung
Anstaltslast bezeichnet die Verpflichtung eines öffentlichen Trägers (z. B. Land oder Kommune), seine rechtlich selbständigen öffentlichen Unternehmen (z. B. Landesbanken) mit den nötigen finanziellen Mitteln auszustatten. Die **Gewährträgerhaftung** sicherte öffentlich-rechtliche Kreditinstitute wie Sparkassen und Landesbanken durch eine Einstandspflicht der öffentlichen Träger gegen Verluste ab. Im Jahr 2005 wurde diese auf Grundlage einer Entscheidung der Europäischen Kommission aufgehoben.

Ausrüstungsinvestitionen
Anschaffungen dauerhaft zur Produktion benötigter Ausrüstungen wie Maschinen, Geräte oder Fahrzeuge. Nicht dazu zählen Investitionen in Gebäude oder Infrastruktur (Bauinvestitionen).

BaFin (Bundesanstalt für Finanzdienstleistungsaufsicht)
Nationale Finanzaufsichtsbehörde für Banken, Versicherungen und Wertpapierhandel in Deutschland. Die BaFin ist eine selbständige Anstalt des öffentlichen Rechts und unterliegt der Rechts- und Fachaufsicht des Bundesministeriums der Finanzen.

Balfour-Deklaration
Zusicherung des britischen Außenministers Arthur James Balfour im Jahr 1917 an Vertreter des politischen Zionismus, eine »nationale Heimstätte für das jüdische Volk« in Palästina zu schaffen.

Basel II/III
Einheitliche Kapital- und Liquiditätsvorschriften für Kreditinstitute, die durch den internationalen Baseler Ausschuss für Bankenaufsicht verabschiedet werden. Mit dem ab 2013 geltenden Regelwerk Basel III werden die Anforderungen an das von den Banken für die Risikovorsorge bereitzuhaltende →**Eigenkapital** verschärft. (vgl. auch →**Kernkapital**)

BGAG (Beteiligungsgesellschaft der Gewerkschaften AG)
Beteiligungsgesellschaft deutscher Gewerkschaften mit Sitz in Frankfurt am Main.

Deficit Spending
Wirtschaftspolitische Strategie zur Belebung der gesamtwirtschaftlichen Nachfrage bei einer schwachen Konjunktur. Ziel ist es, durch kreditfinanzierte höhere staatliche Ausgaben oder Steuersenkungen die Konjunktur gegen den Abwärtstrend anzukurbeln.

Eigenkapital, Eigenkapitalquote
Eigenkapital sind Eigenmittel eines Unternehmens, die zur Deckung von Verlusten zur Verfügung stehen. Die Bankenaufsicht schreibt Kreditinstituten vor, einen bestimmten Teil ihrer Kreditrisiken mit Eigenkapital zu unterlegen (Eigenkapitalquote). (vgl. auch →**Basel II/III** und →**Kernkapital**)

ERP (European Recovery Program, »Marshall-Plan«)
Von den USA im Jahr 1948 ins Leben gerufenes Programm
zum wirtschaftlichen Wiederaufbau der Staaten Westeuropas nach dem Zweiten Weltkrieg. Das Programm umfasste
sowohl materielle und technische Unterstützung als auch
finanzielle Hilfen in Form von Krediten.

ESM (Europäischer Stabilitätsmechanismus)
Geplanter dauerhafter Mechanismus zur Stabilisierung der
Eurozone, der Mitte 2013 den temporären →**europäischen
Rettungsschirm** ablösen wird. Der ESM wird von den Eurostaaten mit Kapitaleinlagen und Kreditbürgschaften ausgestattet. Bei Hilfsmaßnahmen des ESM ist grundsätzlich
eine Beteiligung der Gläubiger vorgesehen.

Eurobonds
Gemeinschaftsanleihe der Eurozone auf dem Kapitalmarkt
mit gemeinsamer, d.h. gesamtschuldnerischer Haftung der
beteiligten Staaten.

EVP (Europäische Volkspartei)
Europäischer Zusammenschluss christlich-demokratischer
und konservativ-bürgerlicher Parteien. Im Europäischen
Parlament stellt die EVP in der Wahlperiode 2009–2014 die
größte Fraktion.

FAO (Food and Agricultural Organisation)
Ernährungs- und Landwirtschaftsorganisation der Vereinten Nationen mit Sitz in Rom.

Finanztransaktionssteuer
Eine Kapitalverkehrssteuer auf sämtliche Finanztransaktionen mit Devisen, Aktien, Anleihen und Derivaten.

Großer Sprung (auch »Großer Sprung nach vorn«)
Im Jahr 1958 von Mao Zedong ausgerufenes Programm, um die landwirtschaftliche und industrielle Produktion Chinas auf westliches Niveau zu heben und das Ziel des Kommunismus schneller zu erreichen. Das Programm scheiterte und führte zu einer verheerenden Hungerkatastrophe in der chinesischen Bevölkerung.

Haircut (engl. für Schuldenschnitt)
Ausfall eines Teils der Forderungen eines Gläubigers bei Zahlungsunfähigkeit des Schuldners.

Hallstein-Doktrin
Leitlinie der Außenpolitik der Bundesrepublik Deutschland von 1955 bis 1969, nach der die Bundesrepublik Deutschland keine diplomatischen Beziehungen zu solchen Ländern aufnahm oder unterhielt, die die DDR völkerrechtlich anerkannten. Mit der Ostpolitik der Bundesregierung unter Willy Brandt erfolgte eine Abkehr von der Hallstein-Doktrin. Beide deutsche Staaten erkannten sich mit dem Grundlagenvertrag von 1972 völkerrechtlich an.

HGB (Handelsgesetzbuch)
In Deutschland gültiges Handelsrecht. Jahresabschlüsse nach HGB bilden die Grundlage für Besteuerung von Unternehmen in Deutschland. Im Vergleich zu den internationalen Standards der Rechnungslegung (→IAS) stellen die im HGB verankerten Grundsätze der ordnungsgemäßen Buchführung das Vorsichtsprinzip und den Gläubigerschutz in den Vordergrund.

IAS (International Accounting Standards)
Internationale Standards für die Rechnungslegung privater Unternehmen, die von dem International Accounting Stan-

dard Board (IASB) veröffentlicht werden. Anders als im deutschen Handelsrecht (→**HGB**) steht hier nicht der Gläubigerschutz, sondern die Information von Investoren im Vordergrund.

IMF (International Monetary Fund oder Internationaler Währungsfonds)
Im Jahr 1944 im Rahmen der Währungs- und Finanzkonferenz in Bretton Woods gegründete Sonderorganisation der Vereinten Nationen mit Sitz in Washington, D. C. zur besseren internationalen Kooperation in Währungsfragen.

Kernkapital
Teil des →**Eigenkapitals** von Kreditinstituten mit der höchsten Haftungsqualität bei der Absicherung von Risiken. Banken müssen ihre Kreditrisiken zu einem bestimmten Prozentsatz mit Kernkapital unterlegen. Im Zuge von →**Basel III** wird zwischen »hartem« und »weichem« Kernkapital unterschieden. Zum »harten« Kernkapital gehören Bestandteile des Eigenkapitals, die ohne Einschränkungen zur Deckung von Verlusten zur Verfügung stehen.

Manteltarifvertrag
Vereinbarung zwischen Arbeitgeber- und Arbeitnehmervertretern, die allgemeine Vorschriften und Regelungen über Einstellungen, Kündigungen, Arbeitszeit, Urlaub u. Ä. enthält. Er bestimmt keine Lohn- und Gehaltsstrukturen – diese werden im Tarifvertrag der jeweiligen Branchen geregelt.

Monroe-Doktrin
Vom US-Präsidenten James Monroe im Jahr 1823 vor dem US-Kongress verkündigte außenpolitische Doktrin. Die USA verzichteten danach auf jede politische oder militäri-

sche Einmischung in Europa und forderten im Gegenzug ein Ende der europäischen Kolonialisierungsbestrebungen auf dem amerikanischen Kontinent.

Ratingagenturen
Private gewinnorientierte Unternehmen, die die Kreditwürdigkeit (Bonität) von Unternehmen, Staaten und Finanzanlagen bewerten.

Responsibility to Protect
Konzept der internationalen Beziehungen, wonach die internationale Staatengemeinschaft – auch militärisch – in den Souveränitätsbereich von Staaten eingreifen darf, sollte die jeweilige politische Führung eines Landes nicht in der Lage oder willens sein, die Verantwortung zum Schutz seiner Bevölkerung wahrzunehmen.

Rettungsschirm (europäischer)
Von den Eurostaaten, dem →IWF und der Europäischen Kommission eingerichtetes temporäres Hilfspaket gegen die europäische Schuldenkrise. Notleidende Eurostaaten erhalten aus dem europäischen Rettungsfonds EFSF gegen Auflagen Hilfskredite, die durch Kreditbürgschaften aller Eurostaaten abgesichert sind. Ab Mitte 2013 wird der europäische Rettungsschirm durch den →ESM ersetzt.

Shareholder Value
Bezeichnet den Vermögenswert (Value), den ein Anteilseigner (Shareholder) einer Aktiengesellschaft besitzt. Der Shareholder Value ist zu einer wichtigen Bestimmungsgröße von unternehmerischem Erfolg geworden. Eine auf den Shareholder Value ausgerichtete Unternehmenspolitik ist bestrebt, den Kurswert der Aktien und damit den Marktwert des Unternehmens zu maximieren.

Stille Einlage
Kapitaleinlage ohne Stimmrecht des Kapitalgebers.

Struktur- und Kohäsionsfonds
Instrumente der Struktur- und Regionalpolitik der Europäischen Union, mit deren Hilfe der wirtschaftliche und soziale Zusammenhalt in der EU gestärkt werden soll. Diese gliedern sich in die Strukturfonds Europäischer Sozialfonds (ESF) und Europäischer Fonds für Regionale Entwicklung (EFRE) sowie den Kohäsionsfonds.

Sykes-Picot-Abkommen
Verständigung während des Ersten Weltkrieges (1916) zwischen den Kolonialmächten Großbritannien und Frankreich, Gebiete des Osmanischen Reiches nach Kriegsende in eine britische (Palästina, Mesopotamien, Jordanien) und französische (Syrien, Libanon) Einflusszone aufzuteilen.

Namenregister

K
Kachelmann, Jörg 271
Kant, Immanuel 55, 58
Kautsky, Karl 162
Keynes, John Maynard 141, 197f.
Kilz, Hans Werner 99
Kimmitt, Robert »Bob« 235
Kirchhof, Paul 267f.
Kissinger, Henry 17, 183–185
Klasen, Karl 213
Klimmt, Reinhard 184
Kluncker, Heinz 150
Koch, Roland 188
Koestler, Arthur 175, 179
Kogon, Eugen 178f.
Kohl, Hannelore 202f.
Kohl, Helmut 111, 190f., 202f., 255
Kohl, Peter 202
Kohl, Walter 202f.
Kolumbus, Christoph 40
Konfuzius 43, 47
Konow, Gerhard 76, 78, 80
Koslowski, Willi 170
Kraus, Karl 177
Kreisky, Bruno 28
Kretschmann, Winfried 289f.
Krug, Gerhard 169
Kwiatkowski, Heinrich 170

L
Lafontaine, Oskar 184, 279f.
Lagarde, Christine 254
Laird, Melvin 196
Lambsdorff, Otto Graf 120f.
Lammert, Norbert 267
Landowsky, Klaus-Rüdiger 230
Laotse 47
Lawrence, Thomas E. (Lawrence
    von Arabien) 31
Lee, Kuan Yew 46

Leeson, Nick 222
Leister, Klaus Dieter 80f.
Liebermann, Max 180
Loah, Ruth 158
Lührs, Georg 89

M
Machiavelli, Niccolò 58
Maizière, Thomas de 295
Maizière, Ulrich de 115
Mann, Thomas 177
Mao Zedong 48f., 312
Marcuse, Herbert 175, 178
Marx, Karl 105
Matthöfer, Hans 76, 86–88, 151,
    152
Matthöfer, Traute 88
McDonough, Bill 218
Meckel, Miriam 99
Mehdorn, Hartmut 25
Mehring, Franz 182
Meinhof, Ulrike 178
Meinke, Jochen 169
Mende, Erich 108
Menzius 47
Merkel, Angela 59, 70f., 84, 95f.,
    130, 151, 189, 199, 248, 249,
    250f., 253, 268, 275, 285f.,
    288
Merseburger, Peter 178
Merz, Friedrich 188
Metternich, Klemens Wenzel
    Lothar von 185
Mischnik, Wolfgang 189
Mittag, Günter 92
Mitterrand, François 255
Möllemann, Jürgen 97
Möller, Alex 119, 130
Monti, Mario 214
Mozart, Wolfgang Amadeus 173